Aída Gliksman de Shor

ESTUDOS SOBRE A MATURIDADE

Que a maturidade lhe traga a alegria das recordações e a sabedoria para desfrutar o dia a dia.

Aída G. de Shor

São Paulo 17-04-2012

Dados Internacionais de Catalogação na Publicação (CIP)
(Câmara Brasileira do Livro, SP, Brasil)

Shor, Aida Gliksman de
Estudos sobre a maturidade • Aida Gliksman de Shor • 1 ed. • São Paulo:
Ofício das Palavras Editora, 2011.

1. Educação continuada
2. Educação de adultos
3. Envelhecimento
4. Gerontologia
5. Idosos • Aspectos sociais
6. Idosos • Educação
7. Maturidade I. Título.

11-06595 CDD-374.00846

Índices para catálogo sistemático:
1. Educação continuada para maturidade:
Proposta pedagógica: Educação para adultos e idosos 374.00846

Ofício das palavras editora
estúdio literário

Rua Guararapes, 680 • 04561-0000 • São Paulo-SP
55 11 • 3473-7476
www.oficiodaspalavras.com.br

Aída Gliksman de Shor

ESTUDOS SOBRE A MATURIDADE

Ofício das palavras editora
estúdio literário

Gracias a la vida

Violeta Parra

Gracias a la vida que me ha dado tanto.
Me dio dos luceros que, cuando los abro,
perfecto distingo lo negro del blanco,
y en el alto cielo su fondo estrellado
y en las multitudes el hombre que yo amo.
Gracias a la vida que me ha dado tanto.
Me ha dado el oído que, en todo su ancho,
graba noche y día grillos y canarios;
martillos, turbinas, ladridos, chubascos,
y la voz tan tierna de mi bien amado.
Gracias a la vida que me ha dado tanto.
Me ha dado el sonido y el abecedario,
con él las palabras que pienso y declaro:
madre, amigo, hermano, y luz alumbrando
la ruta del alma del que estoy amando.
Gracias a la vida que me ha dado tanto.
Me ha dado la marcha de mis pies cansados;
con ellos anduve ciudades y charcos,
playas y desiertos, montañas y llanos,
y la casa tuya, tu calle y tu patio.
Gracias a la vida que me ha dado tanto.
Me dio el corazón que agita su marco
cuando miro el fruto del cerebro humano;
cuando miro el bueno tan lejos del malo,
cuando miro el fondo de tus ojos claros.
Gracias a la vida que me ha dado tanto.
Me ha dado la risa y me ha dado el llanto.
Así yo distingo dicha de quebranto,
los dos materiales que forman mi canto,
y el canto de ustedes que es el mismo canto
y el canto de todos, que es mi propio canto.
Gracias a la vida que me ha dado tanto.

Aída é sobretudo uma pessoa delicada tanto nas atitudes quanto nas reflexões. Aqueles que, como ela, apreciam e exercitam a delicadeza, certamente gostarão deste livro.

Dra. Anette Lewin, psicóloga

Sem dúvida este trabalho marca um momento muito especial e intenso da sua vida, não só de dedicação profissional, mas de um reencontro consigo mesma: tenho plena convicção de que chegar até aqui já é mais do que sucesso e de que há muito que se comemorar, por tantas portas e janelas que se abriram e que continuam se abrindo, pela riqueza do caminho que encontramos e pela beleza daqueles que nos inspiram e nos fazem renascer, os nossos mais profundos amigos.
Meus mais sinceros parabéns pela dedicação, carinho e persistência no seu trabalho! Você merece muito!

Um grande beijo!

Dra. Cristina Massant, neurologista

Em *Estudos sobre a Maturidade*, Aída Gliksman de Shor reúne a profundidade de uma pesquisa de fôlego, a riqueza de sua experiência pessoal e a sensibilidade de seu olhar sobre a maturidade. Os textos aqui reunidos vêm engrandecer o trabalho de todos aqueles que se dedicam ao estudo ou aos cuidados dessa população, trazendo importantes informações e reflexões. Esta obra é o testemunho de como a maturidade pode ser vivida de forma criadora, ativa e realizadora.

Dra. Luciana Lorens Braga, psiquiatra

PARTE I

Preparação para a implantação das "Faculdades de Educação Continuada para a Maturidade"

Estudo feito entre 1993-1995

APRESENTAÇÃO

Temos visto que a estrutura etária da população brasileira vem se modificando de forma significativa, a população idosa soma um percentual importante em relação às camadas mais jovens. Pesquisa do Instituto Somatório revela que 93% dos idosos no Brasil têm renda própria e contribuem em média com 71% do orçamento familiar. No país chega a 18 milhões o número de pessoas com mais de 60 anos, mais de 10% da população total. (Fonte: *O Estado de São Paulo*, 12 de abril de 2010). A Maturidade Ativa apresenta hoje todos os tipos de multiplicadores de poder, com os novos programas e pesquisas. De acordo com fontes da Fundação Getúlio Vargas e IBGE, de 1970 a 2008, a expectativa de vida aumentou de 55,3 anos para 76,1 anos. Para os próximos 38 anos teremos expectativa de 96,9 em média. É muita vida. Terá de ser preenchida com conteúdo. "O fato de um número maior de pessoas estar chegando a uma idade avançada deve ser visto como algo positivo, mas é preciso adotar medidas e programas para que os idosos sejam vistos como um recurso valioso para a sociedade e não como um fardo", afirmou Johan Scholvinck, diretor da Divisão de Desenvolvimento e Políticas Sociais da ONU, em 2002.

Essa tendência requer maior atenção por parte dos órgãos governamentais responsáveis pelo planejamento e atendimento das necessidades sociais do grupo populacional em questão. Uma das consequências desse quadro irreversível é percebida na intensificação das demandas específicas do segmento, que exerce uma pressão crescente sobre a sociedade, sobre o setor público, e gera uma competição com as demandas de outras faixas etárias. O conjunto de características, tais como dimensões, distribuição geográfica e fatores socioeconômicos, constituem importante indicador para a configuração dos setores mais pressionados (saúde, previdência social, educação, lazer, saneamento). Em São Paulo, e no Brasil como um todo, é importante intensificar esforços, estudos e pesquisas em relação à população idosa na busca de soluções para suas carências básicas – moradia, trabalho, saúde, cultura, educação e lazer –, para assegurar uma trajetória de vida autônoma, responsável e participativa. Um tema dos mais relevantes nos dias atuais é a criação de um programa de educação continuada para adultos (a partir de quarenta e cinco anos) e idosos que queiram prosseguir com seus estudos. De acordo com pesquisas e levantamentos realizados pela fundação IBGE (2002), o crescimento relativo da população situada nessa faixa etária, no período compreendido entre o final da década de 90 e a virada do século, deverá superar as expectativas.

Os subsídios para o planejamento de ações e programas específicos para esse segmento da população envolvem a análise de parâmetros como dimensões, características, necessidades e aspirações. Minha equipe fez uma extensa pesquisa bibliográfica e de campo para a elaboração do Projeto para as Faculdades de Educação Continuada para Maturidade, na cidade de São Paulo. Essa ideia é fruto de minha experiência pessoal em trabalhos com adultos, e também da minha vivência, desde que decidi dar prosseguimento aos estudos no Brasil e encontrei algumas barreiras.

Embora de início as pesquisas tenham sido direcionadas a idosos, minha equipe constatou que o público-alvo era bem mais amplo. Pessoas com mais de cinquenta anos, com muita disposição para estudar, ampliar conhecimentos, desenvolver habilidades e interagir socialmente.

Centro de Cultura e Educação Continuada para a Maturidade, é um projeto ideal, o sonho de uma vida inteira. Proposta cuja base fundamental é a legitimação e concretização das aspirações daqueles que desejam continuar os estudos, desenvolvendo habilidades. Considerei então publicar minha pesquisa, deixando-a disponível para quem se interessa pelo tema, embora não tenha desistido do meu sonho.

Aqui neste volume, o pesquisador vai achar, se não toda, grande parte do material publicado em livros, revistas, jornais e na internet.

O objetivo que norteia esse trabalho é o potencial existente em adultos e idosos para benefício da comunidade, que permite às pessoas permanecerem ativas e se reintegrarem à sociedade.

Na primeira parte deste Compêndio está a preparação feita para a implantação da Universidade de Educação Continuada para Adultos e Pessoas da Terceira Idade. A segunda parte é a pesquisa que fizemos de 2005 a 2010.

ÍNDICE

Preparação para a implantação das "Faculdades de Educação Continuada para a Maturidade"

1. • INTRODUÇÃO

A humanidade atravessa um período de rápidas e drásticas mudanças, que têm resultado na construção de um mundo novo. No início do século XXI, acompanhamos o surgimento do livre comércio mundial, o poderoso impulso das telecomunicações, a obsolescência dos conflitos armados, a internacionalização do interesse ecológico, a revolução da biotecnologia, as conquistas no campo da informática e o renascimento cultural.

Do ponto de vista social, a democratização, a emancipação das mulheres, os novos conceitos de família, a pluralidade nas artes, educação e tecnologias, compõem uma sociedade na qual predomina a diversidade.

O surgimento do trabalhador intelectual em substituição ao antigo trabalhador industrial (operário) destaca a necessidade de revisão e aprimoramento das estruturas educacionais, uma vez que o conhecimento tornou-se o capital dos trabalhadores e das economias desenvolvidas. Portanto, a ordem principal dessa nova sociedade é possibilitar o acesso à educação. A pós-modernização é um processo de múltiplas facetas, que envolve mudanças em todas as áreas do pensamento e da atividade humana. Do ponto de vista intelectual, sobretudo, implica na expansão do conhecimento por meio de um crescente estímulo à educação. A civilização avançará e evoluirá proporcionalmente à quantidade e qualidade intelectual dos adultos que desempenham um papel ativo no processo.

2. • A POPULAÇÃO DE IDOSOS NO BRASIL

Temos visto que a estrutura etária da população brasileira vem se modificando de forma significativa, a população idosa soma um percentual importante em relação às camadas mais jovens. Pesquisa do Instituto Somatório revela que 93% dos idosos no Brasil têm renda própria e contribuem em média com 71% do orçamento familiar. No país chega a 18 milhões o número de pessoas com mais de 60 anos, mais de 10% da população total (Fonte: *O Estado de São Paulo*, 12 de abril de 2010).

A Maturidade Ativa apresenta hoje todos os tipos de multiplicadores de poder, com os novos programas e pesquisas. De acordo com fontes da Fundação Getúlio Vargas e IBGE, de 1970 a 2008, a expectativa de vida aumentou de 55,3 anos para 76,1 anos. Para os próximos 38 anos, mesmo que se mantenha a mesma expectativa teremos 96,9 de expectativa de vida média. É muita vida. Terá de ser preenchida com conteúdo.

Essa tendência requer maior atenção por parte dos órgãos governamentais responsáveis pelo planejamento e atendimento das necessidades sociais do grupo populacional em questão. Uma das consequências desse quadro irreversível é percebida na intensificação das demandas específicas do segmento, que exerce uma pressão crescente sobre a sociedade, sobre o setor público, e gera uma competição com as demandas de outras faixas etárias. O conjunto de características, tais como dimensões, distribuição geográfica e fatores socioeconômicos, constituem importante indicador para a configuração dos setores mais pressionados (saúde, previdência social, educação, lazer, saneamento). Em São Paulo, e no Brasil como um todo, é importante intensificar esforços, estudos e pesquisas em relação à população idosa na busca de soluções para suas carências básicas - moradia, trabalho, saúde, cultura, educação e lazer –, para assegurar uma trajetória de vida autônoma, responsável e participativa.

Evidencia-se, também, a situação marginal perante a sociedade das pessoas situadas no segmento etário em questão, em decorrência das transformações nas estruturas familiares, sociais e econômicas. Os indivíduos idosos requerem progressivamente mais atenção e auxílio especial por parte da família, da comunidade e das autoridades governamentais.

2.1 • A POPULAÇÃO DE IDOSOS EM SÃO PAULO

Os dados estatísticos revelam que no estado de São Paulo, desde 1940, os percentuais relativos a idosos têm sido superiores aos do país como um todo. Para se ter uma ideia, em 1990, o segmento adulto (acima de 30 anos) e de idosos representavam 49% da população total do município de São Paulo. O número de pessoas com 60 anos ou mais alcançava 2,5 milhões, dos quais 47% na região metropolitana.

2.2 • NÍVEL DE OCUPAÇÃO

Dados estatísticos sobre São Paulo revelam que paralelamente ao aumento de idade, os percentuais de empregados diminuem, enquanto o número de empregadores e pessoas que trabalham por conta própria aumenta. Isso pode ser analisado como um reflexo das dificuldades que os idosos enfrentam no mercado de trabalho, mas pode ser interpretado como uma opção pessoal.

3. • O SER ADULTO

É, portanto, ao caráter de cada um, e não à velhice propriamente, que devemos imputar todas essas lamentações. Os velhos inteligentes, agradáveis e divertidos suportam facilmente a velhice, ao passo que a acrimônia, o temperamento triste e a rabugice são deploráveis para qualquer idade (Cícero, 103-43 a.C).

CONCEITO:

Envelhecimento segundo Messy (1999): "É um processo que se inscreve na temporalidade do indivíduo, do começo ao fim da vida. É feito de uma sucessão de perdas e aquisições. Uma perda não é sempre um término, muitas vezes engendra uma aquisição. Envelhecimento é tempo da idade que avança e a velhice é a idade avançada em direção à morte".

3.1 • NECESSIDADES E ASPIRAÇÕES

Nos dias atuais é preciso, antes de tudo, aprender a aprender, isto é, ter o espírito aberto para o caráter inovador. Os avanços científico-tecnológicos e seus reflexos no campo econômico, social e político têm influenciado de forma contundente as necessidades do ser humano em geral. A vida pós-moderna gerou mecanismos complexos que criam uma malha de relações entre nós. O trabalho, a família, o lazer, enfim, o cotidiano em seus vários aspectos, e a influência que exercemos uns sobre os outros, estão relacionados direto e de diversas formas à educação e às necessidades de autoconhecimento e de conhecimento do ambiente que nos cerca.

Podemos colocar três diferentes situações. A primeira no caso de mulheres que são atingidas pela "síndrome do ninho vazio": devido à falta de um projeto de vida, no momento em que os filhos se tornam independentes, sentem vontade de participar da comunidade, ter uma vida ativa e produtiva. A segunda situação é a de homens e mulheres que trabalham e sentem necessidade de novos desafios. A terceira situação é a de homens e mulheres aposentados que têm a sensação de vácuo e, pior, de inutilidade, podem tomar o caminho de crises, angústias e até de doenças. Desta maneira se faz necessário incentivar os adultos a procurar saídas para dar espaço a novas aquisições nos diversos campos do saber, muitas vezes de desejos não concretizados na juventude.

As pessoas precisam ser estimuladas a fazer escolhas adequadas e utilizar o seu potencial da melhor maneira possível para alcançar a realização no plano bio-psicossocial, que envolve também o intelectual, o cultural e o político. O sistema educacional desponta como entidade fornecedora de subsídios para que o indivíduo aprenda a aproveitar positivamente essas transformações em seu benefício e no da comunidade. A função da educação de adultos consiste em proporcionar a essas pessoas os conhecimentos necessários para o desempenho de suas tarefas e capacitá-los para viver de modo mais completo e harmonioso. Ao dispor dos ensinamentos recebidos, o homem adquire a capacidade de agir com criatividade, de comunicar-se, de conhecer e de decidir sobre a sua vida e sobre os rumos da sociedade.

3.2 • TAREFAS

A população adulta, cuja contribuição no processo produtivo, político e social de um país é valiosa, deve realizar também tarefas específicas e características de cada estágio de sua maturidade para garantir a satisfação de suas necessidades, o seu desenvolvimento e a manutenção de padrões sociais e culturais. Na fase adulta média – 40 a 60 anos – as tarefas do indivíduo, voltam-se, por exemplo, ao relacionamento com o(a) companheiro(a); a assumir responsabilidades cívicas e sociais; estabelecer e manter um padrão econômico e profissional; ajudar os filhos adolescentes e jovens a tornarem-se adultos responsáveis; a dedicar-se a atividades sociais, culturais, de lazer e outras; a ajustar-se aos pais idosos e, principalmente, entender, aceitar e adaptar-se às mudanças fisiológicas da meia-idade. A fase que compreende a idosos – a partir de 60 anos – deve ser entendida como o período em que o adulto incorpora as mudanças fisiológicas resultantes do envelhecimento. Ajustar-se ao decréscimo de forças físicas e da saúde, à aposentadoria e redução de vencimentos, à morte do(a) companheiro(a), assumir responsabilidades cívicas e sociais, afiliar-se a grupos de sua idade, são as principais tarefas relativas a esta etapa.

A educação continuada para adultos significa a extensão das seguintes tarefas:

• Desenvolver o potencial individual ao longo de toda a vida;

• Acompanhar, participar e atender ao bem-estar social e ao progresso da comunidade e as questões ambientais, políticas, assistenciais.

• Viver de forma saudável e produtiva em todos os sentidos.

4. • O PAPEL DA EDUCAÇÃO CONTINUADA PARA ADULTOS

CONCEITO

A educação continuada para adultos, que pode ser caracterizada como o empenho do homem pelo homem na busca de um auto-desenvolvimento permanente, constitui-se em oportunidades organizadas oferecidas a homens e mulheres para que ampliem e interpretem suas próprias experiências de vida. Graças a ela, os indivíduos adultos desenvolvem suas aptidões, enriquecem seus conhecimentos, aperfeiçoam suas qualificações técnicas e profissionais, bem como ajudam a promover uma nova orientação na sociedade. Trata-se, portanto, de um processo onde cada indivíduo aprende a se formar e a se informar a fim de transformar-se e transformar o mundo à sua volta. Considerando que o aprendizado é um processo permanente, a educação continuada de adultos não deve ser analisada como um prolongamento do ensino recebido nas escolas e, sim, como parte de um processo educativo contínuo.

4.1 • ASPECTO FUNCIONAL

A educação continuada de adultos deve proporcionar aos indivíduos os ensinamentos necessários para o desempenho de suas funções sociais, políticas e culturais e, principalmente, capacitá-los da melhor forma possível para a participação na vida de suas respectivas comunidades. Desta forma, o seu objetivo não é apenas instruir, mas formar, informar e gerar um ambiente de curiosidade intelectual, de liberdade e relacionamentos, fomentando em cada indivíduo a vontade e a capacidade de participar do desenvolvimento sócio-cultural de sua época.

Trata-se de um processo educacional com um amplo propósito social e cultural, não isento de valores, mas com uma significação que ultrapassa as modalidades de educação existentes. Possui o objetivo de desenvolver capacidades e aptidões pessoais, como também o de reforçar o sentido de responsabilidade social, moral, intelectual e cívica na cidadania em relação à comunidade e à Nação. Pois somente à medida que aprendermos a fazer escolhas com discernimento, inteligência e assumir nosso papel no contexto social, estaremos aptos a aproveitar os frutos desse processo educativo.

4.2 • FORMAS ALTERNATIVAS DE EDUCAÇÃO ADULTA

Uma visão mais ampla da educação de adultos abrange o conjunto de experiências adquiridas, sejam elas organizadas ou não, voluntárias, programadas ou sistemáticas. Qualquer tipo de aprendizado é válido, desde que contribua para a mudança de atitudes, visões e opiniões ou gere alterações no comportamento. Os indivíduos adultos podem aprender muito com atividades e experiências da vida cotidiana dentro do ambiente natural da sociedade. O processo de aprendizagem que ocorre fora das salas de aula – no trabalho, no cinema, no teatro, na televisão, no rádio, nos jornais, nos livros – tem tanta importância quanto o que se realiza dentro da escola.

5. • EDUCAÇÃO CONTINUADA NUM CONTEXTO DE MUDANÇAS

A mudança, como tem ficado patente no fim do século XX, constitui-se no fenômeno mais marcante da humanidade. Imprimida pelo ritmo acelerado do desenvolvimento científico e tecnológico, resulta, por sua vez, do progresso do conhecimento. E é em matéria de educação que se impõem consequências: para compreender as mudanças que estão ocorrendo atualmente e os problemas que delas se originam, para conhecer e entender o que lhe permitirá regular seus efeitos, o homem há de compreender que seu aprendizado nunca será completo.

A educação de adultos surge como uma proposta alternativa de solução para os entraves apresentados por novas situações e mudanças. Segundo Edna da Cunha Paiva Dália (técnica em Educação pela Secretaria da Educação e Cultura da Paraíba), esse tipo de formação se faz necessária quando se percebe que inexistem nas estruturas sociais e nas modalidades da educação formal oferecidas, as condições básicas para facilitar e orientar as pessoas diante da complexidade desconcertante de uma nova realidade. Porém, é um equívoco pensar que a educação de adultos só tem importância em nossa época, quando o ritmo de evolução acelerou-se à velocidade desconhecida por gerações passadas. Já há algum tempo se reconhece que a maior parte dos problemas com os quais o homem se defronta em uma sociedade pós-moderna requer conhecimentos que não podem ser adquiridos apenas durante a juventude.

A função da educação continuada para adultos é ajudar os indivíduos a compreender as estruturas de ordem e segurança de um mundo à mercê de mudanças velozes, para que alcancem seus objetivos em prazos adequados, compreendam as dificuldades, descubram os recursos de que dispõem e atinjam suas metas dentro das circunstâncias vigentes.

6. • A DIMENSÃO CULTURAL DA EDUCAÇÃO DE ADULTOS

O elemento fundamental deste processo educativo não será mais o ensino tradicional e, sim, o processo de autoformação - dinâmico e funcional - de aquisição contínua de conhecimentos. Como o desenvolvimento cultural depende essencialmente das atividades dos indivíduos e dos grupos, essa rede de formação pode ser organizada em função das intervenções educativas, entre as quais deve haver intercâmbio, coordenação e cooperação.

Programas de extensão, graduação e especialização destinados a adultos surgem como uma alternativa a mais ao lado das tarefas de conservar o patrimônio cultural legado pelo passado, investigar os avanços científicos, transmitir o saber por meio do ensino e formar pessoas para o exercício de profissões liberais ou de funções diretivas na comunidade. A educação continuada constitui-se numa série de arranjos e combinações de diferentes impressões de tempo, espaço e saber, cuja medida pode incrementar a riqueza, magnitude e complexidade da cultura humana. Um de seus objetivos principais é reorganizar a vida social para que cada situação concreta proporcione a oportunidade de aprendizagem e participação, permitindo que o desenvolvimento cultural favoreça a evolução permanente da sociedade.

6.1 • DIMENSÃO POLÍTICA

Ao longo de muitos séculos, o estabelecimento e a manutenção da ordem política e social vêm ocupando lugar de destaque nas mentes dos pesquisadores sociais. É indiscutível que para a sobrevivência da democracia é necessário que os cidadãos participem inteligentemente das várias instituições que constituem uma sociedade democrática. O predicado da participação inteligente é a educação, e no caso dos adultos é essencial, pois para os indivíduos usufruírem dos direitos de uma sociedade livre devem saber como identificar e compartilhar as necessidades inerentes à manutenção e extensão dos mesmos.

O indivíduo adulto é um ser social que faz parte de uma família e de determinados grupos, em relação aos quais tem certas obrigações. Somente uma educação democrática é capaz de proporcionar um equilíbrio harmônico entre os direitos e os deveres do indivíduo. A educação continuada, além de oferecer uma democratização da educação, possibilita uma preparação contínua do indivíduo para o compromisso democrático. É preciso que ela seja implementada à luz da atual conjuntura brasileira e na confluência de diversas forças que, unidas, podem contribuir para a consolidação de uma nova ordem social e política. Essa contribuição para a redefinição do processo democrático constitui o espaço para a conquista e garantia do bem-estar individual e coletivo; para a discussão e o direito à participação nas decisões, confirmando-se como um dos meios indispensáveis à reinstauração de um novo modo de pensar e de uma nova postura no agir individual e coletivo diante da trajetória social.

A dimensão política da educação continuada de adultos reside no fato de que qualquer tentativa de educação voltada a esse público não pode ficar restrita somente ao âmbito educacional, senão corre o risco de não corresponder às condições que a dimensão social desse projeto requer. Trata-se de um setor da política social mais amplo, onde as propostas específicas de outros segmentos – saúde, previdência, trabalho, planejamento, habitação, saneamento etc. – devem convergir para a realização dos objetivos democráticos.

6.2 • DIMENSÃO SOCIAL

A realização de um projeto em consonância à contemporaneidade é o compromisso permanente das sociedades evoluídas em geral. No decorrer da história, isso significou – e ainda significa – a busca da construção de uma sociedade saudável, competente e com acesso ao saber, em sintonia com as exigências do presente com projeção para o futuro. Como importante agente do desenvolvimento social, a educação deve ser repensada e reestruturada no tocante à qualidade, quantidade e, principalmente, à sua estratégia, para servir como um instrumento útil de transição.

Educação significa a multiplicação das necessidades e o refinamento da qualidade delas. A medida que o indivíduo se torna mais educado, maiores são as suas necessidades e mais exigente ele passa a ser na busca e escolha dos meios para satisfazê-las. Ao gerar um novo tipo de homem, a educação contribui para um novo elenco de ideias e valores, de necessidades, aspirações e expectativas que, conjuntamente, formarão os padrões sociais desta civilização que agregará novas técnicas e ritmos de trabalho, tanto quanto perspectivas, estilos de convivência e de relações sociais. Na prática, isso significa que o desenvolvimento social e a educação constituem-se em processos reciprocamente fecundantes. A educação continuada, nesse sentido, passa a ser concebida como o processo de capacitação social racional, responsável e cooperativo, de que vai depender o próprio desenvolvimento social.

A evolução humana, que corresponde à modernização das sociedades, não pode ser uma tarefa individual, ocasional ou descontínua, mas parte integrante de uma política social e cultural definida e sistemática. Para que ocorra o desenvolvimento social e econômico e as consequentes inovações científicas e tecnológicas é preciso que o meio social esteja preparado com instrução e treinamento. Surge então a necessidade de participação cada vez maior de todos os cidadãos na direção política do processo social. Levando-se em conta que a educação sofrerá grandes transformações nas próximas décadas, a discussão séria sobre o seu propósito social e responsabilidade torna-se vital neste novo contexto.

7. • EDUCAÇÃO UNIVERSITÁRIA PARA ADULTOS

Fundamental para o ser humano, o aprendizado é vital em todas as etapas da vida. Alguns recorrem ao autodidatismo, outros aprendem o que precisam enfrentando e resolvendo os problemas da vida cotidiana. Mas a maioria das pessoas necessita de programas planejados para elas. A educação universitária para adultos é uma atitude consciente, pela qual cada indivíduo assume e procura realizar os seus objetivos de auto desenvolvimento e respectiva autopromoção. Trata-se de um processo, e não meramente um produto, estruturado na ideia de que o homem para poder sobreviver e evoluir individual e socialmente tem o compromisso de estar sempre aprendendo para desenvolver aptidões e métodos inovadores, aperfeiçoar qualificações técnicas e enriquecer conhecimentos, orientados principalmente para o ensino e pesquisa do mundo moderno.

Segundo Mannhein, a educação adulta é uma pós-graduação e uma reeducação para aqueles que querem se manter em dia com os progressos científicos e com as rápidas mudanças sociais. Tal interesse do adulto pela educação superior decorre da rápida evolução dos conhecimentos, pois quando o indivíduo atinge a metade de sua carreira maior, parte do que aprendeu nos cursos secundários e universitário já se tornou obsoleto. Surgindo assim a necessidade de retornar à universidade para se informar e se reciclar periodicamente, além de se qualificar para novos mercados de trabalho e de atuação social, cultural, política e econômica que se abrem para o futuro.

A universidade constitui-se num laboratório da civilização para o homem contemporâneo. Nenhuma outra instituição consegue propagar melhor os valores consagrados pelos séculos, tais como a busca desapaixonada da verdade racional, a conservação do saber e do sentido de intuição adquiridos no passado e a transmissão desses conhecimentos, convicções e métodos de livre exame. Ao mesclar-se à grande corrente da vida social, a universidade cumpre o papel de ajudar homens e mulheres a encontrar soluções mais satisfatórias para os problemas de suas vidas particulares e públicas. Mas, a universidade pode ampliar ainda mais o seu papel junto à coletividade atendendo à necessidade das pessoas adultas e idosos por instrução, informação, renovação e treinamento. O desenvolvimento deste contingente populacional contribuirá para o aperfeiçoamento de toda a sociedade.

Como entidade de ensino para estudantes adultos, a universidade deve repensar e reformular métodos e técnicas tradicionais, pois a própria experiência de vida confere aos adultos uma ampla bagagem de informações acerca de si mesmo e da sociedade, exigindo assim, paralelamente, a extensão de conhecimentos e de ideias em cada disciplina a ser estudada. O conhecimento de cátedra deve, portanto, ser complementado com a discussão. Aprender, nesse contexto, significa principalmente manter um enfoque autodidata voltado para o desenvolvimento do indivíduo, cujo tipo de conhecimento e acervo intelectual difere de uma pessoa para outra. A tarefa da universidade é fazer com que as oportunidades para estudar, refletir, pesquisar, questionar estejam disponíveis para o aluno e, ao mesmo tempo, auxiliar o aprendiz a utilizar efetivamente tais possibilidades. Portanto, o adulto deve ser estimulado a perguntar, descobrir, refletir, discutir e ser criativo.

7.1 • EDUCAÇÃO CONTINUADA PARA ADULTOS

Buscamos ao longo deste trabalho traçar o perfil do público adulto, abordando suas características, no que diz respeito às necessidades, tarefas e aspirações. Por outro lado, tentamos também estudar o atual cenário social cujo alto grau de transformações e mudanças demandará novas estruturas num prazo bastante curto. Nesse contexto, o presente trabalho busca reforçar a importância da aquisição de aprendizado e habilitação por parte do segmento populacional analisado, viabilizando assim a reconstrução de uma sociedade saudável, competente e moderna.

Para contribuir com a realização desta tarefa, estamos propondo a criação das "Faculdades de Educação Continuada para Maturidade" na cidade de São Paulo, cujo nome é uma homenagem à personalidade que durante toda sua vida colaborou com a comunidade dos idosos. Visamos, assim, oferecer uma alternativa a mais, cujo diferencial em relação às iniciativas já existentes neste sentido, propiciará de forma decisiva a satisfação das necessidades e interesses do público-alvo a ser atingido, bem como da sociedade como um todo.

8. • MÉTODOS E CONTRIBUIÇÃO DE ESPECIALISTAS PARA O PLANEJAMENTO DA AÇÃO EDUCATIVA

O aspecto funcional da ação educativa dependerá, após intensa pesquisa sobre o público-alvo que pretendemos atingir, da capacidade dos programadores de educação em responder às necessidades vitais, motivações e expectativas da clientela. O planejamento dessa aprendizagem implica em etapas inter-relacionadas que incluem: a identificação dos objetivos de instrução, o estudo de trabalhos relativos a novos métodos de ensino, a extensão rápida da diversificação de programas, a seleção e preparação das tarefas de aprendizagem e a previsão de métodos para avaliação dos objetivos alcançados. Outras tarefas de caráter pedagógico que podem ser enumeradas são: processo de avaliação dos ensinamentos (que deve ser adotado como algo sistemático, fornecendo subsídios para o educador e educando conhecerem suas limitações e progressos); estudo e identificação de novas regras de seleção para admissão do aluno – levando em consideração, além da escolaridade anterior, a experiência profissional e pessoal, aptidões e bagagem cultural – e a criação de horários mais flexíveis com a finalidade de compatibilizar as aulas com outras atividades do aluno.

Para a consecução do planejamento torna-se necessário reunir um quadro de profissionais competentes em sua área de atuação, cabendo destacar aqui as seguintes:

- Psicogerontologia.
- Gerontologia Educacional – Intervém de maneira diversa na programação da formação. Deve levar em conta as necessidades e aspirações do aluno, respeitando suas peculiaridades.
- Sociologia – Fornecerá aos planejadores informações básicas, tanto para distinguir e localizar uma clientela determinada, como verificar se a mesma é homogênea.

- Andragogia – Responsável pelo aspecto funcional da ação educativa, que dependerá, por sua vez, da capacidade dos programadores de educação em responder às necessidades vitais dos adultos em suas experiências cotidianas: o complexo geral de sentimentos, questionamentos, aspirações, entre outros.
- Gerontologia – Estuda o processo de envelhecimento em suas múltiplas dimensões: psicológicas, biológicas e sociais.

Na esfera de planejamento, deve existir ainda a preocupação de se criar um relacionamento mais estreito entre a Universidade e as outras instituições que se dedicam à tarefa de preservar a educação, como as escolas, bibliotecas, centros culturais e educativos, museus, associações de classe, cujos esforços somados devem desempenhar conjuntamente um papel importante nesse campo.

Na fase inicial deste projeto, uma etapa importante diz respeito ao espaço e ambiente de aprendizagem, que deverá ser confortável e adequado às condições fisiológicas dos alunos adultos. Além dos itens relativos a móveis, equipamentos, temperatura, facilidade de acesso, deve-se evitar que distrações externas interfiram na atenção, concentração e motivação do estudante.

O ambiente emocional deve ser inteiramente propício ao ensino e aqui cabe mencionar o papel fundamental do professor – instrutor –, cujo comportamento e atitudes no relacionamento com os estudantes adultos serão de grande importância. As técnicas de instrução devem ser simples e específicas, permitindo que a atenção dos alunos possa centrar-se nos elementos relevantes da tarefa de aprendizagem. Cabe ao professor reforçar a confiança e as expectativas de êxito do aluno.

O quadro docente deve ser cuidadosamente selecionado e perfeitamente habilitado nas técnicas modernas de aprendizagem (uso da radiodifusão, televisão, computadores, tele processadores, instrução programada, entre outros). A ele cabe não apenas a função de ensinar, como de preparar situações de aprendizagem, organizar a recepção de informações, orientar e acompanhar grupos de trabalho, dirigir discussões e pesquisas, selecionar e preparar as matérias, determinar a sequência da aprendizagem e avaliar seus resultados.

Além das instituições docentes tradicionais, são peças importantes no trabalho de educação de adultos as bibliotecas, museus, centros culturais, orquestras etc. Ocupam-se ainda desta tarefa educativa algumas instituições sociais, tais como entidades de classe (SENAC, SESC, SESI), igrejas, clubes, associações e a própria família.

9. • PROPOSTAS DE PROGRAMAS PARA EDUCAÇÃO CONTINUADA

Atualmente, aproximadamente 15 instituições no Estado de São Paulo oferecem programas de "Universidade Aberta à Idosos" e cursos de "Extensão Universitária". Tais iniciativas confirmam a preocupação com a educação adulta, porém, não são voltadas exclusivamente para essa clientela, não visam fornecer diploma de graduação, nem a preparação para o exercício de atividades profissionais. Na grande maioria, o aluno adulto e de idosos participa do curso como ouvinte numa classe composta majoritariamente por jovens.

Levando em conta as necessidades psicossociais, capacidades, habilidades, conhecimentos, motivações, enfim, a natureza, a bagagem e o potencial da faixa etária adulta, este trabalho apresenta uma proposta de criação de um programa de educação continuada de nível superior, projetado especificamente para tal público. Seu objetivo consiste em proporcionar os conhecimentos necessários e capacitação em diversos campos – educativo, assistencial, prestação de serviços – mediante a participação na vida de suas respectivas comunidades. Apresentaremos, a seguir, alguns programas de ensino, pesquisa e atividades que, ao nosso ver, preenchem os requisitos demandados pela futura clientela.

• Programa de Reciclagem e Atualização Cultural

Seu objetivo é resgatar os conhecimentos dos alunos e prepará-los para o momento atual. Oferece cursos livres ou de especialização com certificado de conclusão, visando atender às diferentes necessidades do público-alvo, especialização em certas áreas ou aprofundamento dos conhecimentos em diferentes disciplinas.

Cursos básicos: Sociologia, Psicologia, Antropologia, Economia Brasileira e Mundial Contemporânea, História, Política, Filosofia, Educação Ambiental, Medicina Social, Ciência e Tecnologia, Nutrição, Direito Civil, Língua e Literatura, Saúde Pública e outros.

• Programa de Graduação

Bacharelado nas mais diversas áreas. Os cursos deverão ter a duração aproximada de três a quatro semestres, com horários flexíveis e será oferecido diploma de Bacharel pela Universidade. Realização conjunta de seminários, palestras, pesquisas e outras atividades afins.

- **Cursos de Graduação**

História, Geografia, Economia, Psicologia, Sociologia, Direito, Saúde Pública, Nutrição, Letras, Pedagogia, Comunicação, Artes, Literatura, Política, Filosofia.

- **Programa de Seminários**

Tem o objetivo de reforçar o desenvolvimento dos interesses acadêmicos, gerando a formação de um ambiente de discussão, reflexão e pesquisa. Os temas poderão ser conduzidos por alunos, professores ou convidados.

- **Programas Assistenciais**

Espaço criado pela Universidade para os alunos interessados em prestar serviço e apoiar projetos assistenciais da comunidade.

- **Programa de Pesquisas e Estudos Avançados**

Voltado para servir de apoio ao Programa de Seminários e aos Programas Assistenciais, notadamente na área de pesquisa bibliográfica e de campo, para dar sustentação prática e teórica às tarefas desenvolvidas pelos mesmos. Dirigido também para o aluno que pretende aprofundar ou avançar nos seus estudos.

- **Estrutura**

Centros dotados de material bibliográfico (biblioteca), audiovisual, computadores, enfim, equipamento de apoio de última geração, monitorados por técnicos qualificados.

- **Programa de Oficinas de Trabalho**

Responsável pela criação de uma espécie de cooperativa de talento profissionalizante, onde os alunos poderão produzir artigos, tanto para serem absorvidos pelo mercado como para programas beneficentes de atendimento a comunidades carentes.

- **Oficinas**

Tapeçaria, Tricô, Costura, Marcenaria, Pintura etc.

- **Programas Sociais**

Visam atender a uma política de interação social entre a Universidade e as comunidades mais carentes.

- **Programas de Atividades Socioculturais**

Criação de convênio entre a Universidade e outras entidades afins para a realização de atividades socioculturais.

Com este objetivo, estuda-se a possibilidade de um convênio entre a Universidade e a Federação Brasileira de Difusão Cultural e Amigos de Museus, gerando oportunidades para:

- Incentivar e promover projetos, pesquisas, debates, seminários e eventos culturais.
- Promover intercâmbio cultural nacional e internacional.
- Promover exposições de artes em geral.
- Organizar visitas a museus, teatros, cinemas, além de excursões, passeios e outros eventos de caráter cultural.
- Criar cursos para voluntários e profissionais de museus.

• Programas de Atividades de Lazer

Espaço para o desenvolvimento de atividades sociais, centro de convivência e de lazer, dotado de jardins, auditório, quiosques, piscina, cinema etc.

Atividades: Dança, música, coral, ginástica, modelagem, jardinagem, decoração, hidroginástica etc.

• Observações

Em todos os cursos, o aluno será preparado multidisciplinarmente para atuar nos mais diversos campos.

A proposta pedagógica terá acompanhamento profissional e especializado ao longo do programa, visando desenvolver os talentos e aprimorar as habilidades dos alunos.

O processo de avaliação de aprendizagem deverá acompanhar toda a trajetória percorrida pelo educando, desde a sua entrada no programa à saída.

Nos cursos onde houver necessidade haverá a inclusão de meios de comunicação, tais como televisão, vídeo, fax, equipamentos de audiovisual, modelos de simulação e aprendizado por computador.

A educação de adultos precisa ser ampla e diversificada e a Universidade de Educação Continuada, nos moldes desta proposta, está pronta para assumir sua parte nesta tarefa que abrange a preservação do elemento humano.

10. • CONSIDERAÇÕES FINAIS

Todos nós, adultos, temos um importante trabalho a fazer em busca de nosso desenvolvimento. Podemos lutar pela criação do Centro de Cultura e Educação Continuada para Adultos e a Maturidade, com o objetivo de participar de um programa de aprendizagem

Universidade de Mogi Das Cruzes
UMC

Oficina de artes do programa de
“Universidade Aberta à Terceira Idade”
UMC

Aula de Hidroginástica do programa de
“Universidade Aberta à Terceira Idade”
UNISANTOS

Salão de atividade físicas do programa de
“Universidade Aberta à Terceira Idade”
UNISANTOS

Pontifícia Universidade Católica de São Paulo • PUC

Sala de Aula do Programa de
“Universidade Aberta à Terceira Idade”
São Paulo • PUC

Universidade Católica de Santos
UNISANTOS

Aula de Música do Programa de
"Universidade Aberta à Terceira Idade"

Universidade de São Paulo
USP

Institudo de Educação Costa Braga
Faculdades Paulo Eiró • São Paulo

Trabalhos Realizados pelos alunos do programa de
"Universidade Aberta à Terceira Idade"
do Instituto de Educação Costa Braga
Faculdades Paulo Eiró • São Paulo

contínuo, específico e avançado, que conferirá às nossas vidas equilíbrio e a possibilidade de relacionamento inteligente e responsável com os outros. Um programa que poderá resgatar, traduzir e utilizar o melhor que a ciência, a tecnologia, as artes, a história nos legaram. Um programa que ajudará cada um de nós a se enxergar como uma parte preciosa no todo social e não apenas como um indivíduo no meio de unidades confusas e fragmentadas.

Todos nós podemos mudar e melhorar e, como adultos, precisamos ser ativos e unidos, além de estar preparados para realizar mudanças e ajustes apropriados. Somo capazes de crescer e evoluir por toda nossa existência. Lutamos pela criação dessa Universidade que será uma nova opção em termos de programas de educação continuada em São Paulo.

A Universidade se propõe, antes de tudo, a nos ajudar a entender as dificuldades e possibilidades da vida moderna. Se propõe, também, a criar oportunidades de intercâmbio entre os diversos setores sociais, profissionais e culturais, fazendo com que os diferentes problemas humanos possam ser resolvidos sobre uma base mais ampla, conjugando os interesses de todos.

Este projeto pretende dar um retorno à sociedade, incentivando os mais jovens, com o exemplo dos mais velhos que, após um período de preparo e especialização profissional poderão, de acordo com as suas aptidões e habilidades, participar de serviços prestados aos setores mais carentes da comunidade.

Acreditamos que dentro dos corações e mentes das pessoas esclarecidas têm prevalecido o compromisso com a vida, com a busca racional da paz e da prosperidade geral. Hegel dizia que a inteligência humana não pode mudar o passado, apenas interpretá-lo, mas pode e deve construir o futuro introduzindo no processo histórico o máximo de racionalidade.

Tudo o que tem sido feito em prol dos adultos é magnífico, mas uma cidade como São Paulo merece e necessita não apenas de cursos livres, que por vezes sejam vistos apenas como forma de lazer ou terapia ocupacional. Assim, todos os esforços devem ser feitos para que se concretize a implantação de um Centro de Cultura e Educação Continuada para Adultos e a Maturidade, que estimule adequada e abrangentemente a capacidade dos cidadãos adultos. Parafraseando o escritor peruano César Vallejo: "Há, irmãos, muito o que fazer"...

Como ocorreu com a implantação da Harvard University Extension School, quando uma universidade renomada e do porte de Harvard passou a ministrar cursos direcionados a adultos e pessoas menos privilegiadas, há 84 anos, também está agora em nossas mãos fazer alguma coisa concreta pela melhoria das condições de vida de nossos cidadãos: Faculdades de Educação Continuada para Maturidade.

11. • PERFIL BIOGRÁFICO: Aída Gliksman de Shor

Nasceu em Lima, Peru. Estudou na escola norte-americana Lima High School, mais tarde chamada Colégio Maria Alvarado, e foi aluna interna alguns anos na Boarding School da mesma escola. Estudando em escola metodista, vivendo em cidade católica de colonização espanhola e cultura andina, e sendo de família judia europeia, desde pequena Aída Shor se interessou pela diversidade de costumes e pelo estudo das diferenças culturais. Graduou-se em Economia Doméstica em 1957. Finalizou os estudos na Suíça, na École Florissant, com ênfase em nutrição e comportamento social. Estudou Balé Clássico e Danças Flamencas. Obteve o título de Professeur de Maintien, da École Parisienne de Manequins em 1963, em Paris. Sempre estudando e pesquisando, aperfeiçoou sua formação em Lima (ciclo de Capacitación em Relações Públicas), no México (Escuela Única de Personalidad) e nos Estados Unidos (Sabie Models Unlimited School of High Fashion). Como Professora de Etiqueta, organizou cursos para vários grupos de esposas de executivos em sua casa até 1966, quando nasceu sua primeira filha.

Nos anos 1970, ministrou cursos no Instituto Peruano de Administração de Empresas (IPAE). Criou e desenvolveu o curso Etiqueta Secretarial e Social, ministrado em várias entidades, no IPAE, na Universidade de Lima e também em emissoras de televisão, tendo preparado diversas jovens ganhadoras do concurso Miss Peru e de outros. Chegou ao Brasil em maio de 1981, com o marido, Abraham Shor, e os três filhos, Diana, Jacqueline e Nathan. Em São Paulo, onde vive até hoje, desenvolveu o projeto Faculdades de Educação Continuada para Adultos. Tem participado de cursos voltados para diversos segmentos em educação continuada, como o "Nutrition Counselor" da School of Fitness and Nutrition/International Correspondence School.

Foi membro do Conselho Deliberativo da FBDCAM – Federação Brasileira de Difusão Cultural e Amigos de Museus –, sediada em São Paulo, sendo eleita conselheira em 1991.

Junto a essa entidade desenvolveu o projeto da "Universidade de Educação Continuada para Adultos e Pessoas da Terceira Idade" (nome do projeto em 1993). Também foi conselheira da "Fundação Beneficente Elijass Gliksmanis".

Em breve, publicará a sua série de livros *Desmistificando a etiqueta*, para divulgar a importância do saber estar, da Etiqueta, sua arte e história, usando a experiência como professora e pesquisadora. E para transmitir o amor por essa arte, que une Ética e Civilidade.

12. • REFERÊNCIAS BIBLIOGRÁFICAS

1 • Lovisolo, Hugo. "Da crítica à tolerância: Uma visão da educação de adultos na América Latina". *Cadernos de Pesquisa - Revista de Estudos e Pesquisas em Educação.* Fundação Carlos Chagas, Agosto de 1989, nº 70.

2 • Barreto, Elba Siqueira de Sá. "Educação de adultos e objetivos educacionais". *Cadernos de Pesquisa - Revista de Estudos e Pesquisas em Educação.* Fundação Carlos Chagas, Dezembro de 1972, nº 6.

3 • Campos, Maria M. Malta. As lutas sociais e a educação. *Cadernos de Pesquisa - Revista de Estudos e Pesquisas em Educação.* Fundação Carlos Chagas, Novembro de 1991, nº 79.

4 • Castro, Cláudio de Moura e; Franco, Maria A. "Ciavatta Caminhos e descaminhos da educação de adultos no Brasil". *Cadernos de Pesquisa - Revista de Estudos e Pesquisas em Educação.* Fundação Carlos Chagas, Maio de 1980, nº 33.

5 • Verhine, Robert E. (Org.). *Educação: Crise e mudança.* São Paulo: EPU, 1989.

6 • Dália, Edna C. P. ; Witter, Geraldina P. e outros. *Educação de adultos. Textos e pesquisas.* Rio de Janeiro: Editora Achimé, 1983.

7 • Mucchielli, Roger (trad.). *A formação de adultos.* São Paulo: Martins Fontes, 1981.

8 • Furter, Pierre. *Educação permanente e desenvolvimento cultural.* Rio de Janeiro: Vozes, 1975.

9 • Freire, Paulo. *Educação como prática da liberdade.* Rio de Janeiro: Paz e Terra, 1980.

10 • Bergevin, Paul. *A philosophy for adult education.* Nova York: Incorporated Library of Congress, 1967.

11 • Adam, Félix; Aker, George F. (editores). *Factores en el aprendizaje y la instrucción de adultos.* Tallahassee: Instituto Internacional de Andragogia, 1982.

12 • UNESCO. *Las universidades y la educación de adultos*. Havana: Universidad de la Havana, 1952.

13 • Hely, A.S.M. "Nuevas tendências de la educación de adultos". Monografias sobre educación, UNESCO, 1963.

14 • Chevrolet, Daniel. *L'université et la formation continue*. Paris: Casternan, 1977.

15 • Lynch, James. *La educación permanente y la preparación de personal para la educación*. Instituto de Educación de la UNESCO, 1976.

16 • Desjardins, Bertrand. *Le vieillissement de la population et les personnes agées au Canada*. Malta: International Istitute on Aging, United Nations, 1992.

17 • Fourré, Pierre. Techniques d´Éducation des adultes dans les pays en voi de development. Paris: Organization de Cooperation et Developpement Economiques, 1960.

18 • UNESCO. *Éducation permanente et potential universitaire*. UNESCO, 1977.

19 • Drucker, Peter. *As novas realidades*. São Paulo: Ed. Pioneira, 1989.

20 • Naisbitt, John. *Megatrends. As dez grandes transformações ocorrendo na sociedade*. São Paulo: Abril Cultural, 1982.

21 • Neves, Carlos S. *Sociedade, transição e futuro*. S.d., s.e.

22 • Naisbitt, John; Aburdene, Patrícia. Megatrends 2000. Dez novas tendências de transformação da sociedade nos anos 90. Cotia: Amana-Key, 1990.

23 • *O idoso na Grande São Paulo*. Coleção Realidade Paulista. Fundação SEADE, Junho de 1990.

24 • *Como vivem os idosos em São Paulo*. Conjuntura Demográfica. Fundação SEADE, 1992.

25 • Prevost, Marcel. *El arte de aprender*. Buenos Aires: Austral, 1947.

26 • World Assembly on Aging. *Viena international plan of action on aging*. Viena, Agosto de 1982.

27 • United Nations Fund for Population. "Activities International Perspectives on Aging: Population and Policy Challenges". *Policy Development Studies*. Nova York: United Nations Fund for Population, 1982, nº 7.

28 • Nielsen Neto, Henrique. *Filosofia da Educação*. São Paulo: Melhoramentos, 1988.

29 • Peters, John M.; Jarvis, Peter; e associados. *Adult Education: Evolution and Achievements in a Developing Field of Study*. San Francisco: Jossey-Bass, 1991.

30 • Alford, Harold. J. *Continuing Education in Action: Residential Centers for lifelong Learning*. Nova York: John Wiley & Sons Inc., 1968.

31 • FIBGE. *Anuário Estatístico do Brasil*. São Paulo: Fundação Instituto Brasileiro de Geografia e Estatística. 1980: p. 99, 107 / 1985: p. 63 / 1987: p. 56, 108, 202 / 1991: p. 177, 178, 179, 187, 225, 330, 332 / 1992: p. 139.

32 • "Envelhecimento populacional: Uma realidade brasileira". *Revista de Saúde Pública*. São Paulo, 1987.

33 • Pequeno, GV. *Estudo comparativo dos conceitos: Adulto, educação e educação permanente*. Dissertação de Mestrado. João Pessoa: UFPB, 1979.

34 • Giles, Thomas Ranson. *História da Educação*. São Paulo: EPU, 1987.

35 • Goleman, Daniel; Kaufman, Paul; Ray, Michael. *The Criative Sprint*. Washington: A Dutton Book, 1992.

36 • Binslock, Robert H.; Chow, Wing Sun; Schulz, James H. "International Perspective on Aging Population and Policy Challenges". *Policy Development Studies*, nº 7. Nova York: United Nations Fund for Population Activities, 1992.

37 • Beauvoir, Simone de. *A velhice*. Rio de Janeiro:Nova Fronteira, 1992.

Boletins e Informativos

Boletins e Informativos referentes às universidades americanas, que nos foram enviados por meio de mala-direta:

Columbia University School of General Studies (Informativo)

University of Miami - Bachelor of Continuing Studies Degree Program (Informativos)

University of Miami - Intersession 1993 and Spring Break Registration Begins. November 2, 1992.

Boston University - Class Schedule Fall 1992. Metropolitan College - Class Begin September 8, 1992

Harvard University Extension School - 1992/93. Official Register of Harvard Univ.

Executive Education at the Harvard Business School (Informativo)

The New School Bachelor of Arts (Informativos)

New School for Social Research
New School Bulletin – Fall Course Offerings, 1989
New School Bulletin – Summer Courses, 1990
New School Bulletin – Spring Courses, 1993
Boston University – Metropolitan College Bulletin 1992/93. Education That Works for Working Adults
The Jerome S. Coles Sports and Recreation Center
New York University Departament of Athletics, Intramurals, and Recreation 1992-1994. Information and Procedures
New York University Bulletin – 1992/93. Undergraduate Degree Programs for Adults – School of Continuing Education
Boston University – Semester I 1992/93 – September Edition – Class Schedule Office of the University Register – Directory of Classes
As informações colhidas de questionários dirigidos às universidades paulistas e aos seus respectivos coordenadores nos programas de atividades para idosos:
Universidade Metodista de Piracicaba – Prof. Adélio Mendes Filho
Universidade de Ribeirão Preto – Profª Aidil Jesus da Silveira Paes de Barros
Universidade de Mogi das Cruzes – Profª Ildete Gonçalves Costa
Pontifícia Universidade Católica de São Paulo – Prof. Antônio Jordão Neto
Pontifícia Universidade Católica de Campinas – Profª Jeanete Liash M. de Sá
Universidade de São José dos Campos – Profª Elizabeth Morais Liberato
Universidade Católica de Santos – Prof. Claudius José dos Santos
Associação Educativa Campos Sales – Prof. Henrique Gandra
Fundação de Ensino Otávio Bastos – Profª Elvira Barbosa Florence
Instituto Costa Braga – Profª Regina Boechar

FICHA TÉCNICA DA PESQUISA

Pesquisa	**Débora Veríssimo • Denise Amorim • Denise Franco Rocca • Diana Nicolas Haddad • Eloísa Deveze • Jane Yaker • Olga Geller • Susan Amosi**
Auxiliar de Pesquisa	**Marcia Borges** **Beatriz Noriko Shiguematsu de Oliveira Pinto**
Fotografia	**José Amaral**

AGRADECIMENTOS

Agradeço a colaboração de todos os que atuaram e contribuíram para possibilitar a realização e abrilhantar o presente trabalho, referente à primeira etapa de pesquisas para o projeto Centro de Cultura e Educação Continuada para Adultos e a Maturidade.

Um agradecimento muito especial à minha querida família, Abraham, Diana, Jacqueline e Nathan e a todos os amigos que não só colaboraram para o desenvolvimento deste trabalho, como também me apoiaram e incentivaram: à amiga Gabriela Lampl (ONU), aos meus médicos: Dra. Cristina G. Massant, Dra. Anette Lewin, Dra. Luciana Lorens Braga, Dr. Paulo Leme.

Miss Jane M. Hahne – professora e diretora do Lima High School / Colégio "Maria Alvarado" –, pelo exemplo e forte influência durante minha infância e juventude.

À minha equipe do lar, os meus anjos da guarda, sempre auxiliando e criando condições para que eu pudesse levar adiante os meus projetos.

Agradeço a May Parreira e Ferreira, que sempre me dá asas para voar e ajuda a tornar realidade os meus sonhos.

São Paulo, outono de 2011

PARTE II

Pesquisa realizada entre 2005 e 2011

SOBRE O CENTRO DE CULTURA E EDUCAÇÃO CONTINUADA PARA ADULTOS E MATURIDADE

A coletânea de artigos, entrevistas e estudos a seguir é o resultado para a continuidade de um sonho: o objetivo de formar o "Centro de Cultura e Educação Continuada para Adultos e Maturidade". Inicialmente foi composto por cursos livres e de extensão cultural, além de diversas atividades para promover o bem estar e a informação do adulto na maturidade.

Para um futuro próximo, o propósito do Centro será oferecer cursos regulares de nível superior, reconhecidos pelo Ministério da Educação e Cultura.

Trata-se de um sonho pessoal e devo dizer o porquê. Ainda jovem, um sério problema de discalculia não permitiu que eu fizesse a faculdade de meus sonhos. Existem muitas histórias diferentes, pessoas com dislexia, dislalia ou qualquer outra dificuldade de aprendizagem, conseguem um tratamento adequado hoje, mas quando eu era jovem esse problema era pouco conhecido. Por não conseguir o ingresso no curso superior pelos meios tradicionais, dediquei-me a fazer cursos paralelos.

Assim como eu há outros exemplos, pessoas que por diferentes motivos não puderam fazer um curso universitário quando jovens e que, bem mais tarde, se permitem realizar os sonhos na maturidade. Casos como o de uma de minhas sobrinhas, Cheva, que se casou por volta dos dezenove anos – naquela época em Lima, e até hoje, casam-se muito jovens – acabara de concluir o ensino médio, então só voltou a estudar depois que os filhos cresceram, as duas meninas já haviam saído de casa e o menino terminava os estudos. Ela, então, formou-se em nutrição aos quase 50 anos de idade, exerceu a profissão e concluiu o curso de psicoterapia analítica aos 57 anos. Hoje tem quatro netinhos entre um e seis anos, continua estudando, viaja para assistir a congressos e pratica com seus pacientes tudo o que tem aprendido. Histórias como a de minha sobrinha são muito comuns, principalmente entre as mulheres. Sei, contudo, que existem diversos motivos que levam pessoas a interromperem seus estudos. Considero que quando intencionamos, mais tarde, voltar à escola, deveríamos passar por um processo de seleção diferenciado, onde fosse levada em conta a experiência de vida das pessoas. Espero que o meu sonho seja em breve uma realidade, e possa ajudar muitas pessoas na realização de seus desejos.

ÍNDICE

Educação — Cuidados e cuidadores

Direitos

Avosidade

Beleza • Atividade Física • Saúde

Ergonomia, Dicas e Curiosidades

A leitura após certa idade distrai excessivamente o espírito humano das suas reflexões criadoras. Todo o homem que lê demais e usa o cérebro de menos adquire a preguiça de pensar.

Albert Einstein

Educação – Cuidados e cuidadores

BREVE HISTORIAL DO INSTITUTO DE CULTURA DE PORTIMÃO UNIVERSIDADE SÉNIOR

Ao ter-se aposentado o Senhor Hermínio Subtil Serra, espírito interessado e artista nas suas vertentes de pintura e escrita, teve a ideia e o mérito, bem como a suficiente persistência na criação de um Instituto ou Academia, na linha das Universidades Seniores que, se iam organizando pelo país.

Para tal abordou as entidades responsáveis pela Misericórdia de Portimão, a quem pediu apoio no sentido de ser cedido um espaço, onde pudessem ser desenvolvidas actividades culturais, com pólos de aprendizagem, com a finalidade de ser criado um clima de sã camaradagem e o convívio tão necessário para os Seniores, sobretudo para aqueles que se encontram mais sós.

A Misericórdia de Portimão apreciou, com simpatia, o pedido do senhor Subtil Serra disponibilizando-lhe uma pequena sala, cujo espaço físico determinou a criação, em Outubro de 1992, da Instituição que teve como primeira designação "ACADEMIA DE CULTURA DE PORTIMÃO".

A cerimónia de abertura teve a presença das Individualidades de Portimão, bem como da Federação das Academias Seniores, de Lisboa e já um razoável número de interessados.

As actividades académicas tiveram início de imediato e a breve trecho o espaço tornou-se exíguo e sem condições, para a frequência de alunos que atingia já o número de 60. Por outro lado a Misericórdia também estava a necessitar daquele espaço, pelo que se tornou premente procurar um outro.

Então a Direcção da altura, na pessoa do seu fundador Subtil Serra, solicitou à Câmara Municipal o apoio necessário para ultrapassar o problema do espaço, que concedeu, a título provisório, uma sala na Escola Primária nº. 1, hoje chamada Escola Primária Major David Neto que, como é óbvio, tinha espaço, ar, luz e também bancos e cadeiras.

A Câmara Municipal que pretendia continuar a apoiar esta Instituição e alargar esses apoios com dotação de subsídios, transportes e outros benefícios exigiu que a Academia tivesse autonomia e que fosse dotada de Estatutos próprios que, com clareza e legalmente, definissem os seus Objectivos e Âmbito. É assim que, em 1995, surgem os primeiros Estatutos passando a designação da Instituição para "INSTITUTO DA CULTURA DE PORTIMÃO", tendo os mesmos sido oficializados com a sua publicação em *Diário da República*, em 31/07/96.

É com base nestes Estatutos que são eleitos os primeiros Corpos Directivos, cujo trabalho e empenhamento determina o aumento substancial de alunos. Com este aumento e o consequente desdobramento das matérias lectivas, já em razoável número e que se pretendiam ver aumentadas, a sala da Escola nº. 1 torna-se limitada.

Então é contactado o Director do ISMAG Senhor Reis Oliveira que, perante as dificuldades que lhe foram expostas, imediatamente se prontificou a ceder as salas necessárias para a satisfação das actividades lectivo/culturais existentes na altura.

Com estas condições a Direcção de então lançou-se noutras vertentes: é editada a primeira Revista do Instituto designada *Reencontro* da qual só foi publicada um número. Intensificaram-se os contactos com outras academias congéneres, efectuam-se passeios e viagens de estudo, de que se destaca a recepção pelo Presidente da República, no Palácio de Belém e o 1º. Congresso de Geriatria de Portimão.

Foi na Direcção, cujo presidente era o Sr. Teixeira Porto, que o Instituto foi reconhecido pela Câmara Municipal como Instituição de Interesse Cultural.

Foi, igualmente, no tempo do Sr. Teixeira Porto, que em almoço com a presença do representante, no Algarve, do Ministério da Cultura, do Dr. Manuel da Luz, então vereador da Cultura, que foi sugerido que fosse solicitada ao Ministério da Segurança Social a sua integração como IPSS (Instituições Particulares de Serviço Social), para que não dependesse, apenas, dos subsídios da Câmara Municipal, da Junta de Freguesia e do reduzido valor obtido com as quotizações dos Alunos.

Após porfiadas e demoradas reuniões quer em Faro, quer em Portimão com a Direcção Regional de Segurança Social e com o apoio e orientação do respectivo Director que sempre apoiou este Instituto, chegando a fornecer assessoria e colaboração, foram alterados os respectivos Estatutos de molde a compatibilizados com o modelo das IPSS. Foi então assinado o Acordo de Cooperação entre o CDSSS (Centro Distrital dos Serviços da Segurança Social) de Faro e esta Instituição, entrando o mesmo em vigor em 1 de Julho de 2001, para a valência de Centro de Convívio.

Alcançado este objectivo, foi adquirido, igualmente, o estatuto de Instituição de Utilidade Pública, o que com o acesso aos fundos da Segurança Social foram abertas novas perspectivas de desenvolvimento, com vista a conseguirem-se instalações próprias.

Entretanto foi-se avançando em contactos e negociações com a Câmara Municipal, visando encontrarem-se novas instalações, tendo surgido a hipótese da Casa das Artes. Esta seria, inicialmente, cedida na sua totalidade ao ICP, mas posteriormente, a mesma viria ser seccionada em núcleos, a fim de nela serem instaladas outras Instituições de índole cultural e recreativa.

O Núcleo de 3 salas e 2 Instalações Sanitárias foi, então, cedido ao ICP através de um protocolo celebrado entre ambas as partes em 2002, a quando da conclusão das negociações da aquisição do edifício e dele se tornou proprietária.

A crise de crescimento que se seguiu foi gerada por um grupo de associados que não concordavam com a filiação na Segurança Social, que acabaram por constituir um movimento fraccionista, exigindo que o mesmo deixasse de ser uma IPSS. Este diferendo deu origem a uma Assembleia Geral Extraordinária efectuada em 08/08/2002, onde na votação que se seguiu foram derrotados, o que determinou o auto-afastamento desse grupo, que viria a fundar outra associação congénere.

Com este afastamento foi constituída nova Direcção que viria ser sufragada, em confronta com outra lista em eleições convocadas para o efeito, mantendo-se, ainda, em funções até ao término do seu mandato que ocorreu em 31 de Dezembro de 2006. Com a assumpção destes novos Corpos Gerentes foi imprimida uma nova dinâmica ao ICP, no sentido de uma maior promoção do Associativismo na vertente dos convívios, da viagens de estudo e lazer e nas celebrações das efemérides.

Na vertente cultural e lectiva foram introduzidas novas disciplinas que vieram enriquecer o nosso leque de ofertas. Destacam-se também as mostras, as exposições, as palestras temáticas visando uma vida melhor para os seniores, o grupo coral, o grupo musical, o grupo de teatro etc.

A aquisição e dotação de equipamento diverso (órgão, estantes, cavaquinhos e flautas) destinadas à aulas de música; o equipamento informático com novos computadores, impressoras, "scanners" e uma nova máquina de fotocopiar, vieram enriquecer o nosso património e permitir não só a aprendizagem desta tecnologia, bem como ainda, a criação da nossa revista *Desafios*, que sob a batuta do vogal da Direcção Rui Matias, veio congregar nas suas páginas não só o relato das nossas actividades, bem como temas culturais da autoria dos Alunos/Associados, constituindo hoje um cartão de visita, sendo apreciada no exterior e da qual nos orgulhamos.

Ainda no campo cultural destaca-se a aquisição de diversos livros, vídeos, DVD, tendo para o efeito sido adquiridos um novo rádio/leitor de CD'S e cassetes, um novo televisor, um leitor de vídeo e outro leitor de DVD'S, o que determinou que, em matéria de áudio visuais o Instituto se possa orgulhar do seu, embora que modesto, acervo.

Neste momento o número de associados do ICP atinge os 231, encontrando-se muitos candidatos à entrada, em lista de espera, dado que as instalações de que dispomos já não comportam em condições aceitáveis um maior número de associados, isto apesar de no ano de 2008 termos procedido à entrada de todos os candidatos que se encontravam inscritos nessa lista.

www.usp.org.pt

PROJETO AFRID

Segundo Simone de Beauvoir (1990), o grau de civilização de uma determinada sociedade pode ser medido pelo tipo de tratamento dispensado a seus velhos. Se em algumas sociedades do passado os idosos foram tratados de modo até cruel, é bem verdade, como assegura essa pensadora, que em outras eles desfrutaram de carinho e respeito. Se quisermos alcançar a modernidade e o desenvolvimento certamente teremos não apenas que amparar a infância e a juventude, mas avançar muito nas políticas de atendimento à velhice.

Entre as instituições, governamentais ou não, que direta ou indiretamente tem responsabilidades, maiores ou menores, no que tange ao atendimento das necessidades dos idosos está, sem dúvida, a Universidade. Essa, por sua vez, tem como função, *a priori*, a formação de profissionais competentes para atuarem tanto no campo da geriatria, como da gerontologia, e, ao mesmo tempo incentivar estudos e pesquisas sobre o envelhecimento humano. Outra função bastante influente refere-se a prestação de serviços à comunidade, no caso específico à comunidade de idosos, clientela que vem ganhando alta visibilidade no cenário social, por meio das mais variadas formas e estratégias de atuação.

À Universidade, instituição responsável pela formação acadêmica e profissional dos seus alunos, competiria a função de incluir, como bem ressalta a Lei 8.842, no inciso III, na letra c, a gerontologia e a geriatria como disciplinas curriculares nos cursos superiores, para que mais pessoas tomem conhecimento das questões que envolvem o envelhecimento, podendo servir também de auto-conhecimento, bem como especialização em cursos de formação profissional mais diretamente relacionadas com o processo, tais como as áreas de ciências biomédicas, ciências humanas e educação. Essa reformulação demanda projetos especiais e mais complexos, desenvolvidos a médio e longo prazo, pois essa reestruturação interfere nos currículos dos diferentes cursos devendo ser assumidos pelas respectivas áreas.

Entretanto, quando se trata de prestação de serviços à comunidade, é possível se pensar em propostas imediatas e de aplicação em curto prazo capazes de trazer benefícios concretos à categoria social representada pelos idosos em diferentes aspectos de suas vidas. Por esse intermédio pode-se levar os indivíduos a conhecerem melhor sua própria condição, tanto nos aspectos de saúde física e mental, situação sócio-econômica, cultural, de lazer etc, assim como lhes abrir perspectivas de organização política com vistas à defesa de direitos já conquistados e de lutas para obtenção de outros. Na perspectiva de um envelhecimento bem-sucedido, não há como negar os benefícios da prática regular e moderada da atividade física, pois ações ligadas à adoção de ritmo de vida mais ativo, diretamente relacionado à exercícios corporais, favorecem, em última análise, melhoria da autonomia, da saúde física e psicológica, do bem-estar geral do idoso, auxiliando, na maioria das vezes, a reconhecer-se como Ser singular.

Acreditando nessa proposta de atuação e nas potencialidades dessa clientela, a Faculdade de Educação Física da Universidade Federal de Uberlândia vêm desenvolvendo, desde 1989, um amplo programa de atividades físicas e ações recreativas que atende todo o município e tem como metas proporcionar o bem-estar físico, social e emocional dos participantes. Também compõem nosso quadro de intenções utilizar esse espaço para a pesquisa bem como preparar recursos humanos, com embasamento teórico-prático para o trabalho com idosos. Além das atividades desenvolvidas no próprio Campus, propomos um trabalho com cinco Instituições de Longa Permanência para Idosos para um atendimento mais específico e adaptado aos velhos mais fragilizados (idade variando entre 60 e 108 anos). Todos os núcleos já existentes e, ainda, os que estamos propondo realizar neste projeto, atendem pessoas da Terceira Idade com situação sócio-econômica baixa ou mesmo deficitária. Entretanto, esse é o nosso compromisso profissional.

Por acreditar que a atividade física e o movimento espontâneo são realidades indissociáveis e que se realizam harmoniosamente, é que se propõe o desenvolvimento desse projeto, no qual os idosos possam realizar a mais pura expressão da vida. Para tal, busca-se através da recreação e das atividades físicas, reeducar a população para a valorização do seu desempenho e de suas potencialidades em todos os segmentos: psíquico, social, político e econômico. Estas atividades favoreçam a descontração e propicia a todos momentos de liberação, de cooperação, de interação, de criatividade e de aquisição de conhecimentos, contribuindo em muito para a vida em grupo.

Enfim, por acreditar que o requisito fundamental para uma boa velhice é a preservação do potencial para o desenvolvimento do indivíduo e que este pode ser estimulado e aprimorado dentro dos limites de plasticidade individual permitida pela idade e estabelecida por condições individuais de saúde, estilo de vida e educação, é que se enquadra uma proposta de atuação como esta – a conquista da longevidade, da velhice bem-sucedida com verdadeira qualidade de vida.

www.afrid.faefi.ufu.br

CENTRO INTERNACIONAL DE INFORMAÇÃO PARA O ENVELHECIMENTO SAUDÁVEL (CIES)

Organização não-governamental, qualificada como Organização da Sociedade Civil de Interesse Público (OSCIP) que, desde 1999, atua na área de informação sobre o envelhecimento. A decisão de abraçar essa causa vem do olhar sensível e pioneiro às mudanças da sociedade. O envelhecimento populacional é um fenômeno global e único. Uma conquista nossa, da humanidade. Nos países em desenvolvimento, como o Brasil, uma transformação recente e pouco conhecida por nós. Nesse contexto, o CIES faz da disseminação da informação o foco das suas atividades. Informação qualificada e relevante que faz a diferença nas nossas escolhas durante a vida e é fundamental na quebra de estereótipos do envelhecimento.

Munidos de informação podemos encarar os desafios do novo mundo e transformá-los em oportunidades para todos. Estamos vivendo mais e com informação vamos viver melhor.

Missão

Promover a difusão de informações sobre o envelhecimento humano contribuindo para a qualidade no curso de vida e integração dos idosos à sociedade.

Público atendido

Empresas • Estudantes e pesquisadores • Governo • Grupos de idosos • Idosos • Imprensa • Pessoas interessadas na área do envelhecimento • População em geral • Profissionais • Terceiro setor

Relações institucionais

O CIES possui relações e parcerias com grupos e instituições no Brasil e exterior. Apóia e participa de eventos da área do envelhecimento. É membro da Red Latino-Americana y del Caribe de Organizaciones para Adultos Mayores (Red Tiempos). E faz intercâmbios para troca de conhecimentos com organizações, como Centro de Voluntariado de São Paulo (CVSP) e entidades afiliadas ao Comitê de Envelhecimento da China.

Referência

O CIES é referência para todos os setores. E fonte segura para a imprensa, fornecendo informações e entrevistas sobre envelhecimento.

www.cies.org.br

A UNIVERSIDADE LIVRE DA TERCEIRA IDADE

Bernardete B. S. Imoniana e Moses Benadiba

A sensibilização do ser humano acima de 50 anos para a volta às atividades.

Resumo

O presente artigo reflete uma palestra efetuada no Geap (Fundação da Seguridade Social do Servidor Público Federal), pelos autores com o intuito de mobilizar pessoas acima de 50 anos para a volta às atividades. As pessoas estão em constante mudança, ou seja, por intermédio de seu corpo, do seu modo de vestir, de pensar, da sua maneira de ver o mundo, de se comunicar e de se relacionar. Neste movimento é que o ser humano está continuamente estudando, aprendendo e vivendo. Ele é capaz de aprender sempre e de se adaptar a uma permanente transformação.

Assim, a Universidade Livre da Terceira Idade, da UMESP, constitui-se num local de "aprendizagem permanente, de resgate da memória, de convivência de quem já caminhou, caminha e caminhará, sempre com muito a contribuir".

Palavras chaves: Terceira Idade, aprendizagem, resgate de memória, convivência.

Introdução

O numero de idosos vêm crescendo cada vez mais no mundo. E no Brasil, em quatro décadas o número de idosos praticamente duplicou, podendo ser observado por meio das estatísticas, segundo Lima (200l, p.19):

Ano: % da População

1960: 4,7

1980: 6,0

1991: 7,0

2000 (projeção): 8,6

Se o número de idosos tende a aumentar, a Terceira Idade parece estar surgindo como uma possibilidade de se pensar uma nova maneira de "ser velho". E como uma representação coletiva, ela esta começando, ainda que timidamente, a mostrar um outro estilo de vida. Ao invés de ficarem em casa isolados, eles:

- Saem para o lazer

- Vão a bailes
- Fazem viagens
- Participam em locais recreativos tais como: museus, teatros, universidades abertas à Terceira Idade.

O envelhecimento apresenta uma ampla variação nas formas como é vivido, simbolizado e interpretado em cada sociedade.

"Está se vivendo um momento histórico, social proporcionado pelo grande impacto da tecnologia e inovações medicamentos novos (antibióticos, penicilina), saneamento básico (esgotos etc), que favorecem a longevidade humana. Há um grande crescimento do contingente de idosos decorrente da baixa taxa de mortalidade" (Lima, 2001, 18).

No momento atual vemos a Terceira Idade crescer e junto com ela ocorre o aumento de múltiplas exigências e necessidades para garantir uma vida plena a estas pessoas. O movimento da Terceira Idade emerge com uma força ainda desconhecida por aqueles que a vivenciam, de sujeitos que tornam visível à possibilidade de modificação da velhice, tirando rótulos e contestando os mitos.

Os idosos como pessoas que querem viver mais e melhor

Eles não querem se reconhecer como velho, porque a velhice ainda é associada:

- À decadência física
- À decadência mental
- À decadência social

Segundo Lima (2001, p. 1): "Muitos são os mitos que se formaram em torno da velhice. Teme-se aquilo que se desconhece. A visão tradicional do idoso como alguém inútil, isolado, em declínio biológico e mental, marcado por um tempo linear, com problemas de saúde, e na maioria das vezes, dependendo física e economicamente de alguém, ainda prevalece".

Para a gerontóloga Cristina Fogaça "chegar a velhice com saúde é privilégio de poucos, devido a somatória de situações desgastantes ao longo da vida. Daí ser relacionada com a doença, com a degeneração, com a pluripatologia. Ser velho na nossa sociedade é estar debilitado, não por decorrência de um processo de envelhecimento natural, mas por um acúmulo de maus tratos, alimentação inadequada e horários desorganizados, relacionamentos interrompidos ao longo do tempo".

Diante dessa imagem cheia de negatividade e de perdas, vemos através de algumas frases abaixo que hoje o idoso não se considera velho e tampouco quer se enquadrar neste modelo cruel de velhice.

"Tudo o que me resta é o meu futuro" (uma mulher de 75 anos).

"Tenho ainda tanta coisa para fazer, tantos sonhos futuros de vida que não me sobra tempo para morrer" (uma pessoa de 80 anos).

Hoje é possível dizer que a Terceira Idade é um grupo muito diversificado devido a história de vida de cada um, suas experiências ao longo do tempo e da influência no local geográfico onde mora, condições sociais e culturais. O envolvimento dos idosos na construção do futuro é fundamental porque por um lado são testemunho de um passado e por outro lado têm o que dizer pela experiência e sabedoria adquirida ao longo de suas vidas.

Devemos então pensar que no futuro não muito distante o lidar com atitudes e significados frente aos idosos e a velhice deva ser uma questão prioritária, procurando assim ajudá-los a construírem uma realidade, encarando seus problemas e oferecendo reais oportunidades de realização pessoal, social e profissional.

E como fazê-lo:

- Utilizar seu potencial criativo e sua capacidade de percepção e pensamento
- Despertar sua curiosidade para o mundo: a atualidade
- Abrir a mente para o novo e o original
- Procurar inovar o estilo de vida
- Superar estados depressivos e sentimentos negativos
- Prestar serviços a comunidade em que vive
- Aperfeiçoar conhecimento através de cursos
- Envolver-se em atividades desportivas, culturais e de lazer
- Participar de movimentos sociais e assistenciais
- Continuar sempre a criar e a imaginar

Segundo Novaes (1995, p.30) "Só aproveitando a inesgotável capacidade criativa que possuímos, exercitando o poder da imaginação sem limites em qualquer idade é que chegaremos à desejada transformação da sociedade, descobrindo formas novas de conviver numa sociedade mais justa e produtiva".

O movimento da Terceira Idade esta surgindo como uma nova possibilidade de se pensar o "ser velho". Devemos então, por intermédio de muita reflexão sobre este ser velho, estimular potenciais na descoberta de novas áreas de interesses e na possibilidade de agir e produzir. E podemos fazê-lo por meio do balanço constante das conquistas e satisfações, procurando assim estabelecer novos planos e metas futuras.

Para a gerontóloga Cristina Fogaça, as universidades, faculdades e grupos para a Terceira Idade parecem hoje como uma resposta que se coloca para iniciar a alterar este panorama negativo reservado para o velho."

Histórico da Universidade Livre da Terceira Idade na Metodista

Em maio de 1998, a UMESP – Universidade Metodista de São Paulo assumiu o desafio de contribuir para a inclusão social do cidadão e da cidadã de faixa etária igual ou acima de 50 anos, e criou o seu programa denominado "Universidade Livre da Terceira Idade", o qual destacou os seus objetivos como sendo o de:

• Contribuir para a compreensão do lugar e do papel da pessoa de faixa etária igual ou acima de 50 anos na sociedade, da importância deste lutar por seus direitos, por uma melhor qualidade de vida e por um novo status social, para ser respeitado.

• Desenvolver atividades intelectuais, culturais, criativas, expressivas, estabelecendo novas relações sociais desta pessoa com a vida, propiciando o redescobrimento e o renascimento da sua alegria de viver.

• Abrir espaços de realização continuada em termos de desenvolvimento de projetos de ação comunitária e de assistência social.

Foi estabelecido que o público alvo que faria parte deste programa estaria entre as pessoas de faixa etária igual ou acima de 50 anos porque se pretende contribuir para propiciar uma nova compreensão dessas pessoas, do seu lugar e papel na sociedade, da importância de lutar por seus direitos, por melhor qualidade de vida, bem como para abrir espaços de ação cidadã e de contribuição social efetiva e voluntária de cada um e de cada uma à comunidade na qual se inserem. O programa foi concebido tendo em vista a inserção destas pessoas, no contexto do mundo de hoje, em permanente e rápida transformação, quer pelo conhecimento da temática e da problemática contemporânea, quer pelo desenvolvimento de ações efetivas de solidariedade e ajuda a certos segmentos sociais necessitados de atenção humana cristã e cidadã. Uma programação especial é oferecida, no sentido de se conseguir alcançar estes objetivos. Tal programação aborda e considera, entre outros, a formação de um agente social voluntário e elaboração de projetos de ação comunitária e de assistência social dentro de três linhas estabelecidas, a saber:

- Governo.
- Meio Ambiente.
- Sociedade.

Várias outras atividades extra-classe, como Teatro, Expressão Corporal, Coral e Musculação na Terceira Idade, permitem ao ingressante se integrar, participando de palestras e oficinas sobre temas de interesse.

É, portanto, proposta da Universidade Livre da Terceira Idade uma educação permanentemente aberta, ou seja, onde nenhum pré-requisito é exigido para o ingresso, além daquele de ter a idade mínima de 50 anos.

Conclusão

Podemos, assim, exemplificar de como a Universidade Livre da Terceira Idade é importante no contexto, relatando a experiência da Professora Bernardete, como professora da disciplina de Psicologia Social.

"Foi solicitado aos alunos no final do semestre que fizessem uma apresentação sobre um livro que tratava de conteúdo dado em sala de aula. Durante todo o período de aulas, houve uma expectativa e ansiedade por parte dos alunos em relação a última aula, que seria a apresentação dos trabalhos, em grupos. A alegação dos alunos é de que não conseguiriam, porque até então a grande maioria deles nunca tinha realizado nenhum tipo de trabalho assim, com apresentação oral diante de uma platéia por menor que fosse. E, para minha surpresa e a dos próprios alunos, foram, apresentaram-se cinco grupos, de cinco maneiras diferentes, ou seja, não houve repetição na forma de se apresentarem, isto é, houve apresentação oral, jogral e até dramatização do tema abordado. Com esta experiência podemos mostrar que a capacidade de criação de pessoas de faixa etária igual ou maior de 50 anos é infinita e que devemos incentivar a sua auto-expressão e seu desenvolvimento intelectual.

Registramos também aqui o testemunho de De Masi (2000), que ressalta que todo "o ócio pode transformar-se em violência, neurose, vício e preguiça, mas pode também se elevar para a arte, a criatividade e a liberdade. É no tempo livre que passamos a maior parte de nossos dias e é nele que devemos concentrar nossas potencialidades."

Referências Bibliográficas

De Masi, D. *O Ócio Criativo*. Rio de Janeiro: Sextante, 2000.

Lima, M. P. *Gerontologia Educacional, uma pedagogia especifica para o idoso*. São Paulo: LTR, 2001.

Novaes, M. H. *Psicologia da 3ª. Idade, conquistas possíveis e rupturas necessárias*. Rio de Janeiro: Grypho, 1995.

Revista VIV, Sênior Lifestyle. Ano 02, nº 12, março de 2005.

www.metodista.br

ATIVIDADE FÍSICA E RECREATIVA PARA A TERCEIRA IDADE
UFU – Universidade Federal de Uberlândia

INTRODUÇÃO

Não tenho caminho novo. O que tenho de novo é o jeito de caminhar.
Thiago de Mello

O tempo é um fator decisivo na transformação da realidade, da sociedade e do próprio homem. A velhice surge, atualmente, como uma vitória sobre o tempo - tempo que se transforma em longevidade.

Neste final de milênio são muitos os desafios que povos e governos enfrentam para a construção de uma sociedade mais humana e igualitária. O fenômeno universal do envelhecimento das populações, decorrência do aumento do tempo de vida, tem colocado na ordem do dia a questão dos idosos e dos aposentados. Embora a longevidade constitua uma notável conquista da ciência (processo inevitável e irreversível), todas as pessoas sensatas são unânimes em afirmar que mais importante do que ter a existência prolongada é envelhecer com dignidade e qualidade de vida.

A população idosa que até então consistia em uma minoria e era preterida em função de outras faixas etárias, passou a ser alvo de preocupação e atenção por parte dos governos de vários países, estudiosos e pesquisadores. Essa emergente e preocupante realidade exige busca de solução imediata dos profissionais de todas as áreas, pois diferentes são as necessidades desse segmento populacional que nas últimas décadas vêm se avolumando aceleradamente. Sabe-se que cada vez mais uma parcela desses sujeitos está envelhecendo com maiores condições sócio-econômicas e, portanto, estão também buscando dar novo sentido e significado à essa nova etapa do curso de vida. Nesse sentido, as diferentes concepções que orientam esse novo contexto, juntamente com a implementação de novas linhas de ação, estão redimensionando o olhar sobre o processo e, criticamente, ampliam e complexificam o campo de estudos sobre a velhice.

Segundo o Instituto Brasileiro de Geografia e Estatística (IBGE), Instituto responsável pelo Censo Demográfico do país, em 1970 o Brasil contava com 4,7 milhões de pessoas com mais de 60 anos (o que representava 5,05% da população total); em 1980 já eram 7,2 milhões (6,06%); em 1991, a população de idosos cresceu para 10,7 milhões (7,30%).

No final desse século 13.914.371 idosos compõem o quadro populacional geral, ou seja, 1 em cada 18 brasileiros terá 65 anos ou mais. A projeção para o ano de 2020, quando a esperança de vida estiver alcançando 75,5 anos, é de a população ser formada por cerca de 23,5% de jovens e 7,7% de idosos, ou seja, será composta por 16,2 milhões de idosos – 1 em cada 13 pertencerá à população idosa (Camargo, 1995; Berquó, 1996; Chamowicz, 1998). A estimativa para o ano de 2025 é de que tenhamos um aumento de cinco vezes da sua população geral e de 25 vezes da sua população idosa. Por volta de 2080 a proporção de jovens e idosos deverá se estabilizar, com respectivamente 20% e 15% do total (Camarano, 1988).

Em menos de 20 anos o Brasil passou de 16º para 10º lugar entre os países de maior população idosa do mundo. A Organização Mundial da Saúde (OMS) prevê que em 25 anos chegaremos a ter 15% de idosos da população total, como já é possível verificar nos países da Europa, nos Estados Unidos, no Canadá e no Japão, nos quais o envelhecimento populacional seguiu um lento processo em virtude da cobertura dos sistemas de proteção social e melhoria das condições de habitação, alimentação e trabalho. (Kalache, 1991; Veras, 1991). A Organização das Nações Unidas (ONU) prevê que o Brasil, em poucas décadas (por volta do ano 2020), tende a ser o país mais envelhecido da América Latina e, ainda, o 6º país mais idoso do mundo, com 32 milhões de pessoas com mais de 60 anos. Vale ainda ressaltar que o envelhecimento populacional brasileiro tem discrepâncias numéricas quando se analisa esse contingente por Estado, como demonstra a Pesquisa Nacional por Amostra de Domicílios em 1998 – Microdados (IBGE, 1999). O Estado de São Paulo conta hoje com 3.342.152 milhões de pessoas com mais de 60 anos e Minas Gerais com 1.563.984 milhões de idosos ganhando, inclusive, do Estado do Rio de Janeiro com 1.528.492.

Observa-se que essa realidade mineira está representada pela realidade uberlandense, na qual o fenômeno da longevidade também se confirma. A população de Uberlândia é de 500 mil habitantes. Em 1996 o município contava com 32 mil idosos (acima de 60 anos), segundo pesquisa realizada pela Universidade Federal de Uberlândia. Para o ano de 2003 estima-se uma população idosa próxima a 43 mil.

Esse crescimento da população idosa e o aumento da longevidade vêm acarretando importantes repercussões nos campos social e econômico, bem como cultural e educacional do município, não fugindo, portanto, à tendência geral em todo o país. Nessa perspectiva, pode-se dizer que o contingente idoso na realidade mineira caracteriza, comporta e retrata, em termos quantitativos, a realidade brasileira.

Felizmente, está aos pouco aumentando, mesmo que lentamente, a consciência crítica sobre as questões que envolvem o envelhecimento, principalmente por intermédio da Lei 8.842 que dispõe sobre a Política Nacional do Idoso que abarca áreas fundamentais como saúde, previdência, educação, família, moradia, cultura, esporte e lazer.

Entre a população de mais idade, observa-se uma crescente demanda por educação (entendida aqui como qualquer atividade que possa enriquecer ou promover maior qualidade de vida), justamente por parte dos segmentos que envelheceram a margem e ainda vêem nela um instrumento para ascensão social e de promoção de conhecimento.

De olho nessa nova realidade, professores de Educação Física e estagiários da Universidade Federal Uberlândia desenvolvem o projeto AFRID – Atividades Físicas e Recreativas para a Terceira Idade. Este acontece tanto no Campus da Faculdade de Educação Física quanto em Instituições Asilares.

O projeto atende, semanalmente, um total de 450 pessoas idosas, com mais de 50 anos no Campus e mais de 200 internos em abrigos situados em diferentes localidades da cidade. As atividades acontecem três vezes por semana com duração de 60 minutos cada sessão.

Uma equipe multidisciplinar composta por médicos, enfermeiras, fisioterapeutas, psicólogos e educadores físicos tentam amenizar os problemas de saúde física e emocional mais comuns na velhice, pois a saúde é uma situação de bem-estar físico, mental e social, e não apenas a ausência de doenças.

A verdade é que nunca se deu tanta importância à prática de atividades físicas como nas últimas décadas. Seus benefícios e efeitos positivos com relação ao bem-estar e à competência comportamental são indiscutíveis. Há evidências de que essas atividades têm implicações sobre a qualidade e a expectativa de vida. QUALIDADE DE VIDA é a percepção do indivíduo de sua posição na vida, no contexto de cultura e sistemas de valores nos quais ele vive e em relação a seus objetivos, expectativas, padrões e preocupações. Na velhice, de forma geral, as atividades físicas, realizadas regularmente, não somente favorecem a capacidade de resistência e flexibilidade, mas também facilitam a velocidade psicomotora, a coordenação, o desempenho neuropsicológico, o controle postural, além de proporcionar a socialização e a sensação de bem-estar.

Dessa forma, a Universidade, através de seus projetos extensionistas e de prestação de serviços, acaba cumprindo um papel primordial para a melhoria da qualidade de vida desses sujeitos quanto ao que se refere a formação de profissionais competentes para atuarem tanto no campo da geriatria, como da gerontologia e, ao mesmo tempo, incentivar estudos e pesquisas sobre o envelhecimento humano.

Busca-se, através de diferentes modalidades físicas e recreativas, proporcionar momentos de descontração, interação entre grupos, desinibição, socialização entre pares. As atividades tendem ser interessantes, desafiantes e levam a novas descobertas. Os idosos passam a apresentar atitudes positivas perante a vida, a ter mais confiança, maior auto-estima e uma vida mais saudável, com uma sensação de bem-estar pelos benefícios proporcionados pelas experiências corporais.

www.afrid.faefi.ufu.br

APRENDER OUTRA LÍNGUA EM QUALQUER FASE DA VIDA APRIMORA DESEMPENHO MENTAL

"Pessoas bilíngues apresentam melhores desempenhos numa variedade de tarefas que envolvem atenção e memória". É cada vez mais comum pessoas acima dos 50 anos se matricularem em cursos de línguas no exterior. No primeiro semestre deste ano a Agência Central de Intercâmbio (CI) enviou cerca de 100 pessoas da terceira idade para outros países para fazerem cursos de línguas.

A expectativa é que aumente cada vez mais esse número. Isso porque as pessoas passaram a planejar suas viagens buscando cursos de línguas; seja pela primeira vez ou para se reciclar.

Entre as línguas mais escolhidas pelos idosos estão o inglês, o espanhol e o italiano. Os cursos são feitos em turmas com a mesma idade e com profissional especializado, com aulas aliadas às atividades culturais, incluindo passeios turísticos, gastronômicos etc. Existem também opções de cursos específicos para o público da terceira idade. A duração varia de 6 meses há 1 ano e as hospedagens são em casa de família.

Este programa é uma oportunidade da pessoa aprender uma nova língua e conhecer outro país. Fazer intercâmbio cultural não é uma opção somente para jovens. Com o aumento da população longeva, cada vez mais surgirão programas, atividades que agradem esse segmento, proporcionando-lhes boa qualidade de vida.

Fatores sociais e educacionais fazem a diferença no aparecimento de déficits cognitivos na velhice, bem como no surgimento de depressão em idosos. Estudos mostram que é importante a atividade mental complexa, o engajamento com o lazer, a prática da leitura, de exercícios físicos e manter uma boa dieta para alcançar uma velhice bem-sucedida e se proteger de fatores de riscos cognitivos na velhice.

A linguagem é função sóciocognitiva, uma atividade mental que nos possibilita interagir, apreender a realidade, entender o mundo, decodificar símbolos, compartilhar sentimentos e desejos, fazer associações lógicas, interpretar, entender, inferir um significado. A linguagem é a expressão do ser. Dessa forma, o domínio da linguagem causa efeitos transformadores sobre a mente humana.

Aprender uma nova língua no seu contexto natural é muito importante. Aprende melhor uma língua quem mergulha na sua prática social. Para aprender uma língua é preciso que se doe para aquela língua. Incorporar o habitus linguístico da comunidade que fala aquela língua, as práticas discursivas.

Não é possível aprender uma língua se distanciando do seu contexto e tendo a postura de criticá-la. É preciso aceitar as categorias da língua como elas são, acolher tudo à medida que você for aprendendo. Por isso o fator idade não é o principal, tudo depende de como o estudante vai assumir a postura de aprendiz daquela língua. É importante também, sempre que possível, após retornar do intercâmbio, fazer uma revisão de tudo que aprendeu.

A identificação do processamento da linguagem em diversos níveis e as modificações nas redes neurais levou os pesquisadores da área das neurociências cognitivas a estenderem as investigações para os casos de pessoas idosas que falam mais de uma língua. O aprendizado da linguagem oral e da linguagem escrita introduz no sistema nervoso estratégias organizativas específicas. Pessoas bilíngues apresentam melhores desempenhos numa variedade de tarefas que envolvem atenção e memória.

Estudo: bilinguismo

Um estudo que analisou o efeito do bilinguismo ao longo da vida na manutenção das funções cognitivas e na proteção contra sintomas de demência em 228 pessoas idosas, sendo 51% bilíngues, na Universidade de Toronto, no Canadá, em 2007, publicado na *Neuropsychology*, constatou que as pessoas bilíngues apresentaram melhores desempenhos em testes mentais mesmo tendo as mesmas queixas cognitivas. Esses resultados mostraram que pessoas bilíngues têm mais reservas cognitivas, isso inclui um aumento de conexões neurais e aumento do vocabulário, e uma maior reorganização funcional da atividade cerebral, sendo um fator protetor de sintomas de demência.

O próprio processo de escolarização, aquisição da leitura e da escrita, o uso continuo da linguagem no cotidiano, já estimula outras competências. E o aprendizado de nova língua, da cultura dessa língua, e a manutenção da mente ativa ao longo da vida torna-se fundamental. Aprender outra língua além de uma necessidade pode ser muito prazeroso e trazer benefícios positivos.

www2.uol.com.br/vyaestelar

ATUALIZAÇÃO EM ASSUNTOS POLÍTICOS E SOCIAIS

Dizem alguns especialistas que o homem começa a envelhecer quando se dá conta de que não há mais nada para aprender... Como não? É quase impossível manter-se atualizado com o Universo em constante mudança. Sendo assim, a tentativa de entender o que acontece no mundo é uma forma de não parar de estudar.

Vivemos em uma época em que a disseminação de informações se dá de maneira muito veloz. A internet, por exemplo, é um meio que sofre constantes correções e atualizações. Há melhor maneira de se manter a par dos fatos políticos e econômicos, nacionais e internacionais?

Apostando na busca pela renovação de conhecimentos, alguns grupos, formados nas grandes cidades do Brasil, informam aos mais idosos o que há de novo. As atividades destes grupos vão desde discussões, comparando os tempos de outrora com o ritmo atual, a visitas a museus e bibliotecas, em busca de mais cultura.

Aumento da Expectativa de Vida da População

O último censo realizado pelo IBGE mostrou que o número de pessoas idosas aumentou, sendo 8,6% dos brasileiros com mais de 60 anos. Este dado fez com que determinados setores da sociedade abrissem os olhos.

O que provocou o aumento da expectativa de vida dos brasileiros, certamente, foram as altas taxas de crescimento, redução da mortalidade, devido ao avanço científico nas descobertas das doenças e tratamentos, melhoria da estrutura sanitária e habitações mais adequadas.

É muito comum ver a sociedade discriminando o idoso por não mais exercer uma atividade lucrativa. Não se leva em conta toda a contribuição dada para o desenvolvimento do país.

Algumas ações estão sendo desenvolvidas por parte do governo através de diversos órgãos e ministérios, além de ONGs, igrejas e outras entidades da terceira via. Porém, estas ações ainda são irrelevantes perante o quadro majoritariamente apresentado.

Faculdades com Cursos Especiais

Além de grupos de discussão e pesquisa, existem também faculdades próprias para a terceira idade. Os cursos englobam disciplinas teóricas e práticas. Você pode se aperfeiçoar intelectualmente, fazendo dissertações e estudos e fisicamente com a prática da yoga e do tai chi chuan. Existe sim a possibilidade de se preparar para voltar ao mercado de trabalho. Procure informar-se sobre esses cursos na sua cidade.

Dicas para o Ano de Eleição

Para melhor escolha dos candidatos municipais, é importante entender tudo o que está acontecendo em sua cidade. Procure saber quem são estes candidatos e quais os seus partidos. Se seu candidato escolhido estiver concorrendo à reeleição, compare suas propostas de governo com o que ele já fez no atual mandato. Caso contrário, pesquise tudo o que puder sobre os candidatos, tanto à prefeitura quanto à Câmara de Vereadores.

Desconfie sempre de alianças malucas. Caso um candidato de esquerda se una a um partido de direita, é sinal de que ele está mais preocupado em ser eleito do que lutar pela sua ideologia.

Deixe a Preguiça de Lado

Após os sessenta e cinco anos, a pessoa não é mais obrigada a votar. Mesmo assim, é um ótimo exercício de cidadania. Pense que os mandatos duram quatro anos. Se você pretende viver mais que isso, já tem um bom motivo para comparecer às urnas. Existem candidatos cuja plataforma prioriza a terceira idade. Eleger alguém assim é uma forma de lutar pelos seus direitos.

Ousadia

Se você for alguém realmente ousado, se dedicando aos estudos e atualizações políticas, pode se candidatar a algum cargo e lutar pelos direitos de seu grupo. Se for mais tranqüilo, pode apenas ficar de olho na vida pública e regular os candidatos eleitos, sempre lutando por seus direitos, sem descuidar dos deveres.

www.corposaudavel.com.br

CARTILHA AJUDA A PROTEGER IDOSOS DE GOLPES EM AGÊNCIAS BANCÁRIAS

Publicado em dezembro 10, 2008 por Telma Lomba / Correio do Brasil

Por Redação, com ACS – do Rio de Janeiro

Para facilitar o relacionamento com as instituições bancárias e democratizar informações que ajudem a garantir os direitos do cidadão fluminense, a Universidade Aberta da Terceira Idade (UnATI) criou a Cartilha de Procedimentos Bancários para a Pessoa Idosa. O documento, produzido em parceria com o Procon, o Ministério Público e a Defensoria Pública do Estado, ajuda a evitar que idosos sejam vítimas de golpes.

"A cartilha foi lançada, em outubro deste ano, durante o projeto Uerj Sem Muros. Nosso objetivo é facilitar o cotidiano do idoso, que quer manter sua autonomia e suas atividades normalmente. Uma das dificuldades que ele enfrenta é o manuseio com operações financeiras. Os golpes nos bancos são mais freqüentes em pessoas idosas", declara a idealizadora do documento e coordenadora de Projetos de Extensão da UnATI/Uerj, Sandra Rabello.

De acordo com a cartilha da instituição da Universidade do Estado do Rio de Janeiro (Uerj), uma das queixas mais freqüentes é em relação a empréstimos bancários. Os consumidores devem estar atentos às normas estabelecidas pelo Banco Central: os descontos de créditos consignados não podem ultrapassar 30% do valor do salário e os servidores têm o direito de abatimento dos juros caso o empréstimo seja liquidado.

O caixa eletrônico é um dos serviços que deve ser utilizado com cautela. Ao efetuar saques, pagamento de contas, extratos e transferência, o correntista não deve solicitar ajuda de estranhos. Para evitar fraudes, o consumidor precisa colocar o corpo junto ao teclado para evitar que a combinação da senha seja vista por outra pessoa. Muitos estelionatários aproveitam momentos de distração para aplicar golpes como o "conto do cartão engolido". O golpista instala um mecanismo capaz de engolir o cartão magnético no caixa eletrônico e observa a vítima digitar a senha. Quando a pessoa desiste e deixa o cartão, o ladrão o retira e saca o dinheiro.

"Na cartilha, o idoso recebe dicas para não perder informações bancárias no caixa eletrônico, que é muito ágil nas operações. Pessoas da terceira idade não têm esse *time*, porque sofrem com algumas perdas de ordens orgânicas e clínicas, como dificuldades de enxergar e manusear os teclados. Por isso, sempre que o consumidor sentir dificuldades no caixa deve procurar um funcionário credenciado pelo banco para orientá-lo. Os correntistas devem ir aos bancos munidos sempre de identidade, cartão e senha, se possível, guardada na cabeça", explica Sandra Rabello.

Além do conto do cartão engolido, os estelionatários aplicam os golpes do recadastramento bancário e da saidinha. A fraude do recadastramento acontece quando o consumidor digita os números de sua agência, conta e senha pelo telefone. O golpista, que finge ser funcionário do banco, consegue ter acessos às informações através de identificadores dos sinais sonoros dos números digitados. O golpe da saidinha é a mais comum das fraudes. Dentro da agência, um dos ladrões observa a vítima retirar o dinheiro e avisa ao seu cúmplice, que está do lado de fora do banco. Os estelionatários também aguardam o correntista sair da agência e o segue por alguns quilômetros para efetuar o roubo.

No documento da Universidade Aberta da Terceira Idade, é possível tirar dúvidas também sobre cheques. Guardar o talão em local seguro, não assinar folhas em branco, emitir cheques a empresas idôneas, nominar os cheques, riscar o trecho "ou a sua ordem" e fazer boletim de ocorrência quando os talões forem furtados, roubados ou extraviados impedem a ocorrência de fraudes.

Ao receber cédulas falsas em um caixa eletrônico ou terminal de auto-atendimento, o consumidor precisa procurar o gerente do banco e apresentar o extrato da conta para comprovar o saque. Caso a instituição não apresente solução, o cliente pode procurar uma delegacia de polícia. O banco é obrigado a ressarcir o usuário. As notas falsificadas não podem ser colocadas em circulação.

Na internet, os cuidados devem ser redobrados. O acesso ao banco deve ser realizado em computadores confiáveis e a senha deve ser trocada periodicamente. Os correntistas não devem responder e-mail ou clicar em link para acessar à página da agência bancária. As instituições não enviam mensagens para que o cliente atualize seu cadastro ou solicitam informações como número de agência, conta ou senha.

O consumidor deve recorrer ao Programa de Orientação e Proteção ao Consumidor (Procon/RJ), através do telefone 151, caso seja lesado por qualquer instituição bancária. A Subsecretaria da Casa Civil também oferece à população esclarecimento de dúvidas e orientações sobre casos específicos.

A Cartilha de Procedimentos Bancários para a Pessoa Idosa pode ser adquirida gratuitamente através do site www.unati.uerj.br.

Mais informações pelos telefones (21) 2587-7121 e (21) 2587-7236

Arquivado em: Leis

www.brasilidosos.wordpress.com

CONCURSEIROS DA TERCEIRA IDADE ENTRAM NA DISPUTA POR VAGAS

Sem medo de enfrentar a concorrência, são muitos os idosos que estudam para passar em concursos badalados. O motivo é a vontade de reforçar a renda da família.

Voltar ao trabalho depois dos 60 anos é a rotina de muitos aposentados. No entanto, eles não querem mais um simples emprego de carteira assinada. A terceira idade está cada vez mais interessada em seguir uma carreira pública. Sem medo de enfrentar a concorrência, são muitos os idosos que estudam para passar em concursos badalados. Com muita experiência de vida, eles deixam muitos jovens concurseiros "comendo poeira" nos vários processos seletivos abertos.

Para passar, planejam e estudam bastante em casa, fazem pesquisas na internet e até ingressam nos cursinhos preparatórios. No CEP, por exemplo, mais de 15% dos alunos são inativos ou estão perto de solicitar a aposentadoria. O motivo para essa tentativa de retorno ao mercado de trabalho é a vontade de reforçar a renda da família. E a maioria, assim como qualquer outro concurseiro, quer encontrar estabilidade financeira.

Segundo o professor de Português de cursinhos, Oliveira Lima, os idosos estão competindo em pé de igualdade. Para ele, não existe essa história de que os aposentados estão "roubando" vagas dos mais jovens. "Todos têm os mesmos direitos. E o trabalho na terceira idade é uma forma de aumentar a renda da família, de preservar a mente e de evitar doenças degenerativas", afirma o professor, que já tem 78 anos e ainda prepara candidatos de todas as idades para os concursos públicos. A coordenadora do CEP, Ivone Goldner, explica que o interesse dos aposentados por concursos ocorre devido à dificuldade para conseguir emprego. "Trabalhar na iniciativa privada depois dos 60 anos é algo difícil. Ainda existe muito preconceito. As empresas não entendem que muitos idosos têm uma mentalidade ativa", destaca.

Nova aposentadoria

Entre os idosos que conseguem uma vaga no trabalho público estão, principalmente, pessoas aposentadas pelo INSS.

"Os idosos querem uma nova aposentadoria, mas agora pela previdência do órgão público onde trabalha. Além do INSS, a pessoa recebe uma aposentadoria proporcional pelo governo", afirma. Para se aposentar como servidor, é necessário dez anos de trabalho e cinco anos no cargo em que deseja se aposentar.

Outros aposentados, que ingressam no funcionalismo, pedem na Justiça a desaposentação. A intenção, com isso, é levar o tempo de contribuição do INSS para o instituto de previdência dos servidores da sua categoria. Dessa forma, o trabalhador da terceira idade garante uma aposentadoria integral.

Carreira curta no Iema, mas bem satisfatória

Há menos de um mês para seu aniversário, Paulo de Souza Gonçalves, 69, prepara-se para dar adeus ao seu cargo de agente ambiental do Instituto Estadual de Meio Ambiente (Iema). Ele será forçado a deixar o trabalho por causa da aposentadoria, que é obrigatória a todos os servidores que completam 70 anos. Paulo fez o concurso do Iema em 2006. Ficou apenas três anos no órgão e, por ser tão apaixonado pelo trabalho, lamenta seu afastamento. "Fiz concurso quando tinha 66 anos para motivar meu filho a participar também. Estudei bastante em casa, sozinho. Tentei a vaga na minha área de trabalho, que é a metalurgia. Felizmente passei. Na verdade, fazer um concurso depois de aposentado não passava pela minha cabeça. Quando fiz não imaginava que ia passar. O engraçado é que eu passei e meu filho não. Estou muito feliz com o meu trabalho. Foi um grande aprendizado", conta Paulo, que era aposentado pela Faculdade de Farmácia.

Idosos terão direito à cota de 5% de vagas nas seleções

O direito de ter uma vaga no serviço público pode ser garantida aos idosos que pretendem voltar ao mercado de trabalho. O Senado tem um projeto de lei para a criação de cotas, em seleções, para a terceira idade.

A proposta é do senador Antônio Carlos Valadares (PSB-SE) e já foi aprovada na Comissão de Direitos Humanos e Legislação Participativa (CDH). O idoso poderá ter direito a reserva de 5% das vagas em concursos públicos. Serão exceções as seleções que exijam do candidato uma boa preparação física, como é o caso de policiais militares, federais e rodoviários.

A intenção do projeto é beneficiar os idosos que são chefes de família e respondem pelo sustento dos filhos e dos netos.

O relator do projeto, Jefferson Praia, acredita que a preocupação de criar contas é legítima devido à grande inserção desse segmento no mercado de trabalho.

Uma das preocupações da proposta é diminuir a dificuldade que o idoso tem para conseguir um emprego de carteira assinada. Segundo o projeto, a discriminação contra pessoas da terceira idade é evidente na iniciativa privada, em que muitas empresas substituem funcionários antigos por trabalhadores jovens, com salários mais baixos.

Hoje, o Estatuto do Idoso, a partir da Política Nacional do Idoso, garante que critério de desempate em concurso público é a idade, dando-se preferência ao candidato mais velho.

Como ingressar numa carreira pública

Identifique a área que deseja seguir:

Antes de sair por aí, fazendo qualquer concurso, o idoso ou aposentado deve pensar em quais carreiras públicas apresenta habilidades ou se tem os requisitos necessários, como curso superior. É importante, para ter uma vida profissional feliz, gostar da área de trabalho. Afinal, depois dos 50 anos, principalmente, o emprego deve ser algo agradável.

Veja se vai atender às exigências:

É importante ficar atento se o concurso não vão fazer exigências como porte físico. Concursos como da PM, Polícias Federal ou Rodoviária não são indicadas para aposentados. Carreiras como a da Petrobras, na qual a pessoa tem que ficar embarcada por muitos dias, também não são recomendadas.

Concursos mais indicados para a terceira idade:

Carreiras nas áreas judiciária e administrativa, como técnicos e analistas, auditor da Receita Federal, fiscal do Ministério do Trabalho. Vagas para o Magistério são boas chances para os aposentados disputarem e ingressarem no setor público.

Preparação e muita disciplina

O aposentado ou idoso que realmente pretende entrar no funcionalismo público também precisa se dedicar aos estudos. É importante fazer um planejamento e ter um direcionamento. Uma das saídas é procurar concurseiros experientes para tirar dúvidas sobre como estudar.

Junte-se aos jovens

É importante, para ter mais motivação, juntar-se com outras pessoas que vão fazer concursos, como netos, filhos e sobrinhos. A energia dos jovens pode ajudar na preparação.

Pesquise bastante na internet

Muitos detalhes importantes sobre alguns concursos estão na internet. Então, é necessário pesquisar sempre as novidades e buscar dicas de prova. A internet é uma boa forma também de atualizar e de ficar atento aos acontecimentos econômicos e políticos.

Melhor idade para competir

Especialistas falam que a idade máxima ideal para ingressar na carreira pública é aos 60 anos. Assim, o trabalhador tem dez anos para aproveitar até receber a aposentadoria compulsória.

MELHORES SELEÇÕES PARA QUEM PASSOU DOS 50

Concursos que estão por vir

TJ e TRE. O Tribunal de Justiça do Estado e o Tribunal Regional Eleitoral devem lançar concurso ainda este ano. São boas oportunidades para aposentados ou trabalhadores com mais de 50 anos ingressarem na carreira pública.

O Ministério Público da União deve abrir 6.804 vagas. Serão criadas 3.749 vagas efetivas para analista (nível superior) e 3.055 para técnico (nível médio). As chances serão distribuídas nos seguintes órgãos: Ministério Público Federal, Ministério Público do Trabalho, Ministério Público Militar etc.

OS DIREITOS DOS APOSENTADOS

Vaga garantida

Segundo o Estatuto do Idoso, em um concurso público, a pessoa com mais de 60 anos que ficar empatada com outro candidato mais jovem terá direito a vaga.

Idade máxima para fazer concurso público

A pessoa pode entrar no serviço público com até 69 anos. Especialistas, no entanto, indicam que aposentados devem ingressar na carreira com, no máximo, 60 anos, para aproveitar por mais tempo o emprego.

Aposentadoria voluntária

Todo funcionário público, para ter direito à aposentadoria voluntária, deve ter 10 anos de serviço em algum órgão governamental e, no mínimo, cinco anos de serviço no cargo em que se dará a aposentadoria.

Aposentadoria compulsória

Quando completa 70 anos, o servidor público municipal, estadual e federal recebe a aposentadoria compulsória. O servidor não deve aguardar, em serviço, a publicação do ato de aposentadoria. É obrigado a afastar-se no dia imediato àquele em que completou a idade limite para continuar na carreira pública.

Fonte: A Gazeta, 23/05/2010 – 14h03 – Atualizado em 23/05/2010 – 14h03

www.portaldoenvelhecimento.net

TECNOLOGIA DE PONTA QUE DESPONTA E DESAPONTA!

Gisnelli Bataglia Mincache / Diretamente para o Portal

Cada vez mais observamos a tecnologia despontar com algum aparato moderno para o socorro rápido, para o cuidado, o humor e a diversão. Nos últimos anos vem se observando uma grande evolução da tecnologia sendo grande seu impacto na saúde. Ressonância magnética, ultrassonografia, tomografia computadorizada – são muitas as opções existentes hoje para diagnóstico, prevenção e cura. Existem ainda equipamentos voltados para terapias, como os que permitem a fragmentação de pedras nos rins, a hemodiálise, o cateterismo, endoscopia, cirurgias minimamente invasivas, feitas com auxílio de câmaras minúsculas, e muito mais.

Mas e o acesso? Estará ao alcance de todos? O Sistema Único de Saúde tem como garantir a universalização desses avanços tecnológicos? Esta é a pergunta que continuamente fazemos ao lermos notícias, como a que se intitula "Sistema alerta por SMS em caso de queda de idosos", de Helder Robalo. Ela chama a atenção para o uso da tecnologia digital. Nela lê-se o seguinte:

"Uma aplicação que alerta por SMS os familiares de um idoso de uma queda ou que permite saber quais os monumentos que existem na zona onde um turista se encontra são dois dos projectos desenvolvidos pelo Centro de Investigação Fraunhofer Portugal para Soluções de Comunicação e Informação Assistidas (Aicos), o primeiro centro de investigação da Associação Fraunhofer Portugal Research".

"Um dos projectos que o Aicos está a desenvolver é uma aplicação para telemóvel baseada no sistema operativo da Google, o Android. Uma das características do Mover é o de funcionar como alerta em caso de quedas e servir ainda de aplicação *life style* para combater o sedentarismo".

O Android é um Sistema Operacional aberto/livre que pode ser instalado em celulares atuais com todos os recursos do Google: gmail, mapas, docs e tudo que oferece atualmente a empresa Google.

Com certeza este celular irá contribuir para um atendimento mais rapido a pessoas idosas que por ventura sofram alguma queda. Acredito que seus benefícios irão se estender e se interligar a outros serviços já existentes em Portugal, como o projeto Complemento Solidário do Governo Civil de Braga que "que estudava um telemóvel que vem com uma pré-marcação de contatos de familiares e amigos escolhidos pelos idosos e com ligação direta ao centro de saúde de sua região e aos centros dia.

E para a felicidade de todos, a empresa está contatando "agentes no mercado de telemóveis e da prestação de cuidados a cidadãos séniores, com o intuito de aperfeiçoar o projecto".

Com certeza a empresa deveria contatar as pessoas idosas para aperfeiçoarem os aparelhos com seu uso diário, pois são eles que irão utilizar, e certamente serão grandes consumidores. Por isso nada melhor do que ouvir deles mesmos suas sugestões.

Um projeto de ponta que utiliza um novo conceito de interação entre telefonia celular e Internet, que desponta a ponta de um grande *iceberg* para o desenvolvimento de um celuar que atenda a necessidade da pessoa idosa, mas que deve ter todo o cuidado para não desapontar pelo simples fato de não saber ouvir as próprias pessoas idosas na utilização destes aparelhos.

Humor em botão e iPad

Li a matéria abaixo e confesso ter ficado bastante indignada com a maneira como a notícia de uma nova tecnologia chega até nós.

Estou falando do BuddyRadio, tecnologia de ponta, ponta da cama, ou do criado mudo. Na verdade um rádio super inteligente (será?) que está conectado as redes sociais e envia o estado de humor do paciente idoso para tais redes.

Vamos ler a notícia:

"Pense na sua avó ou no seu avô usando o Twitter ou o Messenger. Difícil de visualizar a cena? Agora os velhinhos têm uma forma de ficarem conectados com você o tempo todo, sem precisarem se preocupar em usar um computador".

Creio que o autor desta notícia está equivocado quando nos convida a imaginar nossos avós utilizando o Twitter ou o Messenger, essa é uma prática atual!

O BuddyRadio é um rádio que fica conectado com redes sociais (como o Twitter). Através dele, sua avó pode mandar mensagens simples de como está se sentindo (feliz, triste) ou até pedir ajuda no caso de alguma emergência. Tanto filhos, como netos e enfermeiros podem ficar sabendo das condições do usuário.

"Além disso, o próprio idoso também se sente melhor podendo usar novas tecnologias, sem precisar lutar contra o computador".

Li a frase acima e é claro, viajei... imaginem um idoso lutando com um computador!!!

Projetado para serviços de saúde, os usuários – os avós – enviam mensagens pré-escritas para filhos e netos, com o simples toque de um botão.

Vejam, com o toque de um botão eles descrevem seu estado humor. O equipamento é utilizado para uma comunicação básica, permite que pessoas acamadas se comuniquem com familiares sobre seu estado emocional. Agora fiquei em dúvida, o que é comunicação mesmo?

Em outra matéria finalizada com chave de ouro, li o seguinte:

"A mídia social foi feita apenas para pessoas mais velhas. As redes sociais fariam todo mundo feliz, dando um jeito de seu avô? transmitir pra você um sentimento sem te prender por tanto tempo em um telefone durante horas por mês. Mas não é possível ainda filhos e netos retornarem os recados, mas não fiquem tristes, pois a Rádio Buddy está corrigindo isso na versão 2". Vejam que desconforto, filhos e netos ainda terão que pegar o telefone e ligar para eles.

Voltemos ao rádio e vejamos a felicidade do idoso em usar essa nova tecnologia: ele toca o botão e filhos e netos recebem a notícia: "vovó está feliz!" "vovó agora está triste!", "Help!!! Vovó está morrendo!!!". Cadê a felicidade???

iPad - Eu e a almofada

Esta é a tradução fiel para iPad... Pensei: "ora, se ele fica no colo, em nossa perna e aparentemente não corre o risco de sufocar o processador – isto acontece com os notebooks – então por que não?".

A notícia "Americana de 100 anos compra iPad e torna-se estrela do YouTube", transformou Virginia Campbell, 100 anos, em uma estrela, após ter sido filmada utilizando um iPad. O vídeo se tornou viral, tendo já sido visto por mais de meio milhão de pessoas.

No vídeo, Virginia Campbell aparece sentada no sofá do apartamento que ocupa no Mary's Woods Retirement Community usando o seu iPad.

Virginia tem um iPad no colo sobre uma almofada.

Apesar de nunca antes ter tido um computador, "quando ela ouviu falar do iPad, quis um", escreveu o jornal *The Oregonian*.

Para quem não sabe o iPad é um aparelho híbrido do iPhone e notebook, desenvolvido pela Apple que traz como principal novidade a convergência das mídias agregando as principais funcionalidades de equipamentos já conhecidos, como notebooks, netbooks, PDA (Assistente Pessoal Digital), smartphones (telefone inteligente) e e-readers (Leitor de livros digitais). O iPad possibilita a leitura de jornais, revistas, livros, assistir programas de TV, jogar games e navegar na internet. É um aparelho revolucionário na informática, mais multimídia, ele reinventa o modo de acessarmos o conteúdo digital.

"Apesar de acabar por servir de publicidade gratuita ao novo aparelho da Apple, é de frisar que Virgínia, que durante toda a vida foi uma ávida leitora, estava impossibilitada de o fazer por sofrer de glaucoma (uma doença que atinge o nervo óptico). Com o iPad, a idosa consegue aumentar o tamanho da letra e, por isso, pode regressar à sua paixão pela leitura. Outros leitores electrônicos, como o Kindle e o Sony Reader, também permitem fazer aumentar o tamanho da letra, transformando-se em instrumentos úteis para os mais idosos e para todos aqueles que têm problemas de visão".

Sou uma entusiasta da tecnologia e do trabalho com pessoas idosas e tenho certeza que a publicidade gratuita de Virgínia estimulou outros tantos idosos a adquirirem o iPad. Infelizmente o valor para aquisição deste aparelho no Brasil está próximo aos R$ 2.500,00, o que impossibilita a aquisição para muitos. Acredito que suas funcionalidades sejam convidativas e de fácil aprendizado chamando a atenção dos mais velhos, então aguardemos a redução em seu valor.

www.portaldoenvelhecimento.net

TECNOLOGIA PARA A TERCEIRA IDADE!

Por Ézio Moura Rinaldi

É comum ver atitudes do tipo: antigamente não existiam estas coisas, antigamente não era assim, antigamente, antigamente. As pessoas da terceira idade (detesto este jargão) a exemplo de seus avós e pais possuem uma resistência natural ao novo, a novidade, isso é cultural e tem fundamento no fato de que não estão mais dispostos a se cansar tentando entender sequências de botões a serem apertados, letras miúdas em manuais técnicos escritos em uma linguagem pior que o grego e o latim, pois para alguns "antigos" e não terceiro idosos, o latim e o grego foram línguas que tiveram o prazer de aprender. Esta nova linguagem de *bits*, *bytes*, memória etc, tornam difícil a compreensão destas modernidades, mas como seres sábios, devemos ser capazes de enxergar o que isso pode nos trazer de bom.

Muitos atravessaram privações durante guerras, revoluções, crises mundiais e aprenderam a fazer mingau sem farinha, não é mesmo? Então, agora que não estamos pressionados pela sobrevivência, que não temos mais que fazer mingau sem farinha, porque não nos damos uma chance de aprender o que esta tecnologia tem de bom para nos ensinar?

Será que se aprendermos um pouco a respeito de tecnologia não podemos tirar proveito disso e tornar nossa vida melhor e mais segura? Claro que sim!

Um cidadão tem um pró-lapso de válvula mitral, o famoso "sopro", e por isso precisa de atenção já que pode ter uma crise. Assim seus filhos, netos, mulher ou qualquer outro precisa ficar pajeando o nosso amigo 24 horas por dia. Péssimo, pois acaba com sua liberdade, sua intimidade, seu direito ao sossego e sua paz interior, pois junto com a dedicação de outra pessoa também aparecem os conflitos. Não seria formidável se uma pulseira, bonita e elegante fizesse este monitoramento e em caso de suspeita enviasse um alerta tanto para os parentes, assim como para a ambulância?

Outros exemplos: Uma senhora que possui mal de Parkinson, e tem dificuldades de andar pode cair a qualquer momento, tendo sérias consequências nesta queda (quebrar uma perna ou a bacia) além de ficar no chão durante horas até que alguém se lembre dela. Porque não colocar uma pulseira com um medidor de impacto ou de posição e se ela cair "a pulseira avisa" os vizinhos e até a ambulância. Por que não?

Um senhor portador de artrite nas mãos poderia estar se divertindo na internet desde que não tivesse que digitar, com um pouco de tecnologia ele poderia "falar/ditar" para o computador e este transformar as palavras em texto. Porque não?

Uma pessoa com asma poderia usar uma corrente com um monitor em seu pescoço, como uma jóia, que estaria auscultando sua respiração o tempo todo e em caso de emergência poderia acionar, como nos filmes de ficção científica, um carrinho que lhe traria os medicamentos.

Quanta coisa a tecnologia pode trazer em beneficio destas pessoas? Para usar a tecnologia a nosso favor só precisamos de uma coisa, VONTADE! Hoje em dia, criar dispositivos inteligentes não é tão difícil, fazer um armário de remédios que nos oferece a dose certa de remédio na hora certa, um bracelete que avisa que estamos passando dos limites que nossos pobres corações, cansados com tanta desconsideração, não é coisa para gênio.

O que é preciso é reverter a situação, criar demanda, procurar, querer, se informar, ir atrás de solução, como já fizemos no passado. Como conselho, olhem para trás, vejam o que a tecnologia já fez de bom por todos nós, não há motivo algum para não torná-la nossa amiga, nossa aliada nesta viagem maravilhosa chamada viver.

Serviços: Automatus Tecnologia: Informações sobre os equipamentos citados acima Tel.: (11) 9241-4679

www.revistamaioridade.com.br

INCENTIVO PARA CUIDAR DE IDOSO EM PORTUGAL

A população idosa é o grupo populacional que vive em maior risco de pobreza. Estima-se que cerca de 26% dos idosos vivam em situações precárias e tenham más condições de vida. Dessa forma, a proteção social às famílias tem assumido um papel essencial na melhoria do bem-estar de todos, principalmente no caso das pessoas mais velhas. Nesse sentido, existem vários apoios e incentivos por parte do Estado e entidades públicas e privadas para quem está a cuidar de pessoas idosas, mas também para os próprios idosos, para que estes usufruam de uma maior qualidade de vida. Saiba quais os incentivos e apoios financeiros existentes no que ao cuidar de idosos diz respeito.

Incentivos e apoios sociais para cuidar de idosos

Encontram-se disponíveis uma série de incentivos e apoios para cuidar de idosos. Por exemplo, se estiver a tomar conta de idosos em casa, saiba que existem apoios para que eles possam ter um maior bem-estar e qualidade de vida. Das medidas criadas, destacam-se as seguintes:

Complemento Solidário para Idosos (CSI)

Trata-se de uma medida introduzida pelo governo que tem como objetivo a redução da pobreza de todos os indivíduos com 65 ou mais anos, cujos rendimentos são inferiores a 4.800 euros por ano. O Complemento Solidário para Idosos constitui um complemento aos rendimentos sociais já existentes (usualmente a pensão da reforma).

Esta nova prestação complementar constitui um passo muito importante na distribuição de uma riqueza mais equitativa para as pessoas que têm menores rendimentos. É uma estratégia que visa alterar a situação dos idosos mais pobres e foi lançada com o intuito dc corrigir as assimetrias existentes.

Benefícios adicionais

O Complemento Solidário para Idosos (CSI) dispõe ainda de benefícios adicionais de saúde para os idosos. Tais como:

• Participação financeira em 50% da parcela do preço dos medicamentos não comparticipados pelo Estado. Trata-se de um apoio à compra de medicamentos, pois os gastos médios de um idoso que necessita de medicação são muito elevados.

• Participação financeira em 75% da despesa na aquisição de óculos e lentes até ao limite de 100 euros, por cada período de dois anos. O apoio na aquisição de óculos e lentes é uma medida de extrema importância, pois a visão é um dos sentidos mais afetados quando se atinge a velhice.

• Participação financeira em 76% da despesa na aquisição e reparação de próteses dentárias removíveis até ao limite de 250 euros, por cada período de três anos. Os cuidados dentários são um aspeto que, por questões económicas, são muitas das vezes relegados para segundo plano. Para que tal não suceda e para que um idoso consiga poupar, este apoio é um incentivo muito importante para o acompanhamento da saúde dentária.

Programa de Alargamento da Rede de Serviços e Equipamentos Sociais (PARES)

Este Programa tem como objetivo aumentar a capacidade da rede de equipamentos sociais, apoiando a permanência dos idosos em sua casa com o auxílio dos Serviços de Apoio Domiciliário e Centros de Dia. É uma medida que visa melhorar a situação de idosos dependentes, expandindo a cobertura em Portugal Continental de lares de idosos. Esta medida permite também reforçar a integração dos cidadãos com deficiência, através do investimento efetuado em lares residenciais, residências autónomas e atividades ocupacionais.

Programa Operacional do Potencial Humano (POPH)

Este Programa tem como objetivo alargar, desenvolver e consolidar a rede de equipamentos sociais em Portugal Continental, criando novos lugares como forma de dar resposta às desigualdades sociais existentes, nomeadamente a igualdade de oportunidades e a inserção social de pessoas vulneráveis. Até 2010, através do programa de equipamentos sociais, criaram-se 1.378 vagas em equipamentos para pessoas idosas.

Programa de requalificação e de segurança de equipamentos sociais

Esta medida visa apoiar a requalificação de equipamentos antigos, cujas condições físicas estão já ultrapassadas ou deterioradas face às novas regras de construção e segurança. É uma forma de recuperar o património existente para que todas as pessoas usufruam das melhores condições possíveis como, por exemplo, na requalificação dos lares para os idosos privilegiando, sempre que possível, as soluções que permitam às pessoas idosas permanecer no seu meio habitual de vida mas também dando resposta às crescentes situações de dependência.

Rede Nacional de Cuidados Continuados Integrados (RNCCI)

A Rede Nacional de Cuidados Continuados Integrados foi uma medida lançada pelos Ministérios da Saúde e do Trabalho e da Solidariedade Social. O objetivo geral da rede assenta na prestação de cuidados continuados integrados a pessoas que, independentemente da sua idade, principalmente no caso dos idosos, encontram-se numa situação de dependência. A prestação de cuidados continuados integrados é assegurada por unidades de internamento e de ambulatório, bem como por equipas hospitalares e domiciliárias. As ofertas de serviços de internamento são as seguintes:

- Unidades de Convalescença.
- Unidades de Média Duração e Reabilitação.
- Unidades de Longa Duração e Manutenção.
- Unidades de Cuidados Paliativos.
- Unidades de Dia e Promoção de Autonomia.

Programa de Conforto Habitacional para Pessoas Idosas (PCHI)

Este programa foi desenvolvido pelos Ministérios da Saúde e do Trabalho e da Solidariedade Social e pelas Autarquias e pretende melhorar as condições básicas de habitabilidade e acessibilidade dos idosos através de um programa de obras de adaptação. Este novo programa surge para dar uma maior autonomia a todos os idosos e é uma forma de garantir um maior conforto e bem-estar dentro da sua própria habitação.

Complemento por dependência

O complemento por dependência é atribuído aos pensionistas dos regimes de segurança social que se encontrem em situação de dependência. Uma pessoa idosa quando não está na posse de todas as suas faculdades torna-se dependente do auxílio de outros. Desta forma, esta pensão constitui um apoio a todos os que se encontram nestas circunstâncias. Consideram-se em situação de dependência os pensionistas que não possam praticar com autonomia os atos indispensáveis à satisfação das necessidades básicas da vida quotidiana, nomeadamente os relativos à realização dos serviços domésticos, à locomoção e cuidados de higiene, precisando da assistência de outrem.

Os montantes do Complemento por Dependência correspondem a uma percentagem do valor da Pensão Social e variam escalonados de acordo com o grau de dependência do beneficiário.

Tudo isto representa um conjunto de iniciativas que têm como objetivo principal contrariar uma conjuntura económica negativista na vida diária de todos os idosos, não só quanto ao padrão de rendimentos, mas também às práticas culturais, de saúde e convivência.

www.cuidamos.com

INSTITUIÇÕES DE LONGA PERMÂNENCIA PARA IDOSOS o que é, e como funciona.

Ana Cristina Tosta

Enfermeira e pós-graduada do curso Saúde e Medicina Geriátrica da Metrocamp. Enfermeira da Casa de Repouso "Alan Kardec".

A velhice sempre esteve relacionada a pobreza, ao abandono, e a perda de laços familiares. Além do que a maioria dos idosos brasileiros vivem em precárias condições de vida, quer do ponto de vista social, quer do ponto de vista financeiro. Enormes são as carências nas áreas de saúde, previdência, educação, cultura e lazer, entre outras (Annunziato, 2007). Com o passar dos anos a pessoa idosa está precisando ainda mais de atenção e cuidados, mas a falta de atenção está em seus familiares, por não estarem tão mais presentes no seu cotidiano devido a uma vida tumultuada e corrida dos membros da família. Na relação entre pais e filhos, esses últimos, inicialmente numa situação de dependência total, vão aos poucos se tornando independentes. Ao chegar à velhice, a tendência ao aumento de limitações e incapacidades, faz com que os filhos sejam levados a dispor maior atenção e cuidados a seus pais, invertendo-se os papéis anteriores a relação de autoridade. (Annunziato, 2007). Então, optam em acomodá-los em instituições de longa permanência para idosos (ILPIs), ou alguns asilos ou clínicas. Para muitos idosos a ILPI é considerada uma nova família, onde pode resgatar o respeito, segurança, ter novas oportunidades, amizades novas e assistência em suas necessidades.

O primeiro asilo para idosos foi fundado no Rio de Janeiro, em 1782, pela Ordem Terceira da Imaculada Conceição, com capacidade para 30 leitos (Born, 2005). De acordo com a Sociedade Brasileira de Geriatria e Gerontologia (Seção São Paulo, 2003), a palavra Asilo define-se (do grego *ásylos*, pelo latim *asylu*) como casa de Assistência Social onde são recolhidas, para sustento ou também para educação, pessoas pobres e desamparadas, como mendigos, crianças abandonadas, órfãos e velhos. Considera-se ainda asilo o lugar onde ficam isentos da execução das leis, os que a ele se recolhem. Relacionam-se assim, a idéia de guarita, abrigo, proteção ao local denominado de Asilo, independentemente do seu caráter Social, Político ou de cuidados com dependências físicas e/ou mentais.

Por definição, segundo o manual de funcionamento da Sociedade Brasileira de Geriatria e Gerontologia (SBGG) Seção São Paulo, Biênio 2002/2003, atualmente as ILPIs (Instituições de Longa Permanência para Idosos), são estabelecidas para atendimento integral institucionalizado em cuidados prestados a pessoas de 60 anos e mais, dependentes ou independentes, que não dispõem de condições para permanecer com familiares ou em seu domicílio. Essas instituições são conhecidas por denominações diversas: abrigo, asilo, lar, casa de repouso, clínica geriátrica e ancianato. Elas devem proporcionar serviços na área social, médica, psicológica, enfermagem, terapia ocupacional, odontologia, entre outras, conforme necessidades desse segmento etário.

Esse atendimento é realizado em locais fisicamente adequados e equipados para proporcionar cuidados aos idosos, mediante pagamento ou não, durante um período indeterminado. Estes locais devem reproduzir um ambiente residencial, mantendo as características de um lar. Não devem ser marcados pelo isolamento, afastados da vida urbana, nem ser espaço de uniformização da vida de seus usuários.

Devem prever, na medida do possível, a participação dos usuários na qualidade individual dos ambientes, especialmente naqueles mais íntimos e reservados – os quartos, por exemplo (Annunziato, 2007). Além disso, esse local deve fornecer o uso de elementos que atuem de forma positiva sobre a memória física dos idosos, ocasionando uma relação de aprendizagem com o novo lar e novo espaço, o que deve ser facilitado incluindo objetos que sejam capazes de resgatar antigos hábitos, experiências, recordações, fazendo com que seu cotidiano atual seja o mais parecido com a sua antiga residência. Deve dispor de um quadro de profissionais capacitados para atender às necessidades de assistência social, alimentação, higiene, repouso e lazer dos usuários e desenvolver outras atividades que garantam sua qualidade de vida. Sempre que possível, as atividades deverão ser planejadas em parceria e com a participação efetiva dos idosos, respeitando suas demandas e características sócio-culturais (Annunziato, 2007). Do que se pensa as ILPIs não ficam omissas diante de certas ausências e apatia do familiar. Procuram estabelecer contatos entre familiar-idosos, justificando que são fundamentais para o bem-estar dessa população (Creutzberg,2007).

Hoje as ILPIs devem estar adaptadas e regulamentadas perante as leis para manter um padrão mínimo de funcionamento. A ANVISA (Agencia Nacional Vigilância Sanitária) estabelece normas a serem aplicadas em todas ILPIs, governamental, ou não, destinadas a moradia coletiva com pessoas de 60 anos ou mais, com ou sem suporte familiar. Atendendo pessoas idosas com variações de dependência, ou seja, aquelas que requerem o auxilio de outras, e equipamentos especiais para realização das atividades da vida diária (AVDs).

Para se manter uma assistência adequada em cuidados específicos para os idosos, as ILPIs, segundo a RDC (2005), devem manter um quadro de profissionais capacitados dependendo do grau de dependência de cada paciente:

- **grau de dependência I:** são independentes, mas precisam de equipamentos de auto-ajuda, portanto, um cuidador para cada 20 idosos, com carga horária de 8 horas/dia;
- **grau de dependência II:** são dependentes com até três atividades de autocuidado para AVDs, portanto, um cuidador para cada 10 idosos, ou fracionado por turno;
- **grau de dependência III:** são idosos com dependência que necessitam da assistência em todas as atividades de autocuidado para as AVDs, ou com comprometimento intelectual, portanto, um cuidador para cada 6 idosos, ou fracionado por turno.

A Política Nacional do Idoso, promulgada em 1994 e regulamentada em 1996, assegura direitos sociais à pessoa idosa, criando condições para promover sua autonomia, integração e participação efetiva na sociedade e reafirmando o direito à saúde nos diversos níveis de atendimento do SUS (Lei nº 8.842/94 e Decreto nº 1.948/96, Ministério de Estado da Saúde).

"As ILPIs são consideradas um sistema social organizacional" (Creutzberg, 2007), promovendo uma assistência que atende as necessidades mais amplas possíveis, desde os cuidados básicos da enfermagem à integração da equipe multidisciplinar, que também está envolvida no planejamento e execução dos cuidados, levando ao bem-estar e satisfação dos idosos.

As ILPIs adaptadas e regulamentadas estão cada vez mais em evidência, vêm se empenhando para os serviços prestados aos idosos e em profissionais capacitados especializados na área de geriatria. O objetivo não é substituir as famílias, mas sim garantir e proporcionar uma qualidade de vida aos idosos de forma satisfatória e digna. Porém, algumas instituições são carentes de recursos financeiros e, com isso, procuram mão-de-obra não-qualificada na área por ser mais barata, os chamados cuidadores formais (BORN, 2006). Particularmente, ficam muito comprometidos os cuidados designados pelo enfermeiro geriatra a esse pessoal não qualificado em relação ao processo inevitável do envelhecimento, pois a capacitação e o conhecimento técnico-teórico são de real importância para os cuidados oferecidos aos idosos, principalmente se esses profissionais forem especializados na área de saúde na função de técnico/auxiliar de enfermagem ao idoso.

Referências:

ANNUNZIATO, MPHL. *Atividade Física com idosos em Instituições de longa Permanência.* 2007. Disponível em: BORN, T. "O que é uma ILPI?". Portal do envelhecimento, 29 de novembro de 2005.

BORN, T. "A formação de cuidadores formais e informais: acompanhamento e avaliação". Portal do envelhecimento, Caldas, novembro de 2006.

CREUTZBERG, M.; et al. "A comunicação entre a família e a Instituição para Idosos". In: *Revista Brasileira Geriatria Gerontologia,* v.10, n.2. Rio de Janeiro, 2007.

www.saudegeriatrica.com.br

PAIS TAMBÉM PODEM RECEBER PENSÃO ALIMENTÍCIA DE FILHOS

Publicado em junho 1, 2008 por Telma Lomba Sustento – por Rafael Nogueira da Gama

Um dos principais elementos da família, enquanto geradora de direitos e deveres tutelados por nosso ordenamento civil, é a solidariedade recíproca, o auxílio mútuo entre seus membros para garantir a subsistência e o padrão de vida de seus integrantes.

A pensão alimentícia é uma das formas de exteriorização deste ideal de solidariedade dentro das relações decorrentes de vínculos familiares afetivos ou de parentesco consangüíneo. Ela é devida quando houver a necessidade por parte de um familiar que não pode prover seu próprio sustento e a possibilidade por parte de outro de fornecer esse auxílio, sendo os valores arbitrados de acordo com o grau de necessidade de um e possibilidade do outro.

Embora existam outras hipóteses geradoras do dever de prestar pensão alimentícia (como, por exemplo, entre ex-cônjuges, em decorrência de dissolução do casamento), a relação mais básica geradora desta obrigação de sustento decorre da filiação. Os filhos devem receber dos pais, independentemente de os mesmos estarem casados ou não, o auxílio financeiro adequado às suas necessidades de subsistência (alimentação, educação, moradia, vestimenta etc.), isto porque não possuem, ainda mais quando em tenra idade, condições de prover o próprio sustento.

Porém, o direito ao recebimento de pensão alimentícia em decorrência da filiação não é exclusivo dos filhos, pois aos pais também é garantido o direito de receberem pensão dos filhos em caso de necessidade. O pagamento de pensão pelos filhos aos pais tem fundamento justamente no princípio da solidariedade recíproca que deve reger as relações de família, tal como referido no início do texto. A solidariedade, neste sentido, nada mais é do que o dever de prestar auxílio a quem necessita, por quem pode fazê-lo.

Enquanto o direito dos filhos de obter pensão dos pais se presume e é regra aplicável a todos os casos, salvo raríssimas exceções, o direito dos pais depende de comprovação do estado de suas necessidades e da possibilidade econômica dos filhos de prover tal sustento. É certo que o ser humano, com o passar do tempo e com o incremento da idade, pode perder (ou ter reduzidas) certas habilidades físicas e mentais, não sendo raros os casos de pessoas que ao atingirem certa idade avançada já não possuem mais aptidão para o trabalho (por falta de vigor físico ou enfermidade), ou que não conseguem colocação no competitivo mercado de trabalho atual, ficando, em um ou outro caso, sem condições de se sustentarem.

A Constituição Federal, em seu artigo 229, dispõe que "os filhos maiores têm o dever de ajudar e amparar os pais na velhice, carência ou enfermidade". Também o artigo 1.696 do Código Civil é expresso no sentido da reciprocidade de alimentos entre pais e filhos, sendo reconhecido também que o dever de prestar alimentos pode ser transmitido aos netos para auxiliarem os avós, caso os filhos não tenham condições ou não sejam vivos.

Ressalte-se, porém, que a intenção do legislador ao garantir aos pais (ou avós) o mesmo direito de receberem pensão alimentícia por parte dos filhos (ou netos), não foi a de criar o parasitismo ou de incentivar o ócio, mas sim de garantir a subsistência dos cidadãos que não possuem meios de prover seu próprio sustento. Ou seja, é necessário ter em mente que a pensão alimentícia somente será devida pelos descendentes aos ascendentes em casos excepcionais, quando devidamente comprovada a necessidade daquele que pede e a possibilidade daquele que pagará.

Revista Consultor Jurídico, 19 de agosto de 2007

www.brasilidosos.wordpress.com

AJUDAR E SER AJUDADO EM QUALQUER IDADE

Antonio Millán-Puelles

O filósofo Antonio Millán-Puelles expõe neste marco intergeracional as suas reflexões sobre a velhice e o que os idosos devem dar e receber da sociedade. As páginas aqui resumidas são parte de uma palestra sobre o problema do envelhecimento demográfico, apresentada na Academia de Ciências Morais e Políticas.

Por que o envelhecimento demográfico é realmente um problema? Por que é sempre considerado algo negativo?

Em si, o aumento da expectativa de vida, e também o da quantidade de idosos, não constitui um problema. Pelo contrário, o sinal que podemos atribuir-lhe é sem dúvida positivo. Mas não é verdade que se atribui à velhice um indelével caráter negativo?

Os argumentos que alguns psicólogos contemporâneos utilizam para conferir uma feição negativa à velhice referem-se à velhice em geral, e não a uma certa maneira de vivê-la por parte de alguns idosos, e da qual outros estão livres. Tais psicólogos atribuem a todos os anciãos, pelo puro e simples fato de o serem, uma situação psíquica fundamentalmente dominada pelo egoísmo e pelo sentimento irreprimível de solidão. A arbitrariedade desse modo de imaginar o caráter geral dos idosos é totalmente comparável ao abuso em que incorrem os que pensam que o egoísmo e a irreprimível solidão constituem os traços fundamentais da psicologia juvenil.

Lembro-me do título de um dos romances mais conhecidos de Ernest Hemingway, *O velho e o mar*. Dificilmente esquecerei o calafrio que tive ao ler a primeira frase do livro: "Era uma vez um velho sozinho em seu barco". Mas o relato que começa desse jeito, longe de ser uma crônica dos pesares e dissabores de um velho e solitário pescador, é a história da lealdade e da amistosa ajuda que o ancião recebe de um generoso rapaz, correspondidas na mesma nobre medida pelo pescador.

ELES DÃO OU APENAS RECEBEM?

Vejamos: se o motivo do caráter negativo do envelhecimento demográfico não é a velhice em si mesma nem o aumento do número de idosos, é preciso perguntar se o motivo não estaria no fato de os idosos serem vistos apenas como beneficiários daquilo que os outros membros da sociedade fazem por eles.

Estamos diante de um debate entre gerações. Serve aqui a fórmula de S. Wisensale, da Universidade de Connecticut: "Os idosos contribuem para a melhoria do bem-estar social ou apenas se beneficiam dele?".

Examinemos quatro das respostas mais sérias a essa pergunta. Não são dirigidas ao professor Wisensale, mas estão postas no marco intergeracional em que se insere o tema. As três primeiras respostas são parábolas, mas a sua interpretação é bem simples.

1. No seu romance *O prazo fixo* (*The Fixed Period*, 1882), Anthony Throlopp conta que em uma ilha imaginária os habitantes que alcançam os 67 anos de idade são obrigatoriamente internados em um asilo chamado Necrópolis. Lá, dedicam-se a meditações pré-eutanásia com o objetivo de se convencerem de que a sua morte é justificada e exigida pela sua própria dignidade e pelo fato de se terem tornado um fardo para os outros habitantes da ilha. Quando o prazo termina, os idosos são anestesiados com clorofórmio e incinerados.

Throlopp quer provar, sem qualquer tipo de evidência, que os idosos representam um alto custo para o resto da sociedade e que são incapazes de prestar serviço aos outros. À gratuidade de ambas as suposições, deve somar-se o erro de considerar indigna a situação de quem não está em condições de ser útil aos outros. Certamente, nem todos os homens que alcançaram os 67 anos estão nessa situação; mas todos os que têm essa idade não perdem a dignidade específica da pessoa humana, um valor essencialmente intrínseco a todos os homens e que, como tal, deve ser respeitado em qualquer circunstância (São Tomás de Aquino e Kant, tão divergentes em muitos assuntos, concordam por inteiro neste ponto).

REGRA DE OURO

2. Simone de Beauvoir narra-nos em *Velhice* (*Vieillesse*, 1974) uma eloqüente parábola sobre uma família de camponeses em que o avô foi obrigado a comer todos os dias, isolado dos seus, numa cocheira. Um belo dia, o neto está juntando uns pedaços de madeira e, ao vê-lo nesse trabalho, seu pai pergunta-lhe: "O que você está fazendo?". E o menino responde: "Estou fazendo uma cocheira para o senhor, para que coma nela quando for tão velho como o vovô".

Faríamos uma violência à parábola se pensássemos que o garoto quis dar uma lição no seu pai. Aliás, o relato torna-se ainda mais instrutivo quanto menos intencional – mais simplesmente espontânea – é a resposta do neto em um claro paralelismo com o comportamento do seu pai. A fábula termina com o retorno do avô à mesa da família. A "lição", mesmo que não intencional, foi realmente aproveitada.

Eu a interpreto no seguinte sentido: embora o avô chegue de fato a ser uma autêntica carga, a família deve manter-se unida a ele, pois ele em si mesmo não consiste numa carga. E quem o abandona merece ser abandonado "quando for tão velho como o vovô".

Vingança ou simples justiça? Simone de Beauvoir não decide: e, não obstante o ateísmo pessoal da autora de *Vieillesse*, a moral da história é uma boa aplicação da "regra de ouro" estabelecida por Jesus Cristo: "Tudo que queirais que os homens vos façam, fazei-o também vós a eles".

AJUDAR E SER AJUDADO

3. Harry Moody, no livro *Ethics in an Ageing Society* ("Ética numa sociedade que envelhece", 1992), narra uma fábula à qual depois contrapõe a de Simone de Beauvoir.

A fábula de Moody fala de um pássaro fêmea que voa em busca de comida, levando nas costas uma cria, à qual pergunta: "Quando eu for velha e débil, vais tu levar-me sobre a tuas costas, como te levo agora?" A cria responde: "Oh, não, mãe! Levarei minha própria cria, assim como fazes agora".

O ensinamento do conto de Moody, como ele próprio explica, é que correspondemos à generosidade dos nossos predecessores sendo generosos com os nossos sucessores. Certo. E por acaso é verdade que se corresponde assim ao que os nossos predecessores fizeram por nós? Moody deixa a questão em aberto. Mas está bem claro que a resposta do filhote é injusta, porque não é justo que, havendo os recursos necessários, A não ajude B que precisa e que ajudou A quando este esteve precisado anteriormente. A carga pode ser dupla: por um lado, para com os predecessores, e por outro lado, para com os sucessores. Mas mesmo assim é certo que responde objetivamente a uma dupla exigência de justiça.

4. Norman Daniels, pertencente ao círculo de J. Rawls, defende em vários textos que a justiça na distribuição dos recursos sociais exige um tratamento desigual nas diversas idades do homem. "Dado as que nossas necessidades mudam nas diferentes etapas da vida, queremos instituições que respondam a essas mudanças". Este princípio deve ser respeitado dentro de um ideal de sociedade em que todos ajudem e sejam ajudados, segundo as possibilidades respectivas em cada situação.

Daniels procura manter um equilíbrio justo entre as cargas, partindo da idéia de que a mesma pessoa pode ter acesso diferente a diferentes recursos nas distintas fases de sua vida.

O QUE OS IDOSOS PODEM DAR

Posso esquematizar a minha própria posição em três pontos diferentes:

a) Só há uma classe de pessoas que não tem deveres, mas apenas direitos. Pertencem a essa classe todo o nascituro e toda a criança de muito pouca idade e, apenas no que diz respeito aos deveres em matéria econômica, bem como todo o homem que não tenha capacidade de cumpri-los (por carecer dos meios materiais necessários ou por alguma perturbação de índole psíquica).

b) Os membros dos demais setores sociais têm muitos direitos e deveres, além das suas obrigações morais para com os que pertencem ao grupo acima.

c) Quanto aos idosos, é preciso reconhecer-lhes direitos e deveres. Em primeiro lugar, o direito a um digno nível de vida material e espiritual. Logicamente, isso levanta questões econômicas cuja solução, tendo em conta circunstâncias concretas, é da competência dos economistas e dos governantes. Este direito tem a sua razão de ser mais profunda na dignidade da pessoa humana, e não naquilo que os idosos, quando ainda não o eram, fizeram em benefício de sua prole, o que lhes confere, claro, um direito acrescentado àquele baseado na dignidade pessoal de todo homem.

Antonio Millán-Puelles, Filósofo

Fonte: Artigo publicado no site da Editora Quadrante – www.quadrante.com.br

Publicado no Portal da Família em 04/11/2006

www.portaldafamilia.org.br

A SOLIDÃO, IMPLACÁVEL VERDUGO DOS IDOSOS

A solidão é completamente contrária ao conceito do "humano". Mas se o fato de estar sozinho pode produzir estragos em uma pessoa que se encontra na chamada "plenitude da vida", então o que poderia acontecer com alguém que já está, provavelmente, ao final do caminho? O que fazer com uma pessoa que necessita constante supervisão e atenção?

A solidão entre pessoas idosas é freqüentemente mais comum do que se pensa. Segundo cifras da Organização Panamericana de Saúde, o grupo humano que proporcionalmente atinge taxas mais altas de crescimento no mundo está entre os 60 e os 85 anos de idade. As causas estão relacionadas com a melhoria da alimentação e o crescimento da cobertura dos serviços de saúde pública, enfrentando importantes sistemas de controle da natalidade. Na Inglaterra, as entidades de estatística calculam que existirá, no ano 2.031, mais de 35.000 cidadãos com pelo menos 100 anos de vida.

Um estudo desenvolvido pela psicóloga argentina Marta Susana Tetamanti, intitulado "La vejez, el tema olvidado" (O envelhecimento, este tema esquecido), defende que existem múltiplas características para que esta porção da sociedade se encontre atualmente isolada. Segundo esta professora de psicologia da Universidad Nacional de Mar Del Plata, o conceito capitalista da sociedade, segundo o qual "o que não serve se joga fora" foi transformado em realidade para os mais velhos. São rechaçados de postos de trabalho, isolados das famílias e, em alguns casos, com matrimônios que terminam em viuvez. Segundo Tetamanti, o aspecto individualista das sociedades contemporâneas deixa os idosos solitários, o grupo humano com maiores índices de desemprego.

Da mesma forma, agrega a especialistas, as mudanças físicas e em seu quadro familiar, os leva a sofrer de maiores depressões e a ser o grupo humano com maiores taxas de suicídios.

Quadro Clínico

"Um idoso, por definição biológica, é aquela pessoa que tem 65 anos de idade ou mais", comenta o Dr. Samir Kabbabe, que trabalha como um clínico geral e de geriatria na Clínica Metropolitana em Caracas. "Além do mais, esta é uma condição na qual a reserva do organismo está consumida e há um nível de funcionamento lento, razão pela qual não se pode submeter tais pessoas a demandas excessivas", adiciona o especialista. Desta maneira, caso se exija um grande esforço ao coração de um idoso, ele poderia ter um colapso. Ou se, por exemplo, lhe são administrados medicamentos que devam ser eliminados pelo fígado e este já não se encontra em condições ótimas, se poderia intoxicar o organismo.

"A situação para um idoso que esteja só é terrível: a pessoa pode chegar padecer de enfermidades psicossomáticas produzidas pela depressão. Desta maneira, em busca de chamar atenção sobre a sua situação, acredita sofrer de problemas que não existem realmente, como a acentuação de um sintoma", explica o Dr. Kabbabe. Também podem apresentar problemas de memória como o chamado "esquecimentos benignos próprios da idade", condição de um quadro geriátrico que pode chegar a se acentuar para um mal de Alzheimer.

A deterioração do organismo e das funções que este desempenha trazem como conseqüência a necessidade de companhia para seguir vivendo. Caso contrário, a pessoa se sente abandonada e pode sofrer não apenas de enfermidades psicosomáticas, mas também de enfermidades que podem incluir tanto o aspecto físico como o psicológico. Em ambos os casos, aparece a depressão, que é o produto e causa de numerosos transtornos psico-físicos.

O importante, finaliza o Dr. Kabbabe, "é estabelecer um bom projeto de vida baseada na família, para que desta maneira sempre se possa contar com alguém".

Quadro Psicológico

"Na cultura latino-americana, não temos respeitado o direito dos idosos", declara Rubén Hernández, psiquiatra venezuelano internacionalmente reconhecido. "Toda a pessoa de idade avançada requer companhia e a solidão é a pior inimiga de uma pessoa que se encontra na terceira ou quarta idade (50 a 100 anos). A pessoa se torna muito exigente devido às mudanças biológicas que sofreu: perda da memória, transtornos de conduta, perda da capacidade de administrar os seus bens. Pode inclusive padecer do mal de Alzheimer".

A morte neuronial produz mudanças drásticas na personalidade de um indivíduo: as idéias paranóicas começam a se manifestar por todos os lados – geralmente como conseqüência da perda da memória – o que gera uma grande quantidade de conflitos familiares. Mas a atividade física pode fazer do envelhecimento um processo mais lento.

Além do fato de que, na maioria das vezes, os idosos não podem subsistir por si próprios (regressam a uma etapa quase infantil de dependência), isto traz a realidade de não contarem com alguém que lhes ofereça o carinho que necessitam, o que pode chegar a lhes deprimir de maneira muito severa. Cada pessoa, explica o Dr. Hernández, deve assumir a sua responsabilidade: "se nossos pais nos deram a oportunidade de nos formarmos e nos educarmos, nós temos a obrigação de oferecer-lhes os cuidados que necessitam ao final de suas vidas. A melhor terapia para vencer a solidão é a integração familiar".

www.boasaude.uol.com.br

622 EUROS PARA 'ADOPTAR' UM IDOSO EM LISBOA

Catarina Cristão

A Santa Casa da Misericórdia de Lisboa vai lançar no final do mês uma campanha de acolhimento familiar para pessoas idosas ou adultos com deficiência que vivam sós.

"Às vezes passo dias sem quase falar com ninguém. Troco apenas meia dúzia de palavras no café ou na mercearia, quando vou comprar o pão." José Mendonça, de 72 anos, viúvo desde há cinco, vive num apartamento de três quartos, que outrora acolheu quatro filhos, uma nora e um neto. Agora vive sozinho "naquele casarão", como lhe chama, na zona da Penha de França, em Lisboa.

É a pensar em casos como o de José e de outras pessoas com mais de 65 anos que vivem sós – existem 18 mil só no concelho de Lisboa, um dos mais envelhecidos do País – que a Santa Casa da Misericórdia vai lançar no fim deste mês uma campanha inédita de acolhimento familiar para pessoas idosas ou adultos com deficiência, à semelhança do que já acontece com crianças. Segundo o Instituto Nacional de Estatística, há 321 mil idosos a morar sozinhos em Portugal. Na maioria, mulheres viúvas.

As famílias que se disponibilizarem a entrar no programa recebem, no mínimo, 622 euros por mês. Isto porque quem acolher um idoso bem de saúde recebe 447 euros, mais 70% da pensão da pessoa acolhida. Situando-se a pensão mínima em Portugal nos 246, a família receberia ainda mais 175 euros (70% da pensão) a somar aos 447. Se as famílias aceitarem receber em casa pessoas com elevado grau de dependência, o valor sobe e a Misericórdia paga 700 euros. A este valor acresce 70% da pensão da pessoa acolhida.

"É uma estratégia de resposta para pessoas com perda de autonomia, em isolamento ou com insuficiente apoio familiar", enumera Anabela Sousa, subdirectora da Acção Social da Santa Casa, que acrescenta que a situação pode ser permanente ou transitória.

O objectivo, esse, é evitar a sua institucionalização. "É preferível incluir um idoso numa família e não numa instituição. No seio familiar terá um acompanhamento mais personalizado, viverá num ambiente mais afectivo e estará mais próximo das rotinas diárias", diz a responsável da Santa Casa.

José Mendonça gostaria de estar entre os idosos referenciados para o programa. "Estão sempre a dizer-me para ir para um lar. Mas não quero. Quem lá entra já não sai", garante. Viver com desconhecidos também não lhe parece um inconveniente. "Se os meus filhos não podem, pode ser que outros não se importem de aturar um velho como eu", desabafa.

Os idosos a "adoptar" já estão referenciados, as famílias de acolhimento é que se candidatam. Com isso, evita-se que aqueles que vivem com familiares idosos queiram recorrer ao projecto para receber dinheiro (ver caixa). Além de se candidatarem, as famílias têm de cumprir requisitos rígidos e aceitar o compromisso de participar em acções de formação contínuas. "Temos de nos certificar de que quem acolhe os idosos são pessoas idóneas, responsáveis, com estabilidade familiar e capacidade afectiva e económica", sublinha Anabela Sousa.

Os candidatos deverão apresentar-se numa das delegações da Santa Casa – Lisboa Norte, Sul, Oriental e Centro Ocidental – e submeter-se a uma entrevista. "Feita a selecção, cabe às equipas de apoio técnico proceder ao cruzamento dos dados e tentar encontrar uma família tão próxima quanto possível da residência da pessoa referenciada", explica Anabela Sousa, acrescentando: "É fundamental que este não perca as suas referências, como os locais que frequenta habitualmente, o café ou as lojas de bairro."

Nesta nova dinâmica familiar, os candidatos terão de saber respeitar a identidade e privacidade do idoso. E "para este, será uma oportunidade de viver em família e em comunidade", sustenta Anabela Sousa, que espera receber muitas candidaturas: "Procuramos pessoas com sentido de solidariedade e responsabilidade social, sensíveis à problemática do envelhecimento e da deficiência." O apelo será lançado no final do mês em 657 entidades da cidade de Lisboa.

www.projectotio.net

COMO CONVERSAR E LIDAR COM UM IDOSO TEIMOSO

Conversar e lidar com um idoso teimoso ou casmurro não é tarefa fácil, porque é muito complicado para o idoso acatar as opiniões e sugestões de outros, principalmente para aqueles que sempre estiveram habituados a dar ordens e a tomar as decisões mais importantes na vida familiar. Saiba como conversar e lidar com um idoso teimoso, só assim será ouvido e respeitado.

A resistência à condição de idoso

A maioria das pessoas não gosta que lhes seja dito o que devem fazer ou como se devem comportar perante um determinado cenário. No caso de um idoso obstinado é ainda pior porque, geralmente, uma pessoa casmurra coloca barreiras ao que lhe é dito e recusa toda e qualquer opinião que vá contra as suas ideias.

À medida que uma pessoa caminha para a velhice, o seu estado de saúde fica enfraquecido e debilitado e é natural que não consiga desempenhar determinadas tarefas a que antes estava habituado. Nestas circunstâncias o idoso precisa de auxílio, pois pode cometer erros que se podem revelar fatais.

No entanto, convencer um idoso a executar tarefas como tomar os medicamentos, ir ao médico, ou até mesmo fazer algum tipo de exercício, pode revelar-se uma tarefa hercúlea para quem está a cuidar dessa pessoa. Pior ainda é quando é um filho que está a cuidar do seu pai, pois os laços familiares fazem com que a resistência seja maior. Uma pessoa teimosa coloca maiores entraves à aceitação de ordens e recomendações de um filho, porque foram eles que estiveram sempre na liderança e na tomada de decisões e não querem perder a sua independência. Um filho quer apenas o melhor para o seu pai, contudo esta inversão de papéis pode conduzir ao conflito entre pais e filhos, conflito esse que só é sanado através da compreensão e do diálogo.

Como lidar com um idoso teimoso

Para lidar com um idoso teimoso existem técnicas específicas que podem ser utilizadas de forma a defender o interesse de todos os intervenientes. Contudo, ao aplicá-las, deve privilegiar o diálogo, ser assertivo no seu discurso e, acima de tudo, compreensivo. Conheça-as em seguida:

Aja de acordo com a sua posição: Independentemente de ser um filho, enfermeiro ou pessoa particular que está a cuidar de um idoso, deve agir de acordo com a sua posição, pois ser-lhe-ão exigidas responsabilidades e poderá ser acusado de negligência, caso alguma coisa de mal aconteça à pessoa idosa.

Terá toda a legitimidade para agir e tomar as decisões mais sensatas, pois os cuidados a ter com um idoso são enormes e os perigos podem ser grandes: pode deflagrar um incêndio em casa porque a pessoa idosa se esqueceu de desligar o gás; pode um idoso morrer porque não tomou os medicamentos corretos; ou pode cair na casa de banho e não ser socorrido a tempo. São muitas dúvidas e medos que podem ser evitados de acordo com a sua tomada de posição.

Não tenha o objetivo de agradar às pessoas: Se tem a consciência que está a tomar a melhor decisão face a uma determinada situação, independentemente de esta magoar outrem, tome-a! Nunca adote medidas de modo a ser popular ou a fazer a vontade a um idoso, só pelo simples facto de ele ser idoso, pois, no fundo, pode estar a prejudicá-lo mais. Por exemplo: todos os idosos querem a sua privacidade e independência e querem ficar na sua própria casa. Ao fazer-lhe a vontade, pode estar a adotar a pior atitude, pois ninguém o vai socorrer em caso de emergência.

Fale com autoridade e seja irredutível nas suas decisões: ao ter um discurso seguro e assertivo vai fazer-se ouvir e ser respeitado. Assim, as suas decisões e ações não serão opcionais para a pessoa idosa, mas antes uma obrigação. As pessoas perdem o respeito quando a pessoa que está na liderança volta atrás numa determinada decisão. Por exemplo, ao não deixar uma pessoa idosa conduzir por reconhecer que ela já não tem as capacidades necessárias para o fazer, não abra exceções apenas porque a distância é curta ou porque se trata apenas de um passeio. Os acidentes acontecem e podem dever-se ao desleixe e à má preparação do condutor.

Apresente provas concretas: para impedir que um idoso actue de uma determinada forma, fundamente a sua argumentação no máximo de provas físicas que consiga arranjar. Apresente-lhe relatórios médicos, a opinião de oftalmologistas, mostre-lhe estatísticas de casos semelhantes e dessa forma conseguirá demovê-lo dos seus intentos. Por exemplo: perante a insistência em continuar ao volante, mostre-lhes estatísticas da Direção Geral de Viação (DGV) no que diz respeito aos acidentes de viação que ocorrem e que envolvem pessoas idosas. A prova dos factos exercerá um peso fundamental para ultrapassar a teimosia ou relutância em continuar a conduzir.

Mostre-lhe que está do lado dele: Um idoso é considerado uma "criança" de maioridade que requer muitos cuidados, atenção e muito carinho. Faça ver à pessoa idosa que está do seu lado, mostre-lhe o seu desassossego, porque no fundo não é tão infundado quanto isso, dadas as coisas menos agradáveis que podem acontecer se não forem alvos de um acompanhamento constante. Não deixe que a pessoa idosa se isole no seu próprio mundo, graças à sua própria teimosia e demonstre-lhe a infinidade de actividades divertidas que ainda podem ser feitas.

O que os idosos devem fazer

Ao caminhar para a velhice, um idoso deve colocar a sua teimosia de parte e ouvir o que os outros têm para dizer, só assim terá um maior conforto e qualidade de vida.

Ao rejeitarem o auxílio de outros, por teimosia, orgulho ferido ou em recusar aceitar a sua condição de idoso, uma pessoa pode cometer determinados erros e colocar em risco a sua própria vida. Aceite o auxílio de quem mais lhe quer bem.

Aceite a posição em que se encontra: a vida muda, assim como o corpo humano e a posição de fragilidade em que se encontra neste momento é aquela em que os seus pais estavam no passado e aquela em que os seus filhos estarão no futuro. Reconheça as suas limitações, pois será a melhor forma de ser compreendido e respeitado.

Ao longo da vida um pai dá a melhor educação aos seus filhos para que estes a possam utilizar nas mais diversas situações. Quando você atinge a velhice, as ações de um filho serão certamente para o beneficiar, colocando em prática toda a educação e ensinamentos que receberam ao longo de uma vida.

Não coloque restrições à ajuda de outros: ser ajudado não um obstáculo. Saber que existem pessoas que gostam de si, que querem conversar consigo, ou ajudá-lo a tomar as melhores decisões, é uma bênção e conduz a uma vida mais saudável.

www.cuidamos.com.br

COMO CUIDAR DE UMA PESSOA COM A DOENÇA DE PARKINSON

A doença de Parkinson afeta milhões de pessoas em todo o mundo e, embora não tenha cura, a verdade é que não coloca em risco a vida do doente, mas sim altera-a profundamente. Saiba quais os principais cuidados a ter com uma pessoa que sofre da doença de Parkinson.

A doença de Parkinson requer tempo e paciência

Quem sofre da doença de Parkinson vê a sua vida abrandar drasticamente, uma vez que a mobilidade limitada e mais lenta faz com que todas as tarefas diárias se realizem muito mais devagar. Quem lida com um doente com Parkinson também precisa interiorizar esta nova realidade – as novas palavras de ordem são tempo e paciência. Se expressa a sua impaciência e pressa ao doente, ele provavelmente tentará apressar-se mas, não conseguindo, irá ficar frustrado e até zangado, tornando todo o processo ainda mais lento. Quando acompanhar o doente com Parkinson em qualquer atividade ou tarefa, certifique-se que tenha tempo suficiente para completá-la. A paciência vai-se ganhando, basta imaginar-se na situação do doente.

Cansaço e pausas

Embora o doente com Parkinson efetue a sua rotina diária muito devagar e, com o passar dos anos, de forma cada vez mais lenta, o cansaço é um dos principais sintomas desta doença e outro obstáculo no dia-a-dia de quem vive com Parkinson. Saiba que quem tem esta doença precisa de descansar várias vezes ao dia, normalmente entre cada atividade realizada e por vezes até a meio das mesmas – algumas das quais podem ter mesmo de ficar por terminar. As noites bem dormidas são essenciais para os doentes com Parkinson (de preferência com a cabeça ligeiramente elevada), mas como as insónias são um dos sintomas recorrentes nesta doença, a pessoa deve evitar dormir demasiado durante o dia. Procure formas de ajudar e facilitar a vida do doente, para que este possa conservar o máximo de energia possível – se fizer demais num dia, no dia seguinte poderá ter de ficar em repouso.

Em casa

Quer o doente com Parkinson viva sozinho ou com familiares, é importante que a sua casa esteja preparada adequadamente para facilitar a sua vida e ultrapassar as limitações impostas pela própria doença. Pequenas adaptações como: organizar a cozinha, casa de banho/banheiro, quarto e outras divisões de forma a colocar os objetos mais utilizados num local de fácil acesso; retirar tapetes escorregadios e ocultar fios elétricos; instalar um chuveiro de mão e uma cadeira de banho; colocar uma sanita mais elevada na casa de banho; ajustar a altura da cama; instalar barras de apoio nas divisões mais frequentadas (junto à cama, no WC, nos corredores...). Embora se deva estimular a independência do doente com Parkinson, poderá ser preciso ajudá-lo nas limpezas domésticas, nas compras de supermercado e no tratamento da roupa (lavar, estender, apanhar passar a ferro) ou então contratar alguém para o efeito.

Alimentação

A perda de peso e a obstipação são dois sintomas que afetam, frequentemente, os doentes com Parkinson. Nesse sentido, é importante manter uma dieta equilibrada, com particular destaque para as fibras. A perda de peso em doentes com Parkinson deve-se a vários fatores: os tremores frequentes queimam muitas calorias; as alterações cerebrais podem suprimir o apetite e/ou acelerar o ritmo metabólico; as náuseas e alterações do sentido de olfato frequentemente sentidas por estes doentes podem diminuir a vontade de comer; o cansaço e a fraqueza dos braços pode tornar a hora das refeições extremamente cansativa e o doente acaba por desistir; dificuldades em mastigar e engolir podem ter o mesmo efeito. Como ajudar? Proporcionar alimentos que são fáceis de ingerir e com uma apresentação e aroma atrativos; disponibilizar talheres leves e de fácil manuseamento; utilizar palhinhas sempre que possível; evitar pressas à hora das refeições; fazer várias refeições ao longo do dia, mas mais pequenas para evitar o cansaço.

Medicamentos

A toma dos medicamentos prescritos para a doença de Parkinson é fundamental porque ajudam a atenuar ou a estabilizar os principais sintomas, conferindo uma maior qualidade de vida ao doente. Faça questão de administrar os fármacos diariamente, à mesma hora, sendo mais fácil gerir a sua distribuição ao longo do dia com o recurso a uma caixa própria para compridos, dividida para acompanhar as principais refeições. Siga sempre as indicações do médico e nunca altere a dosagem sem o seu consentimento. Leia atentamente todos os folhetos informativos, de forma a familiarizar-se com as possíveis interações medicamentosas e efeitos secundários, informando de imediato o médico se o doente não se sentir bem com qualquer medicamento. Por outro lado, também é importante registrar quais os medicamentos que melhor funcionam com o doente.

Higiene pessoal

A higiene pessoal é precisamente isso – muito pessoal – e o doente com Parkinson deve ser incentivado a tratar de si sozinho, o máximo possível, pedindo ajuda sempre que necessário, claro está. Existem várias formas de ajudar o doente indiretamente: motive-o a realizar a sua higiene pessoal sentado (secar e pentear o cabelo, lavar os dentes, colocar creme...); providencie uma escova de dentes elétrica (mais prática, menos cansativo); as escovas de cabelo devem ter pegas adequadas; utilizar um roupão de banho em vez de uma toalha; evitar banhos muito quentes, uma vez que podem contribuir para o cansaço. Mesmo o ato de vestir e de calçar deve ser maioritariamente feito na posição sentada para evitar fadiga desnecessária e eventuais desequilíbrios.

Exercício físico

Pode parecer um contrassenso mas a prática regular de exercício físico pode contribuir para o aumento dos benefícios dos medicamentos de Parkinson, pode combater a depressão e ajudar o doente a sentir-se bem física e mentalmente. São três os principais tipos de exercício que um doente com Parkinson deve procurar praticar: alongamentos para assegurar a flexibilidade das articulações e dos tecidos moles; exercícios de resistência para fortalecer os músculos abdominais e de costas; exercício aeróbico para manter a saúde cardio-respiratória. Desde natação, ioga, pilates ou simples caminhadas, o importante é manter o doente ativo, motivando-o com a organização de atividades desportivas divertidas, em grupo ou acompanhadas por um amigo ou familiar. Outra alternativa é a fisioterapia – consulte o médico do doente antes de iniciar qualquer tipo de tratamento.

Lazer e convívio

É fundamental manter um doente com Parkinson ativo, independente e interessado pela vida – afinal de contas, essa pessoa pode continuar a desfrutar das coisas boas da vida, estas requerem apenas algumas pequenas alterações. Apesar de a mobilidade ser o principal obstáculo na vida de um doente com Parkinson, há que manter essa pessoa mentalmente ativa, estimulando a sua criatividade, inteligência e imaginação. Entre a leitura, a jardinagem, o cinema e a música, existem um sem número de atividades que podem trazer experiências positivas para uma pessoa que sofre de Parkinson – para além de promover antigos passatempos e gostos, incentive a pessoa a procurar novas ocupações. Os doentes com Parkinson têm uma tendência natural para se isolarem socialmente, uma vez que sentem já não serem a pessoa que eram e têm receio e/ou vergonha da reação das outras pessoas. A doença de Parkinson não significa o fim da vida, mas sim o início de um novo capítulo, onde continua a haver espaço para a família, os amigos e o convívio social. O isolamento, pessoal ou profissional (muitos doentes com Parkinson continuam a trabalhar durante muito tempo) é algo que deve ser evitado ao máximo.

Apoio emocional

Cerca de 50% dos doentes com Parkinson sofre de depressão numa ou noutra altura da sua doença – é natural, tendo em conta as suas crescentes limitações e dependência nos outros. Alguns dos principais sinais aos quais é necessário estar atento incluem: ansiedade, apatia, irritabilidade, tristeza, fadiga, perturbações de sono, problemas de concentração, sentimentos de inferioridade, baixa autoestima, isolamento, perda da vontade de socializar, perda de apetite, perda ou aumento de peso, falta de libido, tendências suicidas. Embora uma depressão deva ser acompanhada por um médico, existem várias coisas que pode fazer para animar o doente e ajudá-lo a ver a sua nova realidade com outros olhos: passar tempo de qualidade juntos, organizar programas divertidos, envolver a família e amigos do doente. Principalmente, ser um bom ouvido e assegurar ao doente com Parkinson que está do seu lado para tudo aquilo que for preciso.

www.cuidamos.com

COMO FALAR COM ALGUÉM QUE SOFRA DA DOENÇA DE ALZHEIMER

Lidar com um uma pessoa que sofra da doença de Alzheimer não é fácil e por vezes até se torna constrangedor – afinal de contas, como falar com uma pessoa que parece viver exclusivamente no passado e que pode vir a ter cada vez mais problemas de comunicação?

• Sempre que falar com uma pessoa que sofra da doença de Alzheimer deve fazê-lo de forma calma e tranquila – evite pressas. Por outro lado, as frases devem ser curtas, claras e diretas para facilitar a compreensão por parte do doente. Evite utilizar a palavra "não", principalmente no início de uma frase, uma vez que os doentes com Alzheimer muitas vezes não registam as primeiras palavras de uma frase, ou seja, "não te sentes aí" pode ser entendido como "senta-te aí".

• Sempre que falar com um doente com Alzheimer, evite forçá-lo a reconhecê-lo a si ou às outras pessoas que possam estar presentes – o mesmo aplica-se a eventos ou incidências recentes. Por outro lado, também não se deve deixar levar pelas questões incessantes e repetitivas que a pessoa pode fazer-lhe, opte antes por mudar o tema de conversa para um assunto sobre o qual sabe que o doente goste de falar.

• Quando fala com um doente com Alzheimer deve ter cuidado com a sua própria linguagem corporal, ou seja, a posição dos braços e mãos, sorrir exageradamente ou não o suficiente. Evite falar muito alto ou gritar com a pessoa – nem todos os idosos ouvem mal! Gestos e tons de voz excessivos podem assustar uma pessoa com Alzheimer.

• A doença de Alzheimer é irreversível e quem dela sofre irá perder, progressivamente, a sua memória de curto prazo, prevalecendo a memória de longo prazo. Por isso, e para assegurar a comunicação com a pessoa, quem fala com ela deve adaptar-se a esta nova realidade – apesar de isso implicar conversas sobre coisas que aconteceram há 30 anos atrás (e sobre as quais pode ou não ter conhecimento), terá a vantagem de manter o doente alerto e comunicativo.

• No que toca aos doentes com Alzheimer, o mais importante é mesmo conversar – o assunto é completamente secundário. Para manter uma conversa com uma pessoa que sofra de Alzheimer busque inspiração naquilo que vos rodeia: comentem o que está a dar na televisão, as pessoas que estão a passar na rua ou assuntos em que a pessoa sempre teve grande interesse. Por vezes, a pessoa com Alzheimer quer apenas ouvir uma voz amiga – leia para ela um livro, revista ou jornal em voz alta.

• Para além de falar, existem inúmeras outras maneiras de comunicar com um doente com Alzheimer, principalmente se este já apresenta dificuldades em formular frases completas ou se já deixou mesmo de falar. Um abraço forte, segurar-lhe a mão, um carinho nas costas, um sorriso ou piscar de olhos podem valer mais de mil palavras.

• Comunicar com um doente com Alzheimer é também estar atento à sua linguagem corporal e expressões faciais: gostam de ser tocados? Apreciam ouvir música? Estão contentes sentados no sofá a folhear revistas? Gostam de passar horas à janela a ver quem passa ou precisam de companhia física?

• Tão importante como a forma com que se fala com um doente com Alzheimer, é a forma como se aborda a pessoa. A confusão e a agitação são outros sintomas desta doença e, por isso mesmo, deve abordar um doente com Alzheimer sempre de forma tranquila e gentil. No entanto, evite aparecer-lhe de lado, ou seja, a abordagem deve ser feita de frente, para que a pessoa não se assuste.

• A doença de Alzheimer também é caracterizada por comportamentos agressivos e até violentos – algo que pode ser despoletado pela forma como fala com a pessoa ou se a assustou de alguma maneira. Por vezes, o doente pode gritar, chorar, tentar bater ou até fugir e estas são reações que podem tornar-se normais. Não leve estes comportamentos a peito (afinal é a doença a falar e não o doente), nem tente falar (ou pior, gritar) para tentar acalmar a pessoa – o mais certo é inflamar ainda mais a situação. Deixe que a pessoa se acalme por si só antes de voltar a falar com ela.

• Uma das maiores tristezas relacionadas com a convivência com um doente com Alzheimer é o facto de a pessoa deixar de reconhecer quem os rodeia, mesmo que seja um marido, filho ou neto. É triste, mas é assim mesmo e não há volta a dar. Por isso mesmo, sempre que falar com uma pessoa com Alzheimer identifique-se, ou seja, diga o seu nome e quem é. Infelizmente, muitos doentes com Alzheimer deixam mesmo de perceber o que significa "irmã", "tia" ou "vizinha", e nesses casos é melhor limitar-se ao nome apenas.

• Se não desejar falar com ele, não obrigue nenhum familiar que não se sinta confortável na presença do doente com Alzheimer a fazê-lo, porque a própria pessoa pode pressentir tudo isso. Da mesma maneira que não deve falar sobre o doente a terceiros, na presença do próprio – podem sofrer de perda de memória, ter dificuldade em comunicar, mas não em compreender.

• Aproveite bem cada momento que passa com o doente com Alzheimer, seja a conversar ou em silêncio, esteja presente e mostre isso à outra pessoa. Vão surgir momentos em que o doente vai lembrar-se realmente de alguma coisa especial e são essas as recordações que deve guardar para sempre.

www.cuidamos.com

COMO GERIR OS MEDICAMENTOS DE UM IDOSO

Os medicamentos são uma parte integrante da vida dos idosos, permitindo manter sob controle as doenças de que padecem, ajudando-lhes a viver melhor, sem dores ou desconforto. No entanto, por vezes a quantidade de medicamentos que um idoso toma é tão elevada que requer uma organização e administração com cuidados redobrados.

No médico. O acompanhamento da toma dos medicamentos por parte de um idoso começa nas consultas – se possível, deve acompanhar o idoso, para assim saber qual o seu estado de saúde, que medicamentos vai tomar, para quê, qual a dose, durante quanto tempo, se existem efeitos secundários, interações com outros medicamentos, se os comprimidos podem ser esmagados ou têm de ser tomados inteiros, ou qualquer outra questão pertinente. Não tenha receio de esclarecer todas as suas dúvidas com o médico.

Na farmácia. Sempre que for à farmácia aviar uma receita, certifique-se que o farmacêutico escreva na caixa do medicamento correspondente as indicações do médico no que toca à dose e à hora da toma. Quer leve duas caixas de medicamentos ou dez, confira sempre toda a informação para evitar confusões com a toma. Se possível, vá sempre à mesma farmácia – será uma excelente forma de criar uma relação com o farmacêutico que, para além de passar a conhecer o estado de saúde do idoso, pode ajudá-lo sempre que tiver alguma dúvida.

Como organizar? Em casa, necessita de ter um sistema de organização que possa facilmente cumprir de forma a assegurar a toma correta, à hora certa de todos os medicamentos que o idoso precisa. Há quem opte por utilizar as caixas com divisórias (pequeno-almoço, almoço, jantar, deitar) para organizar a toma diária dos seus medicamentos. Em alternativa, pode usar um gráfico (feito à mão ou no computador) onde lista todos os medicamentos, para que servem, incluindo uma pequena descrição (comprimido oval azul, comprimido redondo amarelo), a hora da toma e uma caixa para colocar um visto depois de cada toma. Igualmente prático, este gráfico tem ainda a vantagem de poder ser guardado, criando-se assim um precioso historial médico.

Caixas guardadas. Independentemente do sistema que utiliza para organizar os medicamentos do idoso, guarde sempre todas as caixas desses mesmos medicamentos. Para além de conservar a informação sobre a toma que os farmacêuticos escrevem sobre a mesma, acrescente a data em que o idoso tomou esses comprimidos e alguns comentários pertinentes como, por exemplo, se foi bem ou mau tolerado. Adicionalmente, guardar as caixas também implica guardar o folheto informativo que é crucial se necessitar de tirar alguma dúvida relacionada com efeitos secundários, interações medicamentosas ou sobredosagem. Para facilitar o seu armazenamento, pode espalmá-las e guardá-las numa caixa ou arquivador próprio para o efeito.

À hora certa. Para ser bem-sucedido, um tratamento requer que todos os medicamentos sejam tomados à mesma hora todos os dias. Se optou por organizar os medicamentos em caixas apropriadas, estes já podem estar divididos para a hora das diferentes refeições – mantenha a caixa junto do lugar da mesa onde o idoso normalmente almoça/janta para evitar o esquecimento. Programar o telemóvel ou o despertador para lembrar a hora da toma pode ser outra opção para assegurar que o idoso não falhe a toma de nenhum medicamento. Se estiver em casa com o idoso pode administrar o medicamento, se não, informe o idoso relativamente à hora do alarme e qual o medicamento a tomar. Se esse sistema for muito complicado para o idoso, e caso não esteja em casa, agende um lembrete no seu telemóvel e ligue para o idoso nessa hora, dizendo-lhe qual o medicamento que deve tomar.

Na dose certa. É típico deixarmos de tomar um medicamento porque nos sentimos melhor ou achamos que o medicamento pode estar a fazer bem a uma coisa mas mal a outra – e os idosos não são diferentes. Assegure que o idoso respeite a toma diária dos seus medicamentos e evite tomar decisões como diminuir, aumentar ou alterar a dosagem de um medicamento sem antes falar com o médico. Se o idoso toma os mesmos medicamentos há muito tempo, é igualmente importante que, periodicamente, peça ao médico para reanalisar esse tratamento.

Prazo de validade. É crucial que tenha atenção aos prazos de validade dos diferentes medicamentos que um idoso possa estar a tomar – faça uma limpeza mensal aos medicamentos que tem em casa, levando para a farmácia tudo o que possa estar fora de prazo ou que o idoso deixou de tomar de forma definitiva. Pode guardar as caixas para o arquivo médico, mas o conteúdo deve ser devolvido à farmácia.

www.cuidamos.com

COMENTÁRIOS DA AUTORA

Como gerir os medicamentos de um idoso

Nas consultas médicas, não se esquecer de levar tudo por escrito, todos os medicamentos e todas as dúvidas para perguntar ao médico e também tudo o que tem se passado com o paciente.

Ter uma lista de remédios sempre atualizada com pelo menos três cópias. Mesmo sabendo de cor os nomes e horários das medicações, verificar e prestar muita atenção ao que está sendo tomado.

Recomendo não ter receio de insistir com o técnico de enfermagem, caso esteja no hospital, ou com o cuidador em casa. Para receber a informação, reconhecer cada medicamento administrado e perceber os efeitos inerentes aos remédios.

Dependendo da idade ou da sensibilidade, pode ser preciso mais ou menos da dose recomendada, consulte sempre o médico para resolver dúvidas ou esclarecer sobre possíveis efeitos percebidos.

Nos casos de alteração ou introdução de novo medicamento mantenha sempre comunicação com o médico. Há médicos que não dão muito espaço para serem consultados fora do consultório, se for esse o caso, recomendo trocar de médico, muitas vezes um telefonema para o médico pode resolver e até salvar uma vida.

CUIDADORES DE IDOSOS

Quando nascemos nossos pais cuidam de tudo: da nossa alimentação, higiene e bem estar. E nos enchem de carinho.

Quando somos adolescentes odiamos que se metam tanto nas nossas vidas, mas mesmo assim, no fundo, adoramos chegar em casa e o almoço estar fresquinho nos esperando ou quando voltamos daquela festinha e nossos pais estão acordados, preocupados com o nosso retorno seguro.

Quando, finalmente, ficamos adultos, conquistamos nossa independência financeira e montamos nossa família, ainda assim, dependemos dos cuidados dos nossos pais, seja num telefonema saudoso para saber como estamos ou para ficarem com os netos para passearmos.

Mas, com o passar do tempo, nossos queridos pais tão zelosos envelhecem e somos nós que passamos a cuidar deles. Essa inversão de papéis (de cuidados para cuidadores) pode trazer muita angústia e dúvidas. E isso é muito natural.

Alguns pais apenas envelhecem, outros adoecem, mas todos precisam de cuidados.

O papel do cuidador é fundamental para a pessoa com idade mais avançada ou com algum grau de dependência. Esse cuidador pode ser um filho, um amigo da família, um vizinho, um parente ou uma pessoa contratada para essa finalidade.

Cuidar de um idoso não é só lhe fazer companhia; não é só lhe dar os remédios na hora prescrita; não é só lhe servir as refeições (e, em alguns casos, ajudá-los a comer) e não é só lhe medir a pressão arterial ou verificar a temperatura.

Cuidar de um idoso é também dar atenção as suas longas conversas, que podem ser cansativas; é também levá-lo, quando possível, a passeios ou a desenvolver atividades que lhe dão prazer; é também dar carinho, amor e se doar.

Em alguns países, é recomendado que as férias dos cuidadores sejam diferenciadas, pois o seu papel pode ser muito estressante, demanda muita atenção, dedicação e responsabilidade.

Por isso, quando se escolhe uma pessoa (ou quando somos escolhidos) para cuidar efetivamente de um idoso devemos ter em mente que é alguém tão ou mais especial que a pessoa a ser cuidada para que possa exercer a sua função com muito esmero.

Certifique-se que o cuidador realmente tem condições físicas e psíquicas para o bom desempenho da tarefa, se é alguém dotado de muita paciência, se está habilitado a reconhecer as principais alterações orgânicas em decorrência de doenças e se sabe ler (para não dar o remédio errado, por exemplo).

Se for contratar alguém, além desses cuidados, peça referências de antigos lugares onde trabalhou, peça para trazer um comprovante de residência no nome da pessoa e seus documentos pessoais, se fez algum curso de auxiliar ou técnico de enfermagem peça também o certificado de conclusão do curso (entre em contato com o curso para confirmar, caso ache necessário).

Se possível, peça para a pessoa trazer um atestado de antecedentes criminais (o próprio candidato pede esse documento na delegacia – quem contrata não pode pedí-lo).

Dra. Gilse Siqueira Prates, é Médica (CRM 52.77294-1), formada pela Escola de Medicina Souza Marques, Pós-graduada Lato Sensu em Geriatria e Gerontologia na UERJ. Está se especializando em Neuropsiquiatria Geriátrica pelo IPUB/UFRJ como Lato Sensu.

Fonte: www.bsbsaude.com.br www.sitemedico.cm.br

CUIDADORES FAMILIARES: HERÓIS DESCONHECIDOS DE UM SISTEMA DE SAÚDE DESFAVORÁVEL

Eliana Novaes Procopio de Araujo

Com o aumento da expectativa de vida ocorreram mudanças nas dinâmicas familiares que sem dúvida estão despreparadas para enfrentar sozinhas os inúmeros cuidados que os seus idosos longevos necessitam.

Nos Estados Unidos os cuidadores familiares sentem-se prisioneiros da velhice! Essa questão apresenta-se num âmbito mundial e cria uma situação de difícil solução visto que os sistemas de saúde não estão planejados para esse aumento significativo de uma população longeva que requer cuidados especializados que são geralmente onerosos e contínuos por muitos anos.

As famílias americanas inicialmente tentam cuidar sob o mesmo teto quando é possível ou delegar aos serviços domiciliares. A rotina diária americana é contínua, especialmente para as mulheres que trabalham fora, têm filhos e cuidam da casa. Infelizmente lá não existe mão de obra doméstica similar aos países em desenvolvimento, como no Brasil, para auxiliar nos afazeres domésticos. Os estudos mostram que o excesso de trabalho instrumental que um idoso requer torna-se insuportável e sem fim.

Em função desse fenômeno as soluções possíveis dentro da realidade americana são os residenciais com sistema de "assisted living", com serviços multiprofissionais que atendam as necessidades de seus residentes. Atualmente essas instituições estão quase que 90% com idosos dependentes, que de acordo com os dados atuais representam no continente americano um total de 78 milhões. Esses números espantosos refletem um aumento de 2,3% dessa população fragilizada ao passo que o contingente de cuidadores americanos corresponde a (+ 0,8%), sem possibilidades de aumentar na velocidade que a população idosa cresce. Surge então a grande questão: "Quem vai cuidar dos cuidadores quando esses ficarem idosos?". Como e de que forma os sistemas de saúde podem se reorganizar para atender essa crescente demanda da população que envelhece?

Nos Estados Unidos, Krista O'Connor de Eldercare Partnes criou um programa de orientação e apoio aos cuidadores familiares. O objetivo do programa é fornecer informações e procedimentos atualizados aos cuidadores. Também o programa desenvolve um aconselhamento emocional onde se trabalha as dúvidas e angústias desse cotidiano existencial. A questão é: "Se os cuidadores adoecerem, quem vai cuidar desses idosos?". Segundo Rhonda Montgomery, expert no sistema de saúde americano, é essencial desenvolver vários programas que dêem retaguarda a esses familiares que cuidam durante anos de seus idosos longevos.

A França também convive com o mesmo problema. De acordo com os dados estatísticos, em 2050 a população francesa com mais de 75 anos será de 15%. Esses dados refletem que serão 10 milhões de idosos com necessidades especiais e um número decrescente de pessoas adultas responsáveis. Atualmente a França apresenta um total de 6 milhões de idosos com mais de 75 anos que requerem de vários serviços especializados.

Segundo o relato de Maggie Jensen, ela não costumava ter uma convivência muito próxima com sua mãe Maurine, de 91 anos. Atualmente a Sra. Maurine está com Alzheimer em estágio moderado. Maggie nunca pensou em se tornar cuidadora quase que permanente de sua mãe. Faz quatro anos que sua vida mudou totalmente. "Alguns amigos me aconselham a colocar minha mãe em uma instituição". Infelizmente essa resolução me angustia e não consigo decidir porque "Ela ainda é minha mãe, aquela que cuidou de mim quando eu era pequena e dependente".

Maggie tenta se organizar para tentar uma qualidade de vida para sua mãe e muitas vezes esquece-se de si mesmo. Na verdade é um dilema existencial que aflige muitas famílias que convivem com situações similares. A preocupação apenas com o idoso é insatisfatória. Devemos nos ater também com a saúde física, emocional e social do familiar cuidador. Infelizmente, os programas de saúde franceses ainda não estão fornecendo um programa para dar um suporte afetivo e educativo aos familiares.

E o Brasil?

Atualmente, o Brasil que envelhece está despreparado para atender a população idosa que está vivendo mais anos. As famílias brasileiras enfrentam grandes dificuldades econômicas e instrumentais para cuidar com dignidade e respeito seus idosos. Os programas de saúde pública são insuficientes para atender essa demanda populacional que requer serviços especializados. As famílias sentem-se isoladas, pois as instituições particulares que cuidam com um nível de atendimento multiprofissional são onerosas e incompatíveis com o poder aquisitivo da grande maioria da população.

Em função dessa realidade brasileira sugere-se que se desenvolvam através dos órgãos públicos e privados, serviços de apoio aos familiares. Esses serviços psicogerontológicos objetivam a prevenção ao desgaste e estresse dos cuidadores. As intervenções psicogerontológicas poderiam ocorrer em grupos ou individual. Objetivam desenvolver novas formas no cuidar, na organização do tempo do familiar responsável e aconselhamento emocional. Seriam serviços que promoveriam uma qualidade de vida a esses cuidadores familiares que são verdadeiros heróis dentro de um sistema de saúde que não está ainda suficientemente preparado para atender nossos idosos longevos.

Eliana Novaes Procopio de Araujo é psicóloga e mestranda em Gerontologia pela PUC-SP.

Algumas informações foram extraídas do Seniorscopie.com – La lettre d'informations profissionelles de notre temps (www.seniorscopie.com).

www.portaldoenvelhecimento.net

COMENTÁRIOS DA AUTORA

Sobre a empatia com médicos, enfermeiros e profissionais de saúde.

Por experiência própria temos que aprender a reclamar. Não é culpa do paciente se os profissionais estão saturados por horas extras ou se foram escalados para trabalhar aos domingos ou feriados.

Os pacientes não devem aceitar ser maltratados ou negligenciados caso os funcionários estejam contrariados com as condições de trabalho, esse é um problema administrativo da entidade que presta o serviço. Reclamando sobre os maus tratos, junto ao departamento responsável, estaremos ajudando a resolver a questão. Se o problema persistir, ainda podemos reclamar em instâncias superiores como nos Conselhos Regionais e, claro, procurar outro prestador de serviço.

Ao ministrar os remédios

É importante o acompanhamento enquanto está se ministrando os remédios, nesta hora pode ocorrer engasgo e, para evitar que aconteça, pode-se oferecer junto com o copo de água também um pedacinho de pão ou bolo, algo que possa ser mastigado e engolido logo após o comprimido.

Quando o idoso se recusa a sair da cama para tomar banho

Talvez o idoso não se sinta seguro para essa atividade, por não possuir infra-estrutura que lhe dê segurança contra acidentes ou por não ter alguém que o ajude com prazer e que não o trate como se fosse um estorvo.

Combatendo as dores

Terapias alternativas são bem vindas: Tai Chi Chuan, massagens, acupuntura e muito amor...

Nos condomínios e residências

Sempre deve haver uma chave extra para abrir a porta em caso de emergência, ter anotados com o porteiro, zelador ou vizinho, os telefones e contatos de parentes e conhecidos para chamar caso necessário.

CUIDADOS PALIATIVOS E FIM DE VIDA

Os cuidados paliativos são resposta ativa a problemas decorrentes da doença prolongada, incurável, para prevenir o desconforto
Claudia Burlá

Em meio aos progressos que contemplaram o mundo contemporâneo no século 20, o envelhecimento populacional fez com que as sociedades passassem a ter um número significativo de pessoas com doenças incuráveis, que permanecem vivas com sequelas e complicações.

O atrativo modelo da medicina curativa, cujo foco é o "ataque à doença" visando a cura, não se coaduna com essa realidade; a doença terminal, o processo de morrer e a morte foram "hospitalizados" nas últimas décadas.

Questões em torno da morte interessam a todos e constituem ainda hoje um tema pouco falado. A partir da resolução nº 1.805/2006 e, mais recentemente, da entrada em vigor do novo Código de Ética Médica do Conselho Federal de Medicina é que a mídia veio a explorar o tema, que ainda gera controvérsias.

Nesse cenário, surgem os cuidados paliativos, uma modalidade de assistência e intervenção cujo alvo é a pessoa doente, com ênfase no alívio do sofrimento físico e no atendimento das demandas psicossociais e espirituais.

Trata-se de uma resposta ativa aos problemas decorrentes da doença prolongada, incurável e progressiva para prevenir o desconforto e proporcionar a melhor qualidade de vida possível às pessoas doentes e seus familiares.

Os médicos jamais devem perder o foco de atuação: a pessoa doente no final da vida, um processo que pode levar dias, semanas ou meses.

Não obstante a globalização do conhecimento e a rapidez com que as informações são divulgadas, somando-se a necessidade de atenção especial para o final da vida, os cuidados paliativos ainda não fazem parte do interesse e do conhecimento de profissionais da área nem do sistema de saúde.

A doença terminal atravessa todas as faixas etárias, do recém-nascido ao idoso frágil. Assim, dezenas de milhares de pessoas poderão ser beneficiadas quando o sistema de saúde incorporar essa modalidade de atendimento.

Os cuidados paliativos não são cuidados menores no sistema de saúde, não se resumem a uma intervenção de caridade bem-intencionada, não restringem sua aplicação aos moribundos nos últimos dias de vida e, pela especificidade das intervenções, são diferenciados dos cuidados continuados.

Eles também não encarecem os gastos do sistema de saúde; ao contrário, tendem a reduzi-los pela racionalização da assistência. Tais cuidados previnem o sofrimento e as múltiplas perdas associadas à doença terminal (da potencialidade do corpo às questões psicológicas), pela intervenção plural em que a pessoa doente e sua família são o centro gerador de decisões.

Idealmente, a assistência inclui médicos, enfermeiros, psicólogos, assistentes sociais, nutricionistas, fisioterapeutas, fonoaudiólogos, terapeutas ocupacionais, musicoterapeutas e também profissionais de outras áreas, como direito, filosofia e teologia.

Os cuidados paliativos constituem uma resposta indispensável aos problemas do final da vida.

Em nome da ética, da dignidade e do bem-estar de cada ser humano, é preciso torná-los cada vez mais uma realidade.

Claudia Burlá, médica, especialista em geriatria pela Sociedade Brasileira de Geriatria e Gerontologia, é membro da Câmara Técnica sobre a Terminalidade da Vida e Cuidados Paliativos do Conselho Federal de Medicina.

Fonte: Artigo publicado na *Folha de S.Paulo* – Tendências/Debates – 2 de junho de 2010.

http://www1.folha.uol.com.br/fsp/opiniao/fz0206201008.htm

www.portaldoenvelhecimento.net

CUIDAR DE IDOSOS EM CASA

As famílias que cuidam de idosos em casa estão a tornar-se cada vez mais: sejam pais, avós, bisavós, familiares ou amigos próximos, a opção de trazer um idoso para casa ganha muitas vezes àquela de instalá-los num lar de idosos. No entanto, cuidar de idosos em casa é um passo gigante, que deve ser dado com muita consciência, planejamento e boa vontade.

Ponderar e Decidir

Tomar a decisão de cuidar de idosos em casa não deve ser feita de forma espontânea, nem de ânimo leve – cuidar de um idoso, esteja ele doente, acamado ou em perfeita saúde, é uma grande responsabilidade. Antes de tomar a decisão de cuidar de um idoso em casa, coloque a si e à sua família as seguintes questões:

- A sua família está preparada para receber um novo elemento em casa?
- Como reagiu o seu parceiro(a)?
- Tem crianças muito pequenas em casa? Os seus filhos ainda necessitam de muita atenção?
- É possível conciliar a sua vida profissional com o papel de prestador de cuidados?
- Tem flexibilidade no trabalho, no caso de surgir alguma emergência ou quando tiver de ir ao médico com o idoso, por exemplo? Tem a possibilidade de trabalhar em casa?
- O idoso pode ficar sozinho em casa enquanto vai trabalhar?
- Terá de contratar alguém para estar com o idoso durante o dia?
- Em termos financeiros, é possível suportar a ida do idoso para a sua casa? O idoso tem recursos financeiros? Pode contribuir?
- Tem espaço suficiente em casa para receber e cuidar do idoso?
- A casa é segura para o idoso?
- Terá de fazer algum tipo de adaptação na casa? Comprar mobiliário/equipamento novo?
- Está preparado para tratar da higiene pessoal do idoso?
- Muitos idosos precisam de ser apoiados, carregados e levados de um lado para o outro – está fisicamente preparado para isso?
- Se o idoso tem alguma doença, será que é capaz de lidar com isso diariamente?
- Está preparado para abdicar do seu tempo livre ou parte do mesmo para cuidar do idoso?
- Tem um círculo de apoio de familiares e amigos que já se disponibilizaram para ajudar ou está sozinho nesta tarefa?
- A família está emocionalmente preparada e é emocionalmente forte para lidar com um idoso e os cuidados que este exige ou já têm muitos problemas que vos ocupem?
- Está preparado para assistir ao envelhecimento e, eventualmente, à morte do idoso?
- O idoso não estaria melhor num lar de idosos?

Planear e Preparar

Tomada a decisão de cuidar de um idoso em casa, segue-se a fase de planeamento e de preparação que requer uma reflexão igualmente responsável e ponderada. Estas são algumas dicas que deve ter em consideração se vai passar a cuidar de um idoso em casa:

- Assegurar que as divisões da casa, incluindo escadas e corredores, estejam iluminadas.
- Instalar interruptores iluminados, que são mais fáceis de localizar durante a noite; ou então instalar luzes de presença em toda a casa.
- Assegurar que a cadeira utilizada pelo idoso é suficientemente alta e que esteja equipada com apoios para os braços.
- Colocar barras de apoio na cama para facilitar o deitar e o levantar ou, em alternativa, adquirir uma cama mais baixa.
- Adquirir uma cama articulada ou outro tipo de mobiliário/equipamento adequado ao idoso.
- Colocar uma poltrona no quarto para que o idoso possa sentar ao se vestir e calçar.
- Colocar barras de apoio nos duches/banheiros e ao lado das sanitas; ou optar por instalar uma sanita mais alta.
- Instalar um chuveiro flexível e uma cadeira de banho para facilitar os duches.
- Colocar um tapete antiderrapante na banheira/duche.
- Comprar uma arrastadeira para os idosos terem no quarto durante a noite.
- Substituir as maçanetas redondas por maçanetas horizontais que torna mais fácil abrir e fechar portas.
- No caso de o idoso deslocar-se numa cadeira de rodas, instalar rampas de acesso.
- Instalar um corrimão em todas as escadas da casa.
- Remover tapetes escorregadios ou protegê-los com um antiderrapante.
- Organizar ou retirar mobiliário para criar um espaço de fácil circulação para o idoso.
- Esconder ou remover fios suspensos, muito compridos ou atravessados no chão.
- Evitar ter muitos espelhos porque os reflexos podem facilmente assustar ou confundir alguns idosos.
- Tudo o que estiver guardado em armários e que os idosos possam precisar, deve ser colocado em prateleiras baixas e de fácil acesso – isto aplica-se à cozinha, casa de banho, quarto e qualquer outra divisão habitualmente utilizada pelo idoso.

• Organizar o guarda-roupa do idoso, agrupando o vestuário por tipo – camisas, camisolas, calças, saias, vestidos…

• Substituir os relógios tradicionais por relógios digitais; substituir os comandos e pelo menos um telefone por modelos com teclas maiores e de fácil manuseamento.

Cuidar e Amar

Com a casa pronta para receber o idoso com segurança e conforto, seguem-se os cuidados diários que, para além de incluírem o tratamento da sua roupa, uma alimentação saudável, a administração correta dos medicamentos e o acompanhamento ao médico, é importante mostrar o carinho e o amor que tem pelo idoso de outras formas, incentivando-o a viver uma vida o mais ativa e plena possível. Algumas ideias para cuidar de um idoso diariamente incluem:

• Incentivar o idoso a ter uma vida social, para encontrar-se com o seu grupo de amigos frequentemente, por exemplo.

• Organizar atividades a dois ou com toda a família, que envolvem o idoso – pode ser um passeio à praia, uma sessão de cinema ou almoçar fora.

• Inscrever o idoso num centro de convívio ou universidade sénior, onde existam atividades do seu interesse.

• Motivar o idoso para ir ao cabeleireiro/barbeiro regularmente.

• Incentivar o idoso a praticar exercício físico.

• Guardar algum tempo para conversar diariamente com o idoso.

• Manter o idoso a par de tudo aquilo que se passa em casa, com a família mais chegada e até a mais afastada.

• Possibilitar que o idoso leia os livros/jornais/revistas que sempre apreciou; que ouça o seu tipo de música preferida; que assista aos seus programas televisivos favoritos.

• Disponibilizar-se para levar o idoso às compras ou a qualquer outro local que possa precisar ou onde lhe apeteça ir.

• Certificar que os óculos, o aparelho auditivo ou qualquer outro equipamento de auxílio do idoso estão de acordo com as suas necessidades atuais.

• Incentivar o idoso a manter, dentro dos possíveis, a sua própria independência.

www.cuidamos.com

QUANDO CHEGA A HORA DE CUIDAR DOS PAIS

Jacyra Simões Gonçalves, hoje uma senhora de 86 anos, era uma garotinha quando aconteceu a revolução de 1932, mas ainda se lembra da época em que acompanhava a movimentação dos pracinhas da Força Aérea Brasileira de perto. Já na terceira idade, cursou pedagogia. Também é amante da literatura, e vez ou outra solta expressões em francês. Mesmo sendo ativa, Jacyra cada vez mais se afasta do mundo, conforme perde a memória. Acha que já limpou a casa, esquece de tomar banho e não lembra onde guardou o dinheiro da aposentadoria.

Quando as filhas perceberam que a rotina estava desandando, tiveram de intervir. Aos 58 anos, Ivany Gonçalves Colombo, secretária aposentada, se viu como mãe da própria mãe, por conta do Alzheimer, doença degenerativa que, entre outros sintomas, afeta a memória. "Organizamos as contas, cuidamos da limpeza, deixamos comida pronta", diz Ivany, que tem a ajuda da irmã Cecy, de 63 anos. "Cuidamos dela há 3 anos, e ainda é um acinte para ela." Com paciência e jeitinho, as irmãs se revezam com Eloá, a filha que ainda mora com Jacyra.

Essa troca de papéis será cada vez mais frequente nas famílias brasileiras. Com o aumento da expectativa de vida divulgada pelo IBGE no fim de 2007, que passou de 71,9 anos, em 2005, para 72,3 anos, nosso pais estão vivendo mais que nossos avós. Hoje, há 21 milhões de pessoas com mais de 60 anos no país. Segundo o IBGE, a estimativa é que daqui a 20 anos sejam entre 32 a 35 milhões de idosos. Para a mulher, isso significa mais responsabilidade, porque a tarefa de cuidar dos mais velhos geralmente recai sobre ela. "De cada 10 cuidadores, 9 são mulheres, seja a esposa, filha, neta, irmã ou até as noras", diz o gerontólogo Marcio Borges. "Mais da metade das mulheres que cuidam tem mais de 50 anos e pelo menos 30% delas tem mais de 65 anos", afirma. O processo muitas vezes vem acompanhado de luto. "É difícil perceber que nosso herói começa a perder esse lugar", afirma a colunista do iG Delas e mestre em Gerontologia Dorli Kamkhagi.

Outra questão que pode causar estresse é a relação com os netos, sobretudo quando os avós passam a morar na mesma casa: até onde eles podem interferir na educação? Estabelecer regras claras é fundamental para evitar atritos. Foi o que fez Leonor Macedo, de 27 anos, que mora com os pais e o filho, Lucas, de 8 anos. Há muito tempo, ela se responsabilizou pelas contas da casa, passeios com os pais e idas ao médico. "Eles cuidam do meu filho, o que permite que eu trabalhe, e eu cuido deles", diz. "Lucas sabe diferenciar bem o que é mãe e o que é avó. Quando estou em casa, coloco limites. Quando não estou, são eles."

Leonor segue outra recomendação de especialistas: ter seu próprio tempo, como recomenda Marleth Silva, autora de *Quem vai cuidar dos nossos pais* (editora Record). "É preciso recarregar as baterias", afirma. "Quanto mais tempo você dá para uma pessoa, mais ela quer", diz Leonor. Ao lado das risadas e bagunça da convivência em família, há o momento de ficar sozinha com o filho ou sair com o namorado.

Ajuda de fora

Diante de doenças degenerativas, como o Alzheimer e o Parkinson, ou de problemas de saúde mais graves, que afetem a cognição e a mobilidade, pode ser necessário auxílio externo. "Se o idoso precisa de ajuda para se alimentar e vestir-se, é recomendável a contratação de um cuidador profissional", diz Marleth. Quando mais de três cuidadores são necessários, a melhor opção pode ser uma casa de repouso. "Para muitas famílias, é a única solução", afirma a gerontóloga Dorli Kamkhagi. É comum o idoso se sentir rejeitado com a ajuda externa, mas os filhos devem ser firmes e demonstrar que o objetivo é melhorar a qualidade de vida e que isso não significa que ele está sendo menos amado.

Dignidade e respeito

Entender as vontades e desejos do idoso é fundamental também. Envelhecer com qualidade de vida significa ter suas escolhas respeitadas, seja a hora em que prefere fazer a refeição ou a concretização de um novo relacionamento amoroso. "É uma fase de muitas perdas e perder a autonomia talvez seja a mais humilhante delas", diz Marleth Silva. "Em muitas famílias, os filhos agem como se os pais não tivessem mais opinião. Não deixam namorar, querem cuidar dos bens, da aposentadoria", afirma Dorli Kamkhagi. Os filhos devem avaliar se não estão impondo sua vontade por conta da fragilidade de seus pais, sem que seja realmente necessário. "Mesmo pacientes comprometidos querem ser vistos como alguém que ainda tem seu lugar na sociedade." E aproveitar a experiência e a sabedoria que o idoso acumulou na vida pode trazer mais bem estar e felicidade do que qualquer transtorno na rotina que o idoso demande.

Extraído do portal iG – Repórter Verônica Mambrini

http://delas.ig.com.br/comportamento/quando+chega+a+hora+de+cuidar+dos+pais/n1237761942772.html

CUIDADORA DE IDOSOS: VIVÊNCIAS DE TREVAS OU DE LUZ?

Alguém que experimenta a condição de cuidar de uma pessoa idosa, seu familiar, um ente amado, fruto de relações saudáveis e que no momento se encontra em condições de saúde física e mental satisfatória, talvez fique num primeiro momento espantado com o título desta matéria. Por outro lado, aquele que há muito tempo navega por estas águas, o "mar do cuidado", sabe exatamente do que vamos abordar.

O cuidar é inerente à vivência dos humanos. Pode acontecer de a pessoa ter que assumir de forma súbita e inesperada a tarefa cuidativa. Os motivos de assumir tal compromisso vão da opção à obrigação, muitas vezes, por ser a única pessoa disponível para cuidar. Tenho observado nas minhas leituras, de estudos e também da realidade, que essa tarefa é eminentemente feminina, raras são às vezes que encontramos a figura masculina a frente desta situação. Assim, desejo iniciar minhas considerações tomando por partida a questão de "assumir de forma súbita e inesperada a tarefa cuidativa".

O que significa isso na vida de uma pessoa? O que significa para uma mulher, de um momento para o outro assumir tal compromisso? Alguém que está lendo a matéria, poderia refletir, por um momento apenas, e se perguntar: estou preparado para tal? Minha experiência como profissional de saúde, que há muitos anos compartilha vivências com cuidadores de idosos, sob diversos aspectos revela que se tornar cuidadora de uma pessoa idosa de forma súbita e inesperada significa uma verdadeira "revolução no cotidiano".

Pode ser que signifique uma sucessão de renúncias: a mulher demite-se do emprego, desiste de projeto de vida, abandona suas atividades de lazer, abdica da sua privacidade, renuncia os momentos de folga, resigna a uma condição solitária de cuidadora e por vezes cede às "falsas chantagens" da pessoa cuidada. Por vezes, é o abandono de si, em função do outro. Seguindo, quanto aos determinantes deste compromisso, o motivo pode ser "da obrigação a única opção". Quando se é filha, mãe, irmã ou cônjuge, qualquer que seja o tipo de relação construída ao longo da vida, a mulher encara para si tal tarefa e leva adiante até o momento derradeiro da missão cumprida.

Quando se é nora, existe uma particularidade, em especial, o homem aceita muito bem, se a sua mulher cuida do seu pai ou da sua mãe, mas quando a situação se inverte, quando a "sua mulher" precisa cuidar do pai ou da mãe dela, nem sempre o companheirismo prevalece. Frequentemente, encontramos casos em que o homem abandona o barco, preferindo navegar em outros mares, deixando sua companheira a deriva; quando eles não desistem, repudiam os momentos de dedicação da cuidadora para com o Ser cuidado.

Diante desse cenário, cuidar pode ser uma vivência de "trevas", de sofrimento, cansaço e perdas. Se faz necessário abordar essa questão. Pode ser que muitas cuidadoras passaram, estão passando ou talvez, por momentos, se encontrem no mesmo barco. Quando conhecemos outras realidades chegamos a conclusão que nossas experiências são partilhadas por tantas outras pessoas, isso de certo modo nos conforta, pois começamos a entender que determinados fatos da vida são factíveis a muitos. Por outro lado, é importante que, enquanto cuidadoras, não nos abandonemos a própria sorte, não venhamos a navegar e se afogar num mar de lamúrias.

Se passar por vítimas ou despertar a piedade alheia, não nos ajuda em nada; muito pelo contrário, só aumenta o peso do "fardo", ou seja, faz do nosso dia a dia uma vivência pesarosa. Precisamos, sim, ter a consciência que mesmo diante de certas circunstâncias, somos o caminho de luz para aqueles que dependem de nós. Aquele ser humano frágil, dependente, incapacitado e que muitas vezes perdeu a razão da sua mente, conta apenas com a sua cuidadora, aquela mulher, que em algum momento do seu viver, assumiu para si tal compromisso.

Muitas vezes ela nem se dá conta do quanto é sublime e solidário as pequenas ações do dia a dia, um bom dia, um olhar que enxerga aquele que está na sua frente, uma escuta sensível, que é capaz de ouvir o que está por traz de um lamento. São vivências de luz, se em cada um de nós existe uma partícula divina, talvez por isso tenhamos que valorizar tanto as nossas relações, principalmente as cuidativas. Não basta cuidar pensando o outro enquanto corpos enfermos. Precisamos cuidar pensando o outro enquanto uma alma enferma. Somos, sim, um feixe de luz. Cuidar é iluminar a escuridão do outro.

Prof. Dra. Marilene Rodrigues Portella

Enfermeira, gerontóloga pela Sociedade Brasileira Geriatria e Gerontologia e arteterapeuta, docente do programa de Mestrado em Envelhecimento Humano da Universidade de Passo Fundo – RS.

QUANDO O CUIDADOR É VÍTIMA DE VIOLÊNCIA

Luciene C. Miranda

Em continuação à série sobre violência contra o idoso, hoje irei focar numa pessoa que também costuma ser vítima de violência e que costuma ser mais negligenciada que o idoso violentado: o cuidador familiar de idosos.

Para fins didáticos, seguirei as definições usadas no artigo anterior, utilizando a mesma categorização de violência / maus tratos: maus tratos físicos e/ou psicológicos, negligência, abuso financeiro, abandono, ou auto-abandono. Importante destacar que familiares, pessoas próximas, desconhecidas ou mesmo o próprio idoso (isto será bem explicado a seguir) poderão violentar o cuidador.

O cuidador pode sofrer violência física ou psicológica por parte do próprio idoso. Sim, o idoso pode agredir verbalmente ou fisicamente o cuidador, principalmente o portador da Doença de Alzheimer (D.A.). Importante esclarecer que o idoso não agride intencionalmente, alguns sintomas da D.A. são as alterações de comportamento, que podem ser caracterizadas por agressividade física ou verbal, impulsividade e violência. O cuidador, principalmente aquele que ainda não está bem informado sobre os sintomas da doença, fica muito assustado quando o idoso apresenta uma dessas reações, em especial quando o idoso não apresentava este tipo de comportamento antes dos aparecimento dos sintomas. Por exemplo, uma pessoa que fora muito delicada a vida toda pode passar a falar palavrões e tentar agredir aqueles à sua volta. Como o cuidador é a pessoa que passa mais tempo junto do idoso não é difícil imaginar que ele será a maior vítima desta agressividade. É importante que o cuidador procure se informar o máximo possível sobre a doença, frequentando os grupos de ajuda mútua, como os oferecidos gratuitamente pela ABRAZ, para que ele possa entender que o idoso não o está agredindo por vontade própria – quem está agredindo é a doença, não o próprio idoso. Além disto, ele poderá aprender a conviver com estas situações, podendo, inclusive, não machucar o idoso e não sair machucado destas agressões inesperadas.

Também não são incomuns situações em que o cuidador sofre a negligência, o abandono e o abuso financeiro por parte dos demais familiares. Infelizmente muitos cuidadores ficam sobrecarregados com a tarefa de cuidar de idosos porque eles acabam assumindo a função sozinhos, com pouca ou nenhuma ajuda dos outros familiares. A família literalmente negligencia não só o idoso que precisa de cuidados, mas principalmente o cuidador, que não tem condições de exercer uma tarefa tão árdua sozinho. O cuidador também pode ser vítima de abuso financeiro, pois além de cuidar sozinho, em muitos casos ele acaba arcando com as despesas sozinho também. E pior, em muitas vezes, para tornar-se cuidador em horário integral ele acaba sendo obrigado a abrir mão de seu trabalho, diminuindo assim sua renda, e ainda precisa gastar para cuidar do familiar.

Infelizmente na maioria das vezes este cuidador, sobrecarregado, vitimizado e solitário também se torna vítima do auto-abandono. Ele dedica-se integralmente ao cuidado daquele que precisa, porém deixa sua própria saúde de lado. E para cuidar bem é preciso cuidar de si! O cuidador muitas vezes esquece de ir ao médico para levar o idoso ao médico, não tem tempo de cuidar de sua aparência, pois está muito ocupado com seu familiar idoso, às vezes não sobra tempo para um banho porque o idoso precisa dele em tempo integral e, nos casos mais sérios, dificilmente sobra tempo para comer com tranquilidade e dormir umas boas horas de sono.

Este artigo é, na verdade, um apelo aos cuidadores e familiares. Aos cuidadores, para que fiquem atentos a estas formas veladas de violência, para que solicitem a ajuda de outras pessoas e cuidem-se bem, lembrando-se sempre que cuidar de um idoso demenciado pode ser ainda mais difícil se o cuidador não tiver boa saúde. Um apelo aos familiares, para que se lembrem que o seu parente que escolheu ser cuidador ou foi escolhido para exercer esta função também precisa de ajuda e compreensão. É praticamente impossível exercer esta tarefa sozinho, mas, porém, se cada um fizer a sua parte, todos saem ganhando: o idoso, por gozar da companhia daqueles que ele ama; o cuidador, por se sentir auxiliado e amparado; e os demais familiares, pois assim não restará a culpa ou o peso na consciência de não terem feito nada quando alguém tão próximo necessitou.

COMENTÁRIO DA AUTORA

A difícil lição do aprendizado

Lembro-me de como foi comigo. Sentia muita raiva ao ver que quem sempre me auxiliava, agora precisava de meu auxílio. Eu não tinha mais o meu "porto-seguro" e agora precisava me desdobrar para cuidar dos que antes cuidavam de mim.

GOVERNO INVESTE NA FORMAÇÃO DE CUIDADORES DE IDOSOS

Publicado em junho 30, 2008 por Telma Lomba
Ministério da Saúde

A população idosa brasileira é a sexta mais numerosa do mundo. São 18 milhões de cidadãos acima dos 60 anos, de acordo com dados da Fundação Oswaldo Cruz. Diante do aumento da expectativa de vida e da necessidade de orientar as pessoas que lidam com a terceira idade, o governo federal lançou o *Guia Prático do Cuidador*.

Produzido pelo Ministério da Saúde, o manual, lançado nessa quarta-feira (11/06/2008) em Brasília, traz ilustrações e uma linguagem de fácil entendimento, que permitem aos profissionais da Saúde dar orientações às pessoas que cuidam de idosos, além de proporcionar mais segurança a esses trabalhadores. O material explica, por exemplo, como proceder em caso de engasgo, queda ou maus-tratos.

"O guia vai induzir as Secretarias Estaduais e Municipais a dar mais atenção às pessoas que até então estavam invisíveis, dentro das suas casas, cuidando de seus parentes, muitas vezes, incapacitados. Essas pessoas precisam de maior apoio e de serem cuidadas", disse o coordenador de Saúde do Idoso do Ministério da Saúde, José Luís Telles, em entrevista à Agência Brasil.

A princípio, serão distribuídos 30 mil exemplares a coordenações estaduais de Saúde do Idoso, nas capitais e municípios com mais de 500 mil habitantes e nas escolas técnicas em saúde do Sistema Único de Saúde. De acordo com Telles, a meta do ministério é produzir mais 50 mil exemplares no próximo anos.

A expectativa também é que o guia ajude na prevenção da violência contra idosos. "O guia está trazendo propostas muito importantes para a formação das pessoas. Hoje, um dos investimentos mais importantes em relação à violência contra o idoso é a formação de cuidador", avaliou a professora titular e coordenadora científica do Centro Latino-americano de Estudos sobre Violência e Saúde da Fundação Oswaldo Cruz, Maria Cecília Minayo.

Fonte: Agência Estado

A DIFÍCIL MISSÃO E O APRENDIZADO

Publicado em novembro 16, 2008 por Telma Lomba

É natural que haja sempre a negação e aquela famosa pergunta que surge lá do fundo: "por que eu?", quando uma imensa e pesada missão cai do nada nas nossas mãos – a de cuidar de quem sempre cuidou de nós. A troca dos papéis em que viramos os pais dos nossos pais. Passaremos a proteger quem sempre nos protegeu. Aquela pessoa que era tudo, o exemplo, o nosso porto seguro, se tornou um ser frágil, muito frágil, indefeso e confuso. Mais confusa ainda fica a nossa vida, nossa mente, nossas expectativas, nossos planos para o futuro, nossa vida profissional e sentimental. Só quem passa pela mesma situação poderá entender do que estou falando. É preciso viver junto à loucura para entendê-la, é preciso se despir de qualquer preconceito e de ressentimentos para aceitá-la. É PRECISSO SE ENCHER DE AMOR E PACIÊNCIA para que não haja remorso ou culpa no futuro. É preciso ter coragem de viver o dia-a-dia de uma doença progressiva e ter a humildade diante da incapacidade de mudar essa situação. Com o passar do tempo a aceitação nos trará o conforto, em pensar que afinal, somos capazes sim, de cuidar e de amar incondicionalmente e esse é o maior aprendizado e a maior recompensa é o bem que faz à alma, quando conseguimos driblar os obstáculos, superar a cada dia nossos medos e nossas angústias para cumprirmos nossa missão. Certamente ao final dessa caminhada estaremos sozinhos, pois muitos nos deixarão na estrada, mas isso não vai importar muito pois a alma estará em paz.

www.brasilidosos.wordpress.com

LEITURA PARA IDOSOS ESTIMULA QUE ELES CONTEM SUAS PRÓPRIAS HISTÓRIAS

Valéria Dias / Agência USP

Uma atividade de humanização hospitalar implantada no Hospital das Clínicas (HC) da Faculdade de Medicina da USP (FMUSP) desde abril deste ano tem estimulado os pacientes com mais de 60 anos internados no Instituto de Ortopedia e Traumatologia (IOT). Trata-se da contação de histórias e do incentivo à leitura, iniciativas que, muitas vezes, acabam por levar os pacientes a relembrarem as suas próprias histórias, sua juventude e vivências.

A idéia é da Equipe da Brinquedoteca do IOT, com apoio do Comitê de Humanização do Instituto, coordenado pela terapeuta ocupacional Thais dos Reis Olher. Ela teve a idéia de implantar o projeto e orientou uma das recreacionistas do Instituto, Alexandra Cavalcanti, para que ela fizesse o curso Biblioteca Viva. Trata-se de um programa desenvolvido desde 1995 pela Fundação Abrinq em parceria com o Citigroup, com apoio do Ministério da Saúde, que tem o objetivo de fazer a "mediação" de histórias para o público infantil.

"Mas logo em seguida, o grupo Viva e Deixe Viver, voltado para a infância e adolescência, começou a trabalhar com as crianças do Hospital. Então, para não repetir a mesma atividade, pensamos que poderíamos adaptar os conhecimentos adquiridos no curso Biblioteca Viva para o público da terceira idade", conta Thaís. Segundo ela, existia uma demanda no sentido de oferecer alguma atividade recreativa aos internos desta faixa etária.

Uma vez por semana, Alexandra visita as enfermarias do IOT e se apresenta aos pacientes com mais de 60 anos, explicando como funciona o trabalho. Então ela pergunta se eles querem ouvir alguma história. Em caso positivo, o paciente escolhe se quer que ela conte ou se prefere ele mesmo ler o livro. "Em alguns casos, deixamos o livro com o paciente, que na semana seguinte faz comentários sobre a história", afirma Thais. A atividade é voltada especificamente para o público da terceira idade, mas muitas vezes há um paciente mais jovem no quarto. Nesse caso, ele também é convidado a participar.

Segundo Thais, o resultado é muito bom, pois estimula muito o paciente idoso. Muitas vezes ao ouvir as histórias, ele acaba lembrando de acontecimentos que viveu na juventude, ou de *hobbies* que exerceu ou acaba associando com algo muito próximo e familiar. Então, é comum que eles não apenas ouçam, mas também contem suas próprias histórias de vida. Há ainda aqueles que acabam percebendo que já leram aquele livro. "Muitos deles acabam retomando o hábito da leitura, por vezes abandonado há alguns anos", aponta.

A terapeuta ocupacional lembra que a terceira idade é a faixa etária mais suscetível a quedas e fraturas, motivos que ocasionam a maioria dos internamentos no IOT. "Então essa atividade ajuda os pacientes a amenizarem a internação, já que eles não conseguem esquecer que estão internados, e a tristeza que muitos sentem por estarem com problemas de saúde. Ao relembrar sua própria história, o paciente idoso, apesar de estar fragilizado, muitas vezes com fraturas, percebe que tem um lado saudável ligado a suas memórias de vida", afirma Thais.

Livros, revistas e bíblia

Os livros utilizados na atividade vão desde *O Pequeno Príncipe*, de Antoine de Saint-Exupéry, passando por *Marcelo, Marmelo, Martelo*, de Ruth Rocha, até obras de grandes autores, como Érico Veríssimo. Thais explica que a proposta original é usar livros menores, de 20 a 30 páginas, com muitas ilustrações. Se o paciente gostar, o grupo oferece outra obra com um número maior de páginas para que ele leia até a semana seguinte. Há livros sobre os grandes mestres da pintura (que trazem muitas ilustrações) e sobre personagens de Walt Disney.

"Já tivemos pacientes que perguntaram se tínhamos a Bíblia. Havia um exemplar conosco e deixamos com eles", conta. O grupo também dispõe de revistas de assuntos diversos, desde carros, semanais, de informação, para o público adolescente e até revistas de fofoca. Todo o material é fruto de doação de pacientes e funcionários. São realizados, segundo Thaís, cerca de 50 atendimentos por mês.

Thais comenta que essa atividade fez com que um paciente contasse toda a sua trajetória de internação dentro do Hospital das Clínicas. "Ele falou sobre todos os setores que já havia passado no HC e os motivos das internações. Por fim, disse que o melhor lugar que havia ficado tinha sido o IOT", afirma. Segundo ela, uma das idéias do grupo, para o futuro, é passar a anotar essas histórias para publicá-las, seja interna ou externamente. "Mas por enquanto ainda estamos estudando essa possibilidade, firmando mais o projeto, para empreender a iniciativa", finaliza a terapeuta ocupacional.

www4.usp.br

SOZINHO MAS FELIZ!

Derrubando o pesado estigma social do isolamento, cada vez mais pessoas da terceira idade têm mostrado, na prática, que é possível viver sozinho e bem, compartilhando a vida com amigos e familiares, mas sem a carga da dependência.

Por Christiane Brito

Com o aumento da qualidade de vida é inegável que a população brasileira está vivendo mais e, felizmente, melhor. O que significa também dizer que cresceu muito nos últimos anos o número de pessoas na terceira idade que estão optando por morar sozinhos e criar seus próprios mecanismos para driblar a solidão e encontrar formas saudáveis de ocupar o tempo, mesmo que o cuidado com os filhos e o trabalho fora de casa já não façam mais parte da rotina diária.

E mais uma vez felizmente os estudos nesta direção mostram que a idéia que se tem de que o idoso que mora sozinho é fatalmente uma pessoa infeliz, solitária e isolada está caindo por terra.

Opção pela independência

Preservar a independência e não se sentir incomodando filhos, noras, netos e outros parentes têm sido os dois pilares desse novo comportamento de grande parte dos que chegam à terceira idade com saúde e vitalidade e, por isso, cada vez mais independentes e autoconfiantes. Esta é a conclusão revelada no estudo realizado pelo Centro de Estudos do Envelhecimento da Unifesp, dentro do projeto Epidoso, que analisou o comportamento de um grupo de idosos moradores da Vila Clementino, um bairro de classe média de São Paulo. Para a pesquisadora Sônia Greib, que atuou no projeto nessa população, que chega a uma idade avançada, uma grande necessidade de preservar a independência, mas também ter a certeza de que não estará sendo um incômodo para outras pessoas. No final, isso gera uma força extra que faz com que este idoso reencontre mecanismos para se manter sozinho, estimulando sua capacidade funcional e produtiva. O que é um ponto extremamente positivo para qualquer pessoa, em qualquer situação ou idade.

A importância de contar com a família

Um outro estudo da Faculdade de Saúde Pública da Universidade de São Paulo, em parceria com a Organização Pan-Americana de Saúde (Opas) revelou que aproximadamente 13% dos idosos da capital paulista hoje moram sozinhos. O preocupante, no entanto, é que esta pesquisa mostrou também que a grande maioria sequer recebe qualquer apoio ou ajuda de seus familiares e, com isso, muitos deles se sentem abandonados e, portanto, sofrem com o isolamento nada voluntário. Com isso, o estudo também evidenciou que o problema na terceira idade não está em morar sozinho e sim no fato do idoso se sentir esquecido por seus parentes.

Confirmando essa idéia, a psicóloga e Mestre em Gerontologia pela Universidade Estadual de Campinas (Unicamp) Valéria Bellini Lasca garante que o "idoso pode muito bem morar sozinho, mas ele só não se sente solitário se sabe que tem alguém com quem realmente contar". Segundo ela, mesmo que os familiares sejam muito ocupados e tenham pouco tempo para este idoso, se houver a certeza de que em uma necessidade haverá o socorro imediato, o sentimento de isolamento e abandono não persiste, garantindo assim a possibilidade de uma vida sozinha satisfatória e feliz. Isto porque a psicóloga garante que para o idoso a sua maior valorização está na família, por ter sido em torno dela que dedicou a maior parte de sua vida até então.

Ociosidade pode deprimir

Os vários anos de acompanhamento destes idosos ensinaram também que é de extrema importância que o idoso se mantenha longe da ociosidade, muito comum quando ele vive na casa de parentes onde não tem mais as suas funções diárias. A cabeça ocupada e o corpo em atividade são fundamentais para preservar a saúde física e emocional da pessoa na terceira idade, mesmo que já não precise lutar pela sobrevivência. E os especialistas recomendam ainda que o idoso busque incorporar à sua rotina atividades que lhe dêem prazer ao realizá-la, que combinem com seu jeito de ser e lhe tragam alegria.

As três raízes da solidão na terceira idade

Para a geriatra Louise Montessanti, do Centro de Saúde Escola da Barra Funda da Santa Casa e da Unidade de Referência de Saúde do Idoso da Lapa-São Paulo, as causas da solidão na terceira idade podem ter origem em três grandes problemas:

• Saúde precária – A geriatra observa que muitas vezes o idoso tem problemas sérios de saúde como incontinência urinária ou perda grave da audição, entre outros limitadores e não recebem o tratamento adequado, porque na maioria dos casos, nem chegam a procurar um especialista para identificar as causas do problema e, com isso, "o idoso fica com vergonha de se relacionar", garante Louise, dando como exemplo situações corriqueiras como aqueles casos em que o idoso não ouve direito. "Ele até pode ter vontade de conversar, mas se chateia e perde essa vontade quando percebe que a outra pessoa tem que gritar para que ele ouça", diz.

• Preconceito contra a própria idade – Louise Montessanti chama atenção para o fato de que muitas pessoas não estão preparadas para envelhecer e acabam tendo preconceitos contra elas mesmas. Ela explica que, principalmente os homens, não se preocupam com a terceira idade e quando se deparam com ela têm dificuldades para aceitá-la. "Não querem, por exemplo, ir a um baile de terceira idade e acham chatos os assuntos das pessoas".

Uma saída dessa armadilha é, segundo a geriatra, estar sempre em atividade, procurando algo que dê prazer e que se encaixe com seu jeito de ser. "Por exemplo, um homem que trabalhou a vida inteira na roça, é analfabeto, não vai se dar bem numa universidade para a terceira idade. Ele se sentiria bem melhor participando de um projeto de horta comunitária talvez. Já um senhor intelectual não ia se achar num baile, mas talvez gostasse muito mais das aulas de uma faculdade", sugere.

• Exclusão social – A especialista também aponta uma causa social para a solidão e isolamento na terceira idade. Segundo ela, diferente da criança, o idoso é menos atraente ao trabalho voluntário: as pessoas preferem se dedicar a orfanatos do que a asilos. Com menos programas voltados para atender suas necessidades, muitos idosos acabam se isolando por pura falta de atividade no meio onde vive.

Neste caso, o papel da família ou de quem está mais próximo é fundamental para incentivar este idoso a procurar uma atividade que lhe faça bem.

Viva mais e melhor

A longevidade já é uma realidade e é preciso aproveitá-la ao máximo. Por isso, é bom ficar de olhos bem abertos para alguns detalhes que podem ajudá-lo a tornar sua vida mais plena, saudável e, principalmente, prazerosa. Afinal de contas, quem chegou à terceira idade merece aproveitá-la intensamente.

• Cuide da saúde com atenção, investindo ao máximo na medicina preventiva e mantenha suas consultas sempre em dia.

• Fuja do desânimo e do sedentarismo buscando sempre estar em atividade, de preferência produtiva e prazerosa.

• Não descuide de seus relacionamentos familiares, sociais e, de preferência ame muito, porque faz muito bem à saúde.

• Encare a situação de morar sozinho como uma conquista de independência e autonomia.

• Peça ajuda sempre que sentir necessidade. Afinal, as pessoas estão aí mesmo para ajudar umas as outras.

• Morar sozinho não é sinônimo de viver sozinho, por isso, se isolar, jamais! É fundamental estar sempre atento a novas oportunidades e para isso é preciso se relacionar.

Fontes:

Sônia Greib – Geriatra e pesquisadora do Centro de Estudos do Envelhecimento da Unifesp

Luiz Roberto Ramos – Diretor do Centro de Estudos do Envelhecimetno da Unifesp

Louise Montessanti – Geriatra do Centro de Saúde Escola da Barra Funda da Santa Casa e da Unidade de Referência de Saúde do Idoso da Lapa

Valéria Bellini Lasca – Mestre em Gerontologia pela Universidade Estadual de Campinas (Unicamp)

www.revistamaioridade.com.br

MEMÓRIA E VELHICE: DO LUGAR DA LEMBRANÇA

Maria Leticia Mazzucchi Ferreira

No mundo em que as identidades são construídas e vão se afirmando - em seu passado - os velhos se alimentam e vivem. É sua família, compreendida aqui além do próprio grupo sanguíneo - se aproximando do grupo doméstico - que o velho situa o marco zero de sua vida.

Nas entrevistas realizadas pela autora na cidade de Pelotas (RS) entre os anos de 1993/94 ela pode retratou personagens interessantes de suas próprias vidas...

É no mundo do vivido que as identidades se constroem e se afirmam e é do passado que os velhos se nutrem.

Branca, enfermeira aposentada de 85 anos, que morando sozinha num apartamento no centro da cidade, não tem laços familiares próximos e recorda incessantemente seus pais.

Amélia, de 70 anos, que passou a ter problemas de sono, quando começou a evocar seu passado e pensar o quanto já havia vivido.

Ingrid, descendente de alemães, de 85 anos, separada do marido desde a Segunda Guerra Mundial e que vive com a filha e os netos na casa comprada desde a Década de 40 (quando ela veio da Alemanha) e que representa por sua solidez e estilo de início de século a própria conservação de suas memórias e seu refúgio mesmo, como ela costuma dizer.

Hilda, 80 anos, solteira e que mora na casa construída pelo seu avô e que se orgulha de suas origens nobres, mantidas por casamentos familiares notadamente distintos.

Aline, 94 anos, solteira e professora de inglês aposentada, filha de médico nobre e altruísta, que morreu pobre, por opção e generosidade, mesmo tendo meios de enriquecer.

Lívia, de 88 anos de idade, sempre reclamava das tentativas dos filhos de levarem-na para longe de sua cidade, onde durante 50 anos havia construído sua identidade pessoal, familiar e social - na casa, móveis, objetos e no bairro em que ela mora.

Luzia, com 88 anos, representa toda sua vida como uma luta contra a miséria e o abandono. Vivendo numa casa cedida por antigo patrão, viúva precoce, em uma época difícil, sustentava-se de uma aposentadoria de doméstica e do trabalho de costura autônomo, aprendido na fábrica de acolchoados... O objeto mais importante é colocado no centro de sua moradia, é uma máquina de costura que lhe concedeu certa autonomia, auto-estima e conforto.

Nome, honra, tradição, caráter, moral e retidão - transmitidos por herança e memória.

A família é importante para as recordações, pois é ela mesma o objeto dessas recordações e o espaço em que elas ocorrem.

A memória familiar pode ser por si mesma um poderoso elemento valorativo na afirmação do indivíduo.

A família, observada pelos idosos, desafia soberanamente a linearilidade lógica do tempo - que destina os indivíduos ao desaparecimento absoluto, pois ela representa algo acima desses mesmos indivíduos - permanecendo alem da condição mortal de seus representantes.

Essa imortalidade está simbolizada nas casas, móveis, pertences, fotografias, nome, feitos, renúncias e nas vitórias cotidianas dos antepassados mais próximos.

Os momentos revividos pela memória dessas velhas, evocando cenas, personagens e fatos banais de seu cotidiano passado, trazido com fluência e desenvoltura para seu presente.

Os objetos vão funcionando como emblemas, que distinguem os indivíduos e lhes fornecem reconhecimento social, envolvidos por sua vez em tramas sentimentais, evocadas pelo rico simbolismo desses objetos, enriquecidos pelas palavras.

São esses os chamados "objetos biográficos", que possuem uma riqueza afetiva sem igual para seu possuidor, por reconstruírem seu passado e não passarem para outra geração, a não ser como recordação de seu possuidor.

O espaço das memórias dos indivíduos, é um espaço de interação, criando uma moldura social, trazida a tona pela rememoração, que impedem a desvinculação, desfiguração e despersonalização desse mesmo indivíduo, na decadência biológica em que ele ou ela – velho ou velha – se defrontam em seu dia a dia.

CHEGANDO PRA IDADE

Alda Britto Da Motta

A conspiração do silêncio e do descaso pelos velhos está começando a mudar.

Essa mudança está ligada, no mundo todo, ao significativo aumento do contingente de velhos, à diminuição da taxa de fecundidade e extensão da expectativa de vida.

O significativo despertar dos velhos para a participação social e política em defesa de seus interesses próprios – com a formação e organização de associações e federações de aposentados.

Em 1992, na famosa luta dos 147%, os velhos viraram... a vanguarda do Brasil! Quem diria? Então eles finalmente se tornam uma questão nacional!

O que significa o velho na sociedade e a sociedade para o velho?

Cada sociedade, em diferentes momentos históricos, vão atribuindo um significado específico para as várias etapas do curso da vida dos indivíduos – infância, juventude, maturidade e velhice. Essas categorias são bastante arbitrárias e variam de acordo com as relações construídas num tempo social dinâmico e mutável, não ficando presas a bases biológicas ou aptidões e possibilidades reais.

Em nossa sociedade específica, quando é somada a cessação do compromisso de trabalho e a diminuição das obrigações familiares os indivíduos começam então a se dirigirem à chamada "velhice social".

É muito difícil definir-se "velhice" – porque, justamente, o envelhecimento não é um processo homogêneo – nem com relação às funções do corpo, nem com relação ao papel social do velho e muito menos no terreno das representações mentais. A idéia de velhice também é flutuante.

Recorrência constante aos mecanismos de resistência ao envelhecimento

Entre esses mecanismos está o autoconvencimento da negativa da velhice, que sempre tende a ser vista como negativa, política e existencialmente, dificultando o indivíduo velho em tomar consciência e lutar por sua cidadania específica.

No âmbito das diferenças sexuais, o trabalho doméstico para as mulheres idosas é visto como libertação, manutenção preponderante de sua autonomia e independência – que de alguma forma "desnaturalizam" a velhice. Enquanto que os homens nesse âmbito ficam mais dependentes.

O lazer em grupo é um outro fator importante, torna o velho mais dinâmico – dando-lhe um papel próprio e mais "moderno" de velho dos novos tempos, cria uma alternativa em sua auto-imagem – negando sua mesma velhice.

O conceito de Terceira Idade se expressa de modo diferenciado entre homens e mulheres.

Enquanto para o homem de Terceira Idade a velhice o transfere de um mundo amplo e público para um mundo cada vez mais doméstico, no caso da maioria das mulheres velhas, elas se vêem num estágio final de um interminável *continum* doméstico – que começou muito lá atrás em suas adolescências.

Quando as velhas de classe média se percebem muito mais diferenciadas que suas mães e avós – com uma auto-imagem de tristeza e infelicidade –, elas se vêem com amplos e inusitados recursos, que sua independência de velhas do século XXI lhes proporciona...

Como viverão suas filhas e netas quando se tornarem velhas?

> Os homens são como os vinhos: a idade azeda os maus e apura os bons.
>
> *Marcus Cícero*

VIVER MUITOS ANOS

Jacques Leclercq

Segundo a tradição cristã o mês de novembro é consagrado especialmente aos nossos queridos defuntos. Enfeitam-se as campas de flores e nas igrejas celebram-se missas pelas almas do Purgatório.

É também tempo de pensar particularmente, não só nos nossos falecidos, mas na nossa morte, na nossa condição humana de mortais e no que isso representa em nossa vida.

"Viver muitos anos"

Numa tarde de Ano Novo, passeava eu pela estrada e, ao passar por uma casa, vi aproximar-se uma família: pai, mãe e dois filhos. Estes corriam na dianteira ao encontro da avó, que saía de casa, e gritavam com toda a força os seus votos de felizes festas. A anciã repetia e completava: "Por muitos anos! Muitos anos de vida!"... E insistia: "Muitos anos de vida!".

Viver muitos anos... Primeiro viver... Ser feliz quanto possível... Mas o essencial é viver... Só temos uma vida...

Recordo terem-me ensinado, quando eu era menino, que há duas vidas: a presente e a futura depois da presente. Por que se diz então que só há uma vida? Porque toda a gente o diz, até os cristãos.

"Viver muitos anos!"... Não teremos coisas mais importantes para ensinar às crianças? Jesus morreu aos trinta e três anos; Pascal aos trinta e nove; São Tomás de Aquino aos quarenta e nove; Santa Teresa do Menino Jesus aos vinte e quatro; São Francisco de Assis aos quarenta e quatro; Alexandre Magno aos trinta e três. E não parece que tenham sido vidas malogradas. E lembro-me com pesar de certas vidas longas que se apagaram na noite da caquexia.

Não seria mais importante viver bem do que viver muito tempo? É certo que uma coisa não exclui necessariamente a outra. Mas, na verdade, terá grande importância viver muitos anos?

Ainda se fôssemos felizes!

Mas também a felicidade não é o fim da vida. Devemos esforçar-nos por ter vida bela ou vida feliz?

Uma vida longa muito confortável, num estado de semi-consciência, ao abrigo de todo o perigo e de toda a emoção forte, poder-se-á chamar vida bela? Consistirá nisso a felicidade?

Viver bem!

O nosso tempo perturbado é próprio para estas considerações. A bem dizer, quase nos obriga a isso. A morte, que noutros tempos parecia abstrata aos que tinham saúde, tornou-se ameaça constante.

...

Perigos na terra, perigos no ar, perigos ao mar. Não há segurança em parte alguma. O melhor é encarar a morte de frente.

Custa muito morrer e parece que não custa menos morrer tarde. Viver muito tempo é simplesmente morrer mais tarde.

Talvez fosse melhor não morrer, mas já que todos temos de dar o passo fatal, será realmente importante dá-lo um pouco mais tarde?

Pelo menos não é mais fácil, porque os que costumam assistir aos moribundos, dizem que os velhos aceitam a morte mais dificilmente do que os novos.

"Viver muitos anos!". Mas a vida nunca é longa. Lembro-me de uma velha tia que tinha mais de oitenta anos e me afirmava: "Dizem que sou velha, mas quando me recordo da minha infância, parece que foi ontem". E o cardeal Mercier, com 74 anos, à hora da morte, dizia aos seus familiares que era duro partir, quando havia ainda tanto que fazer neste mundo...

O que é curto não é viver mais ou menos anos: é estar no tempo, ser finito, quando se têm aspirações de infinito, ter um fim quando não se deseja terminar e quando se sabe o que é terminar.

Os animais não o sabem; acabam sem o saber, e a aspiração da maior parte dos nossos contemporâneos é acabar como os animais. O primeiro cuidado dos que assistem aos doentes consiste em despertar neles a consciência do seu destino eterno.

O nosso tempo fez um esforço imenso para prolongar a vida, e conseguiu-o. A duração média da vida do homem duplicou desde há meio século, nos nossos países. Não custa tanto morrer? Terão os homens menos medo? Nunca tiveram tanto.

É sempre demasiado cedo para morrer. Parece que quanto mais se vive, mais se deseja viver. Prolongar a vida não resolve nada.

Aquele que vive oitenta anos não julga ter vivido mais do que aquele que viveu vinte e se o homem pudesse viver cem ou duzentos anos, a situação seria a mesma.

Seja qual for o dia em que a morte se apresenta, o homem dirá sempre: "Já?".

Só temos uma vida; é verdade, em certo sentido pelo menos. Só temos uma vida neste mundo para a empregarmos bem. Mas o emprego da vida é diferente da sua longevidade. "Viver muito tempo?". Não. Viver bem.

Uma vida bem empregada pode ser breve. Uma vida mal empregada pode ser longa. A infelicidade não consiste em morrer jovem, mas em morrer mal.

E mais ainda: a infelicidade é viver mal.

Não que tenhamos o direito de nos matar, mas temos obrigação de trabalhar em tudo quanto seja da vontade de Deus. Pode suceder que no desempenho da nossa missão a vida seja abreviada.

...

Viver muitos anos? Não, viver bem, ter vida feliz e ter a consciência, à hora da morte, de se ter sido servo bom, de se ter feito frutificar em frutos de eternidade os talentos recebidos. Aqui os talentos são os anos da vida: uns recebem mais, outros menos, mas a recompensa será para todos os que utilizaram a existência na proporção do que receberam.

...

A vida longa é um bem, contanto que seja fecunda em sabedoria e boas obras, porque o valor da vida se mede mais pela sua fecundidade do que pela sua longevidade. Cada qual deve aspirar mais a uma vida bela do que a uma vida longa.

É preciso semear ainda para a eternidade em nós. E nós semeamo-la em nós quando a semearmos no mundo, entre nossos irmãos.

Jacques Leclercq – Sociólogo, professor da Universidade de Lovaine, membro da "Libre Academie de Belgique".

Extraído do livro: *Valores cristãos,* 2ª Ed. São Paulo: Editora Quadrante, 1987. Publicado no Portal da Família em 31/10/2007.

www.portaldafamilia.org.br

VOCÊ AINDA É REALMENTE JOVEM?

Christian Barbosa

Você acha que a vida está passando rápido demais? Não tem tido tempo para aproveitar as coisas que você gosta? Faz tempo que não tira um tempo para você? E aquele livro que você queria ler, ficou para depois? Não fique preocupado se você disse sim a pelo menos uma das perguntas acima, você não é o único.

Essa sensação de que a vida está passando e você não está aproveitando está se tornando cada vez mais comum. Isso reflete a falta que faz atividades importantes no seu tempo.

Importante é algo que irá trazer um benefício real para você a curto, médio ou longo prazo. Pode ser uma atividade de lazer, intelectual, emocional, social, espiritual, familiar, profissional etc. O que pode ser importante para você, pode não ser para mim. Não importa o que é que você irá fazer, importa o efeito que isso vai causar para você.

Quer ouvir uma música? Ver um filme? Dar um grito? Dar um abraço? Dizer que ama alguém? Contar uma piada? Fazer uma massagem? Tomar um drink? Ler aquele artigo interessante?

O que você pode fazer de importante por você agora? Que tal parar por 3 minutos e fazer algo simples, mas importante para você?

Sabe o que é pior disso tudo? É que viver o importante é tão óbvio, tão simples e prazeroso de fazer, que sempre é negligenciado, adiado em função da última urgência ou da nova circunstância.

Você não precisa administrar seu tempo! Você precisa administrar a importância na sua vida! Você já está cheio de urgências e circunstâncias, mas faltam momentos importantes para curtir.

É comum ouvir as pessoas falarem que depois dos 20 anos o tempo voa! Eu não me conformo com essa frase. Em outras palavras esse chavão quer dizer: "quando eu era jovem curtia a vida e agora sou um escravo das urgências."

É fácil lembrar da juventude, afinal foram tantos momentos importantes. A vontade de descobrir o mundo, a impulsividade, a paixão, as baladas com os amigos, os livros, as músicas. Resumindo: você estava feliz, alegre e vivo!

O que mudou? Você deixou a rigidez da responsabilidade envelhecer a sua juventude? Os problemas controlarem sua alegria? A gordura estragar sua saúde? A urgência sobrepujar a importância?

Eu não vou deixar o jovem que habita em meu ser envelhecer! Simplesmente eu não aceito essa condição. Quando eu for idoso (e isso chegará para todos, graças a Deus!), nunca direi que sou "velho". Falo para todos que sou um jovem reciclado! Eu vou manter a importância da chamada juventude acesa para todo o sempre.

Olhe para a sua agenda da próxima semana. Tem algum dia livre? Que tal agendar um compromisso inédito e especial: reunião com O Meu Jovem! – uma hora deve ser suficiente para começar. Durante essa hora, fuja do escritório, da rotina, da urgência e faça algo importante para você. Curta sua juventude (com responsabilidade é claro – afinal você amadureceu!).

Pablo Picasso dizia que demora muito tempo para se ficar jovem. Se isso for verdade, então você está na infância e começando a entrar na juventude. Mas permita-se crescer na escola da importância para viver a velhice do resultado.

Faltam poucas semanas para 2010, o que você vai fazer de importante por você esse ano? Ainda dá tempo! Você tem muitos horários para a reunião com o jovem dentro de você!

Christian Barbosa é especialista em administração de tempo e produtividade, autor dos livros *A Tríade do Tempo* e *Você*, entre outros.

www.riototal.com.br (feliz idade)

VOCÊ SE CONSIDERA JOVEM OU VELHO?

por Monica Aiub

"Porque se chamava moço
Também se chamava estrada
Viagem de ventania...

Porque se chamava homem
Também se chamava sonhos
E sonhos não envelhecem..." (Milton Nascimento e Lo Borges, Clube da Esquina 2)

Encontrando amigos, o leitor percebeu-se distante deles. Diziam-se velhos, envelhecendo. Pareceu-lhe que eles haviam pulado de um patamar a outro na existência, mas ele não os acompanhava, nem desejava acompanhar. Não conhecia a sensação de envelhecer, não se sentia assim. Sentia-se e sente-se jovem como sempre, e acredita, como seus velhos amigos acreditavam, que "sonhos não envelhecem", e que esses são o alimento da juventude, independentemente da idade. O que fez com que seus amigos desistissem do sonho e envelhecessem?

O que significa envelhecer? Quando se sabe que envelheceu? Pergunta o leitor.

Difícil responder-lhe. Tendo por base a proposta da filosofia clínica, dependeria, em diversos aspectos, das formas como a pessoa pensa, sente e vive tais questões. Alguém poderia responder que envelhecer é um processo constante de degeneração que se inicia com a vida e termina com a morte. Poderia, ainda, descrever sinais evidenciados no corpo, alterações biológicas inevitáveis. Outro alguém poderia afirmar que envelhecer é atingir maturidade, e com isso ser mais seletivo em suas opções, mais sereno em suas posições e mais equilibrado ao agir. Outros, ainda, poderiam afirmar que envelhecer é ter limitações, é ser superado, é ficar ultrapassado. Talvez preparar-se para a morte.

Afirma Simone de Beauvoir em *A Força da Idade*:

"Tinha outra preocupação: envelhecia. Nem minha saúde nem meu rosto se ressentiam; mas de vez em quando eu me queixava de que tudo perdia o viço em torno de mim; não sinto mais nada, gemia. Era ainda incapaz de 'transes' e no entanto tinha uma impressão de perda irreparável. (...) Em derredor, entretanto, a realidade pululava, mas cometi o erro de não procurar penetrá-la; encarava-a dentro de esquema e mitos que se tinham mais ou menos gasto; o pitoresco, por exemplo. Parecia que as coisas se repetiam porque eu mesma me repetia".

Você, independentemente da idade, já sentiu algo parecido? Já viveu a sensação de que tudo perdeu o "viço"? Já se viu preso a armadilhas, esquemas conceituais que lhe impulsionam a repetir tudo da mesma maneira? Os mesmos eventos, as mesmas sequências, os mesmos erros, os mesmos choros, os mesmos risos, os mesmos... tudo?

"Viver é envelhecer, nada mais", diz, mais adiante, Simone de Beauvoir. E isso não implica em perder sonhos, em perder o "viço", em se tornar repetitivo. Do ponto de vista biológico, envelhecemos desde que nascemos, e não paramos de envelhecer. O argumento derradeiro que aponta o envelhecimento como limitação, de um lado; e de outro, como sabedoria, é questionado por Steven Rose no livro *O cérebro no século XXI*.

Rose aponta, como um dos mitos da biologia, o fato de haver perda neuronal com a idade, e indica pesquisas recentes que demonstram que o cérebro possui uma pequena reserva de células tronco que possibilitam a regeneração neuronal. Segundo ele, o cérebro encolhe com a idade, não porque perca neurônios, mas porque as células encolhem ao perder água e os ventrículos e sulcos aumentam. Ele também afirma que os processos hormonais são mais responsáveis pela extensão da morte celular do que a idade. Obviamente, há perda neuronal, há mudanças bioquímicas no envelhecimento. Mas isso não implica em "mudar para pior".

"O que fica claro é por que esses fenômenos de envelhecimento biológico precisam considerar a mudança do contexto social no qual está embutido o ciclo vital de cada pessoa – e, portanto, a vida privada da mente" (ROSE, 2006: 198). Por isso, relembrar a historicidade pode ser um excelente caminho para lidar com tais fenômenos.

Afirmou Andre Gide: "Quando já não me indignar, terei começado a envelhecer". Outros afirmam que nos indignamos porque e quando envelhecemos. O ator John Barrymore afirmou que "O homem começa a envelhecer quando as lamentações começam a tomar o lugar dos sonhos". E não há jovens lamentadores? O que significa, para você, envelhecer? Relaciona-se à idade? Ao desenvolvimento biológico? Ou a formas de vida? Sonhos que "não envelhecem"? Lamentos sem fim?

Seja qual for sua resposta, você deseja ou não envelhecer? No livro citado, Steven Rose indica atividades para a manutenção do sistema neuronal ativo, que podem ser desenvolvidas de diferentes maneiras, de acordo com as necessidades e disposições de cada um.

Após esta brevíssima exposição, pergunto ao leitor: é possível rejuvenescer com o passar do tempo? Isso indicaria algo sobre o tempo? Ou sobre suas formas de vida? Você deseja envelhecer ou manter-se jovem? O que precisaria fazer, em cada caso?

Pergunto ainda: o que fez com que seus amigos mudassem de patamar existencial e ele optasse pela não mobilidade? Seria imobilidade ou simplesmente a aceitação de sua impossibilidade em conviver com essas ideias. Para a filosofia clínica cabe estudar as possibilidades. A questão é: você deseja as opções que se apresentam no caminho? Como será caso as aceite? E se não aceitar?

Talvez estejamos tão ocupados com as demandas contemporâneas que tenhamos esquecido de envelhecer, ou talvez tenhamos optado por não envelhecer. Talvez já tenhamos envelhecido e não percebamos. O que você pensa sobre o assunto? Você é jovem ou velho? Qual o critério utilizado para responder?

Referências Bibliográficas:

AIUB, Monica. *Para entender Filosofia Clínica: o apaixonante exercício do filosofar.* Rio de Janeiro: WAK, 2008.

BEAUVOIR, Simone. *A força da idade.* Rio de Janeiro: Nova Fronteira, 1984.

ROSE, Steven. *O cérebro no século XXI: como entender, manipular e desenvolver a mente.* Rio de Janeiro: Globo, 2006.

www2.uol.com.br/vyaestelar

TERCEIRA IDADE É A MELHOR IDADE

Publicado em julho 15, 2009 por Telma Lomba

A maioria das pessoas ao entrar na terceira idade já está aposentada ou se aposentando, e muitas delas acabam gastando todo seu tempo em atividades que não estimulam nem o corpo e nem a mente. Essa falta de estímulo faz o cérebro desacelerar trazendo problemas de memória, o raciocínio fica lento e acaba-se perdendo contato com outras pessoas, interagindo menos socialmente. E é por isso que muitas pessoas associam terceira idade com velhice e incapacidade de fazer atividades.

O Supera trabalha exatamente nesses pontos, pois a terceira idade deveria ser a fase mais proveitosa da vida. A terceira idade é definitivamente a Melhor Idade, pois a pessoa já trabalhou muito, tem experiência de vida e pode finalmente se dedicar mais ao lazer e atividades que trazem prazer e motivação. E para isso acontecer a pessoa deve estar fisicamente e mentalmente saudável.

Atualmente a expectativa de vida do ser humano tem aumentado, a medicina está mais avançada e as pessoas se preocupam mais com a saúde. No Brasil a expectativa de vida é superior a 72 anos e segundo o IBGE (Instituto Brasileiro de Geografia e Estatística) o número de idosos no país já ultrapassa 14 milhões, sendo 8,6% da população total do país. Estima-se que nos próximos anos o número de pessoas da terceira idade corresponda a 15% da população total do Brasil.

Em países desenvolvidos como os Estados Unidos, por exemplo, devido às condições econômicas favoráveis, as pessoas da terceira idade tem uma vida mais confortável aumentando até mesmo a expectativa de vida. Os norte-americanos valorizam a terceira idade e se preparam desde cedo para ter uma velhice confortável, já fazem planos para a aposentadoria. É comum ver grandes grupos de idosos fazendo turismo. A terceira idade em países desenvolvidos é valorizada, as pessoas são disputadas como consumidores e eleitores. Existem diversos serviços voltados especialmente para este público que vem aumentando no mundo todo. No Brasil a valorização, respeito e cuidados com idoso estão apenas começando, mas devido ao crescente número de idosos no país espera-se que isso progrida em pouco tempo.

Preocupado com isso o Supera desenvolveu atividades voltadas para a terceira idade que ajudam na vida prática dando mais segurança para essas pessoas desempenharem quaisquer funções, seja socialmente, no trabalho ou no dia-a-dia. São turmas especiais e professores altamente capacitados que estimulam e trabalham as diversas habilidades do aluno.

"Eu tinha me aposentado e estava muito parada, ficava em casa o dia todo. Comecei a procurar algo para fazer que fizesse bem e ocupasse a cabeça, e foi aí que achei o Supera. Já estou há dois anos estudando, tento ser o mais assídua possível. Melhorou muito meu dia-a-dia, meu raciocínio, minha concentração, nas tomadas de decisões e para resolver os problemas que surgem", diz a aluna Lydia Lumi Sasaki, de 59 anos.

Sete benefícios que o aluno da terceira idade adquire ao estudar no Supera: 1 – Melhora o raciocínio lógico e o pensamento lateral. | 2 – Melhora a coordenação motora. | 3 – Melhora a memória. | 4 – Previne doenças degenerativas. | 5 – Melhora a auto-estima. | 6 – É uma ocupação saudável nas horas de lazer e traz qualidade de vida. | 7 – Promove a interação social.

As aulas no Supera têm duração de duas horas semanais e o curso todo varia de um a três anos, dependendo do desenvolvimento individual. As ferramentas utilizadas são:

• Aritmética Mental através do Ábaco – Desenvolve o raciocínio lógico e pensamento lateral, aumenta a velocidade de raciocínio, melhora a coordenação motora e a concentração.

• Desafios Lógicos e Jogos – Trabalha o cérebro de diversas formas, aumentando a capacidade de absorção de conteúdo, ajuda a enxergar novos caminhos e soluções para problemas.

• Neuróbica (Ginástica para o cérebro) – Desenvolve o cérebro trabalhando partes menos utilizadas. Os exercícios podem ser feitos também em casa.

• Dinâmicas em grupo – Tem o intuito de desenvolver no indivíduo a liderança, capacidade de expressão, segurança, auto-estima e relacionamento interpessoal – competências fundamentais para uma vida plena e feliz.

Supera não é apenas exercício para o cérebro, é trazer benefícios reais para a vida prática, é cuidar da saúde mental, física e emocional para que as pessoas possam desfrutar plenamente a Melhor Idade.

Fonte: Revista Fator

www.brasilidosos.wordpress.com

O erro só é bom enquanto somos jovens. À medida que avançamos na idade, não convém que o arrastemos atrás de nós.

Johann Goethe

TERCEIRA IDADE PODE EXIGIR 'ARRANJOS DE VIDA'

por Elisandra Vilella G. Sé

Até chegar à velhice passamos por muitas transformações. As transformações do corpo, da saúde, da vida familiar, das aspirações, da liberdade de escolhas, enfim, todo tipo de mudança que acaba pedindo outras mudanças na vida. A amplitude das transformações do desenvolvimento, na espécie humana, é muito maior do que nas outras espécies. Desde a dinâmica do crescimento e do declínio no curso de vida a pessoa fica diante de vários desafios. Podemos dizer que envelhecer significa transformação.

Chega um momento na vida que às vezes torna-se necessário rever o lugar onde mora, com quem mora, do que você mais necessita e quais decisões tomar. O lugar onde se vive, com quem vive e como vive é importante para a saúde e o bem-estar psicológico. Por isso, é importante dedicar uma reflexão sobre esse assunto. Assunto que interessa a todos nós seres humanos que envelhecemos. A decisão de realizar arranjos na vida não é fácil e causa muitas vezes um grande dilema.

É importante avaliarmos as nossas necessidades, aspirações, metas de vida, grau de autonomia, tomada de decisões, capacidade de adaptação e como lidamos com a realidade das mudanças ao longo da vida. Esses são aspectos que devem ser levados em consideração quando precisamos fazer um remanejamento na vida prática.

O ajustamento à aposentadoria e às perdas de papéis sociais, à viuvez, ao declínio da saúde, às incapacidades físicas, problemas financeiros, são as principais tarefas que exigem reorientação.

Alguns eventos vivenciados na velhice requerem um aumento na capacidade de reserva e de resiliência para que o funcionamento adaptativo possa se manter. Capacidade de reserva implica em recursos psicológicos que podem ser ativados e resiliência diz respeito ao potencial para a manutenção e a recuperação dos níveis de adaptação normal. Ter que fazer rearranjos na vida na velhice pode ser que enfraqueça ou esgote os recursos internos e externos da pessoa idosa. Se uma pessoa tiver que lidar ao longo da vida com muitas perdas, provavelmente ela terá menos reservas disponíveis para investir em seu desenvolvimento.

Entretanto, isso não significa que os fatores protetores não operam na velhice, ou que os recursos estão completamente esgotados. A questão geral é a busca do equilíbrio entre ganhos e perdas ao longo da vida. A capacidade de renunciar ou dar pouca importância àqueles papéis e compromissos que deixaram de ser úteis, para investir em outros, mais sintonizados com as atuais condições de vida, parece atuar como fator protetor na velhice. É importante saber selecionar e restabelecer prioridades.

Assim, a capacidade de ajustamento dos níveis de aspiração é um domínio importante desenvolvido no curso de vida. Idosos alteram seus níveis de aspiração em determinados domínios de funcionamento a fim de se adaptarem às mudanças e transições da vida. Muito frequentemente esse ajustamento é baseado em processos de comparação social. São selecionados novos grupos de referência com o intuito de reorganizar padrões pessoais de avaliação. A pessoa pode, por exemplo, comparar-se a subgrupos específicos, tais como pessoas da mesma idade. As comparações sociais também desempenham um importante papel na avaliação do investimento em metas de vida.

De modo geral, a seleção de grupos e redes de relações é um importante mecanismo protetor, no sentido do manejo de ganhos e perdas. Entretanto, é preciso saber viver com a diversidade e exercer a geratividade, o intercâmbio geracional, valorizar seus descendentes.

Revisão de vida

A revisão de vida também pode ajudar na adaptação na velhice. Ela também tem uma função protetora, facilitando o indivíduo a se reconciliar com seu passado e ajudá-lo na identificação do sentido de vida. Pesquisas gerontológicas mostram que idosos que se dedicam a fazer revisões de vida exibem mais satisfação com a vida e menos depressão. A revisão de vida tem sido sugerida e utilizada como recurso terapêutico para a otimização e a melhoria da adaptação na velhice.

Enfim, são inúmeros os mecanismos envolvidos na adaptação que facilitam o individuo a manejar suas emoções e realizar novos arranjos de vida para o seu bem-estar na velhice. Além disso, existem os fatores externos do nosso ambiente simbólico que podem auxiliar na adaptação, contando com a ajuda de familiares e apoios externos.

Quanto às dificuldades da moradia, a pessoa pode reformar acomodações, tornando uma casa mais conveniente para as atuais necessidades, pode-se buscar conselhos e auxílio de profissionais. No caso de uma casa grande, existem famílias que optam por vender e comprar uma menor, investindo o resíduo da transação para proporcionar um suplemento de renda.

Idoso: Morar sozinho, mas perto da família

A necessidade de oferecer cuidados aos membros idosos da família às vezes requer uma mudança da família para perto da casa. Assim, as responsabilidades relativas à família não desaparecem e os laços familiares podem permanecer mesmo o idoso morando sozinho. Entretanto existem casos que as acomodações já não convêm às suas necessidades, são os casos em que é preciso concentrar na adaptação ou melhorando aquilo que já possui, ou até mesmo surge a necessidade de mudanças para casa dos filhos. A segurança é mantida pela familiaridade, porém a coabitação é saudável se o relacionamento anterior com a pessoa foi bom.

É importante ressaltar que quem está feliz em suas atuais acomodações deve fazer uma lista das boas coisas de que está usufruindo e que não poderá transportar. As boas memórias conservam-se vivas em ambientes familiares. É importante valorizar o estilo de vida preferido, se a pessoa é sociável, independente, se gosta do apoio alheio, se acha prazer na vida do campo ou na cidade. Todas essas decisões são muito pessoais, mas que devem ser tomadas com cuidado no caso de mudanças por motivos diversos. É necessário exercer com cuidado a reflexão de sua liberdade de escolha.

Um fator principal é o apoio que o indivíduo necessita e estar atento às necessidades de emergência, saber quais as emergências mais comuns à pessoa idosa, merecendo cuidados especiais, se tem hipertensão arterial, se está debilitado com alguma doença crônica, pessoa idosa pode ter pneumonia sem ter febre, prevenir quedas, cuidados com uso de medicamentos, disfagia (engasgos frequentes), desorientação temporal e espacial, necessitando de cuidados ao sair sozinho, mudanças de comportamento, sangramentos, etc.

Saber onde e como procurar os recursos da comunidade e das instituições também é uma boa opção para o envelhecimento saudável. Para a promoção da saúde do idoso surgem cada vez mais programas e serviços públicos e privados. Alguns destinados somente à pessoa idosa e outros à pessoa e à família. Assim, têm origem os grupos de convivência, oficinas de memória, faculdades abertas à terceira idade, hospitais dia, recursos que proporcionam assistência, ressocialização e atividades variadas. Com isso o idoso exerce a mobilidade, a independência, as tomadas de decisões e novos aprendizados.

A decisão de refazer arranjos de vida não é fácil, muitas vezes causa conflitos de interesse e contradições. Mais o importante é saber analisar o que é para o seu bem-estar e funcionalidade. Quanto maiores forem os seus recursos pessoais, sociais e psicológicos, maiores serão as oportunidades e capacidades de adaptação. Adaptar-se às mudanças e transformações da vida é uma questão de maturidade.

www2.uol.com.br/vyaestelar 29/06

A IDADE DA CULTURA

Por Giliane Greff

Foi-se o tempo em que ao chegar aos 60 anos pensava-se em somente na aposentadoria que trazia de brinde um par de chinelos e pijamas e uma cadeira de balanço. Com o aumento da qualidade de vida a sociedade passou a valorizar mais aquelas pessoas que chegam à terceira idade. Hoje, quem está nesta etapa da vida percebe que há tempo de sobra e muita coisa interessante para fazer e parte em busca de diversão, entretenimento e novas amizades.

Aqui no Rio Grande do Sul há vários programas especiais para a terceira idade, especialmente em universidades.

Após a morte do marido, Nair Gomes sentiu-se muito sozinha e ficou sabendo do programa Ulbrati (Ulbra para a Terceira Idade). "Quando comecei a participar encontrei amigas que me ajudaram e hoje somos como uma família" declara ela. O programa Ulbrati nasceu há 10 anos com o objetivo de reunir saúde, atividades esportivas, diversão e passeios. As reuniões acontecem duas vezes na semana, na terça-feira há uma palestra com geriatra ou psicólogo e às quintas-feiras acontecem as gincanas e voleibol especial para a terceira idade. Para a coordenadora do programa, professora Gricelda Azevedo, a atividade física é importante nessa idade e também serve para aumentar a auto-estima pois eles participam de torneios de vôlei com outros grupos e já ganharam até campeonatos. Maria Araújo, umas das fundadoras do programa, hoje com 80 anos, sente-se feliz em fazer parte da equipe e diz que conheceu muitas capitais brasileiras e o Natal Luz em Gramado com o grupo.

A Pontifícia Universidade Católica do RS, a partir de um projeto de estudos em cima do processo de envelhecimento, criou o Programa Geron em 1998. O objetivo é organizar informações e conteúdos teórico-práticos para um envelhecimento saudável, produtivo e bem-sucedido.

Por intermédio das faculdades de Serviço Social, Psicologia e do Núcleo de pesquisa, esse programa tem inúmeras atividades, entre elas o Coral da Totalidade que trabalha a voz e reeducação da postura.

Também há o projeto Matiné das Duas. Após assistir um filme sobre determinado assunto o grupo discute e faz comentários. Trocando Idéias é o projeto que leva o grupo a reunir-se em algum lugar especial, pode ser uma exposição de arte ou um parque para falar sobre um tema pré-definido. O programa Geron também possibilitou para seus integrantes a oportunidade de escrever um livro sobre a qualidade de vida na terceira idade. O livro Envelhecendo com Qualidade de Vida foi lançado na feira do livro de Porto Alegre em 2001 e não parou por aí, em 2002 foi lançado outro livro intitulado *Envelhecimento Bem Sucedido*.

Gisele Varani, coordenadora do Programa Geron, considera muito importante a universidade dedicar este espaço para ajudar estas pessoas. "Qualquer pessoa com mais de 50 anos tem entrada livre nos nossos programas", afirma ela.

A Universidade Federal do Rio Grande do Sul, vinculada ao Instituto de Psicologia, criou a Uniti (universidade na terceira idade) que aceita pessoas idosas acima de 50 anos e procura resgatar a atuação do cidadão consigo mesmo e com a sociedade. Seu foco está voltado para ações que priorizam o trabalho voluntário e comunitário como forma de contribuição e produção social.

Durante a semana funcionam diversas oficinas em diferentes dias e horários e são escolhidas conforme o interesse de cada um. As oficinas promovem a produção de livros, projetos culturais, eventos, cinema, oficina do corpo, artesanato e música e são coordenadas pelos próprios alunos.

A Uniti foi criada em 1990, através da professora Odair Perugini que já tem vários livros publicados, entre eles: *Envelhecer um encontro inesperado?*, *Velhice que idade é essa?*,

Sobre A Vida: envelhecer no tempo e no espaço. Odair é professora aposentada da Ufrgs, Gerontóloga e Doutora em Pedagogia.

Mas não são apenas as universidades que desenvolvem projetos para a terceira idade. Há vários grupos e casa lar dedicados a ser mais uma opção de lazer e cultura para este público.

Em Porto Alegre, a Secretaria Municipal de Cultura tem desenvolvido um projeto que busca despertar a capacidade de cada indivíduo para ser criador e protagonista de sua própria história.

Por meio da oficina de música e Literatura realizada no bairro Cristal, foi criado o grupo de teatro para a terceira idade Cheiro de Hortelã. O grupo apresentou em maio a peça *Tenda da Lua Cheia*, uma reflexão de nove mulheres da terceira idade que fazem uma viagem ao seu mundo interior. A partir de um diálogo entre a realidade e o imaginário, visitam seus ciclos de vida e provocam uma verdadeira reflexão de ganhos e perdas ao longo de suas vidas.

www.portaldoenvelhecimento.ne

DIREITOS

DIREITOS DOS IDOSOS

Introdução:

Segundo a Organização Mundial de Saúde (OMS) a terceira idade é considerada a partir de sessenta anos, quando então há necessidade da pessoa receber mais atenção, ante as transformações fisiológicas que começam a se acentuar. A legislação brasileira acompanhou a orientação da citada entidade estipulando o mesmo limite inicial de idade (art.2º, Lei 8.842, de 04.01.94).

Porém, com o desenvolvimento da medicina e da tecnologia, bem como da consciência social, os idosos passaram a ter melhor qualidade de vida, consequentemente maior perspectiva de vida, e a gozar de mais respeito social, o que os têm tornado mais capacitados socialmente.

Atualmente os idosos representam uma grande força de trabalho, o que vem sendo reconhecido principalmente nos países mais ricos. São milhões deles que viajam pelo mundo todo, surgindo cada vez mais agências de turismo, hotéis, casas de espetáculos especializados na terceira idade, representando um grande potencial econômico. Milhões de idosos aposentados retornam ou iniciam alguma atividade laboral, contribuindo assim para o sustento do lar e para o giro da economia.

Outros milhões de idosos têm se dedicado às causas filantrópicas relacionadas a inúmeras áreas, no que são extremamente úteis já que sua experiência e disponibilidade de tempo são fatores que os diferencia dos mais jovens.

Na área ambiental existem muitos idosos que vem colaborando para a preservação das florestas, da biodiversidade, do patrimônio cultural etc. A participação do idoso nesta área é importantíssima, daí porque é necessário que ele tenha conhecimento de seus direitos enquanto cidadão, pois só assim poderá exercer plenamente a cidadania ambiental e contribuir para o almejado desenvolvimento sustentável.

Constituição Federal:

- Art.1º,III e art.3º, III e IV: dignidade, isenção de preconceito e erradicação da desigualdade.
- Art.230: "a família, a sociedade e o Estado têm o dever de amparar as pessoas idosas, assegurando sua participação na comunidades, defendendo sua dignidade e bem-estar e garantindo-lhes o direito à vida".
- Lei 8.842, de 04.01.94 (regulamentada pelo Dec. 1.958, de 03.07.96). Dispõe sobre a Política Nacional do Idoso.
- Lei 10.741, de 01.10.03 – dispõe sobre o estatuto do idoso e dá outras providências.
- Há ainda algumas leis municipais sobre benefícios aos idosos em várias cidades do Brasil.

Política Nacional do Idoso (instituída pela Lei 8.842, 04.1.94).

Objetivos (art.1º):

- assegurar os direitos sociais do idoso;
- promover a sua autonomia, integração e participação efetiva na sociedade.

Princípios (art.3º):

- o amparo social;
- garantia da cidadania, da participação, da informação;
- a proibição de discriminação;
- a destinação das transformações da política do idoso; e,
- a observação da disparidade socio-econômica na aplicação das leis.

Diretrizes (art.4º):

- viabilizar as formas de participação e integração;
- garantir a participação social;
- descentrar a política administrativa;
- melhorar a capacitação técnica direcionada ao idoso;
- divulgar e informar sobre os idosos;
- priorizar o atendimento ao idoso;
- apoiar educacional e científicamente as questões relativas aos idosos.

Esta legislação prevê também a co-participação dos conselhos nacionais, estaduais e municipais na promoção social em relação ao idoso (art.5º), bem como elenca as competências das várias áreas e seus respectivos órgãos, como por exemplo na saúde, educação, habitação etc. (art.10º). Nesta relação do que compete aos órgãos e entidades públicas encontram-se importantes e interessantes obrigações como estimular a criação de locais de atendimento aos idosos como centros de convivência, de cuidados diurnos, casas-lares, oficinas obrigadas de trabalho, atendimentos domiciliares e outros; apoiar a criação de universidade aberta para a terceira idade e impedir a discriminação do idoso e sua participação no mercado de trabalho etc.

Centros de convivência

Uma das mais interessantes obrigações impostas ao Poder Público na Política Nacional do Idoso é a criação de Centros de Convivência, que têm definição no decreto regulamentador como locais destinados à permanência diurna do idoso, onde são desenvolvidas atividades físicas, laborativas, recreativas, culturais, associativas e de educação para a cidadania.

Estes Centros são importantíssimos mormente porque é neles que o idoso tem a possibilidade de encontrar estímulo para uma vida social sadia, desenvolver sua cultura e ter momentos de lazer, melhorando assim sua auto-estima e sua melhor aceitação na sociedade. Nestes locais devem também aprender lições de cidadania, de participação e de como colaborar para o bem comum, aprendendo que para exerce-las não há limite de idade.

Conclusão

Assim, os idosos devem conhecer seus direitos como cidadãos e exigi-los da sociedade, para que tenham preservados o respeito, a dignidade e a consideração que merecem. Além disso devem participar plenamente do processo econômico e cultural, bem como da luta pela preservação de um meio ambiente equilibrado, aliás um direito de todos nós (art.225 da CF).

Quanto ao Poder Público, em todas as suas esferas, deve atender a legislação instituindo Conselhos dos Idosos, Centros de Convivências etc, bem como fornecer condições legais e administrativas para que as pessoas que adentrem a terceira idade possam ter garantidos os direitos referidos, no que deve também colaborar a sociedade com todos os seus segmentos.

A OUTRA PROFISSÃO MAIS ANTIGA DO MUNDO: BURLÃO

por Rute Coelho Hoje

Já ouviu falar da burla dos cinco dígitos, do esquema da herança ou da burla dos cães? São contos-do-vigário modernos. Só este ano já houve 2135 crimes de burla registados pela PSP. Entre PSP e GNR registaram-se 39 detidos. Os chamados contos-do-vigário abundam aos milhares por todo o País e as vítimas são as pessoas mais fragilizadas, sobretudo idosos. As polícias multiplicam-se em acções de prevenção, mas os burlões não param de inovar. É um crime difícil de combater, até porque a sua moldura penal não permite aplicar prisão preventiva.

A mais recente vigarice na área metropolitana de Lisboa é a "burla dos cinco dígitos", como é conhecida no meio policial. São dois burlões a operar com o mesmo conto-do--vigário no primeiro semestre deste ano. Os lucros ascendem a largos milhares de euros.

Na cidade de Lisboa, houve mais de cem denúncias nos últimos seis meses. O suspeito está identificado e a ser investigado pela PSP: tem 45 a 55 anos, é alto, magro, bem vestido e apresenta-se às vítimas, quase sempre idosos, como funcionário da Caixa Geral de Depósitos (CGD).

O burlão explica aos ingénuos que a CGD está a proceder a uma alteração dos códigos multibanco para os cartões de débito, os quais – diz ele – passaram a ter cinco dígitos em vez dos actuais quatro.

As vítimas, idosas na maioria, fragilizadas, acreditam na lábia do senhor funcionário. Prestimoso, o burlão oferece-se para acompanhar os "clientes" a uma ATM. Nada como uma demonstração de como se altera o código.

Já na ATM, o burlão finge fazer a alteração para os cinco dígitos e depois entrega um cartão à vítima que já não é o dela mas um dos vários que ele guarda consigo. Há casos de pagamentos de contas com os cartões das vítimas em estabelecimentos comerciais a ultrapassarem os largos milhares de euros. Só de uma vez, numa loja de electrodomésticos, foram pagos 25 mil euros pelo mesmo artigo (repetido na factura), um LCD.

A mesma burla na outra Margem

Na Margem Sul, a actuar sobretudo em Almada, está identificado um homem com um perfil muito semelhante ao burlão de Lisboa. Há registo de pelo menos seis denúncias nos últimos seis meses na zona de Almada. Também já está identificado e a ser investigado pela PSP de Almada. Só no primeiro semestre deste ano já houve 20 burlões detidos pela GNR e 10 pela PSP.

Tão antigo como a prostituição

O "conto-do-vigário é tão antigo no mundo como a prostituição", afirma o capitão Cupeto, responsável pela área dos Programas Especiais da GNR (Escola Segura, Idosos em Segurança e outros). Durante oito anos, o capitão Cupeto comandou o destacamento de Évora e deu formação a idosos para aprenderem a evitar os vígaros profissionais.

O que marcou mais a carreira do capitão foi o burlão dos brindes publicitários, um homem de 35 anos que "atacava sobretudo cabeleireiras". Modus operandi: chegava aos salões, bem vestido e bem falante, e mostrava um catálogo de brindes – sacos de plástico, guarda-chuvas e canetas, em que podiam inscrever o logótipo do salão. As vítimas faziam encomendas pagando de antemão valores entre os 75 e os 300 euros e o vendedor passava--lhes uma factura em nome da sua empresa fictícia.

Este burlão, que já tinha antecedentes criminais, actuou de norte a sul do País (Guimarães, Gondomar, Porto, Margem Sul, Faro) tendo lesado "centenas de pessoas". Chegou a envolver-se romanticamente com uma cabeleireira e acabou por fugir e levar-lhe o carro. Numa única localidade burlou quatro comerciantes.

Foi detido em 2005 pelo capitão Cupeto, em Santiago do Cacém, mas não ficou em prisão preventiva porque o juiz não viu indícios de burla qualificada, apenas de burla simples. "Os juízes julgam como casos isolados. E por burla simples ninguém fica em preventiva. Era preciso provar que é uma prática reiterada e que faz disso o seu único modo de vida, o que é complicado", sublinha o capitão Cupeto.

No dia da detenção do "artista" dos brindes, e após ser liberto pelo juiz, o capitão Cupeto deixou o vígaro na Rodoviária Nacional, em Santiago do Cacém. "Ainda me pediu dinheiro para o bilhete. Claro que não lhe dei. Aquele conseguia vender um frigorífico a um esquimó!".

Este burlão ainda não foi a julgamento e já passaram cinco anos.

A burla dos cães

Todos os dias Vítor Hugo comprava os jornais e procurava os anúncios colocados por donos de animais domésticos desesperados com a perda do cão ou do gato e dispostos a oferecer recompensa. O vigarista escolhia as vítimas pelos anúncios e depois ligava-lhes. Dizia ter encontrado o cão ou o gato numa determinada rua (que escolhia de acordo com o local onde desapareceu o animal). Alegava já ter tido despesas com o animal, a nível de alimentação, vacinas e outras e reclamava esse pagamento antes da entrega do animal. Os gastos que alegava ter feito eram sempre até cem euros. Facultava um NIB (Número de Identificação Bancária) e a vítima pagava. Depois o vígaro já não ia ao encontro da pessoa nem nunca mais atendia o telefone.

Só num ano, em 2005, a PSP de Lisboa recebeu mais de cem queixas, mas o vigarista punha em prática o esquema com residentes de várias cidades do País.

Usurpava cartões de telemóvel

Às operadoras móveis o cliente Vítor Hugo dava sempre a morada Rua das Flores. O que variava era a cidade (Lisboa, Faro, entre outras). Não comprava cartões de telemóvel, até nisso tinha um "esquema", contou ao DN fonte policial. Telefonava para um titular de um número e fazia-se passar por funcionário da TMN para pedir o código do carregamento do cartão a pretexto de uma anomalia. Entrava depois numa loja da operadora com o código do cartão e pedia a 2.ª via do cartão. Usurpava o cartão e ficava com o saldo do cliente lesado.

Pelo NIB que o indivíduo forneceu aos proprietários de animais perdidos, a PSP de Lisboa investigou-lhe o rasto e chegou a Vítor Hugo. Agentes da PSP foram ter com o burlão ao local onde morava, a Praia da Areia Branca (Peniche).

Foi detido e constituído arguido. Interrogado sobre os mais de cem inquéritos que já corriam contra si, só na Grande Lisboa, Vítor Hugo confessou os factos. "Nunca pensei que alguém se queixasse por uns meros cem euros!", disse ele aos agentes.

Segundo fonte policial, continuou a fazer burlas durante muito tempo após esta detenção.

Mais de 1200 inquéritos na PJ

Na Directoria de Lisboa da PJ, Rita Vieira é a coordenadora da secção de burlas: "Temos para cima de 600 inquéritos em curso por burla na PJ de Lisboa. Só no primeiro semestre deste ano já detivemos 20 suspeitos pelo crime de burla, o igual número que tivemos de detidos em todo o ano passado."

Um dos esquemas mais recentes que estão a ser investigados pela sua secção há cerca de cinco meses é a "história da herança". "Temos quatro denúncias que nos chegaram de países como Canadá, Austrália e Alemanha. Receberam e-mails e cartas de uma suposta empresa de advogados que os indicava como os únicos herdeiros de um cidadão português abastado que morreu num acidente de trânsito no Porto. E como o morto não tinha mais parentes era preciso transferir dinheiro para dar início ao processo", conta Rita Vieira. Os queixosos contactaram a Embaixada de Portugal nos seus países e deram a referência do escritório de advogados. A investigação prossegue.

A burla dos investidores

Outro caso recente que está a ser investigado pela PJ é a burla de uns estrangeiros que se fazem passar por investidores em urbanizações de luxo em Portugal e alegam procurar parceiros de negócio. Garantem ter milhões nos seus países. Já foi lesado um construtor português em 40 mil euros, adiantou a coordenadora Rita Silveira.

Na secção de criminalidade informática da Polícia Judiciária (burlas por via de phishing e cartas da Nigéria, por exemplo) há "mais de 600 inquéritos em curso", segundo disse ao DN o coordenador desta secção, Carlos Cabreiro. O crime informático subiu 70,3% o ano passado.

As burlas abundam aos milhares porque a moldura penal prevista para este tipo de crime é de três anos de prisão ou pena de multa. A pena só aumenta para cinco anos caso se prove que a burla é qualificada e, para isso, é preciso que o prejuízo seja consideravelmente elevado ou que o burlão faça disso modo de vida e a vítima fique em difícil situação económica.

www.dn.sapo.pt

> Não é que com a idade você aprenda muitas coisas; mas você aprende a ocultar melhor o que ignora.
>
> *Millôr Fernandes*

CEM MIL IDOSOS VIVEM EM ASILOS NO PAÍS

Publicado em outubro 8, 2009 por Telma Lomba
Censo localiza 6 mil estabelecimentos onde maioria dos moradores é mulher; região Norte, porém, tem mais homens. O Estado de S. Paulo
Simone Iwasso

Dados preliminares de um levantamento inédito que está sendo feito pelo Instituto de Pesquisa Econômica Aplicada (Ipea) apontam a existência de 6 mil instituições de longa permanência para idosos no País, o nome formal para asilos, casas de repouso e geriátricas. Escondidos das estatísticas – já que eles entram no censo junto com outras instituições fechadas, como, por exemplo, presídios –, os asilos abrigam cerca de 100 mil idosos, a maioria mulheres viúvas, divorciadas ou solteiras. A exceção fica por conta da região Norte, onde 70% dos moradores são homens.

Pelo retrato, há 49 instituições na região Norte, 254 na Centro-Oeste, 815 na Sul e cerca de 2.000 apenas em São Paulo, local onde há a maior concentração. Apesar de a maior parte ser filantrópica, e relacionada a entidades religiosas, a dependência do financiamento público é grande. Mesmo assim, recebem do governo R$ 64 mensais para cada idoso abrigado – nos lugares regularizados, em bairros de classe média, o custo estimado por mês é de R$ 1 mil.

Coordenada por Ana Amélia Camarano, a pesquisa tem como parceiros a Secretaria Especial de Direitos Humanos e o Conselho Nacional dos Direitos do Idoso.

Arquivado em: Notícias

www.brasilidosos.wordpress.com

TERCEIRA IDADE, ENVELHECER COM FUTURO

Por Ingrid Mazeto
Diretamente para o Portal

"A descoberta do corpo de um francês de 70 anos que tinha falecido havia três anos em seu apartamento nos arredores de Paris reacendeu o debate sobre o isolamento de idosos na França. O corpo, em estado avançado de decomposição, só foi descoberto depois que o síndico do prédio onde o idoso morava, na periferia de Paris, moveu uma ação de cobrança para receber o condomínio atrasado [...]".

É o início de uma notícia cada vez mais comum nas cidades onde os idosos são maioria da população, e em metrópoles como São Paulo. Ao ler o "retrato" desse fato a sensação de isolamento e indiferença reforça questionamentos e reflexões sobre como estamos lidando com os idosos em nossa cidade, bairro, condomínio. E se fosse comigo ou com alguém próximo?

O mais interessante nesse fato foi a mobilização necessária para encontrar alguém invisível, até o momento em que deixou de pagar sua cota condominial em dia.

"Fizemos nossas próprias investigações na vizinhança, que não levaram a nada. Ninguém tinha informações. Nós não temos o direito de violar as áreas privadas do prédio e não podíamos entrar em seu apartamento", declarou o síndico, que preferiu não se identificar, ao jornal *Le Parisien*. Pedimos ao nosso advogado para encontrar sua família e ele solicitou os serviços de um especialista em genealogia. Foi a partir disso que o corpo pode ser descoberto", afirmou.

Elucidando o tamanho e complexidade da busca, a notícia segue retratando que esse profissional de genealogia encontrou um irmão do desaparecido que não se relacionava, e o alertou sobre a falta de sinais de vida do idoso, a polícia então foi até o apartamento e encontrou a caixa de correio abarrotada de correspondências, os bombeiros foram chamados e encontraram o corpo.

"Os bombeiros quebraram o vidro da janela para entrar no apartamento e descobriram o corpo do idoso no chão, em estado avançado de putrefação. Nenhum vizinho alertou, nesses três anos, sobre problemas relativos ao cheiro causado pela decomposição ou teria ficado preocupado com o desaparecimento do morador do prédio", diz o *Le Parisien*.

Foi necessária a mobilização e participação de vizinhança, síndico, advogado, profissional de genealogia, irmão, polícia, bombeiros, formando uma rede de serviços e apoio para achar um idoso morto há 3 anos. Se fizermos um paralelo com fatos ocorridos aqui no Brasil, como o "Desabamento do Morro do Bumba em Niterói-RJ", onde eu não saberia quantificar nem qualificar a rede e apoio necessário para resgatar vários mortos de uma tragédia anunciada, percebemos que saímos da reflexão e partimos para a ação quando muitos já sofreram, perderam ou morreram.

Será que a sociedade e o Estado não poderiam dirigir investimentos e esforços para evitar tais fatos?

Na cidade de São Paulo vivem aproximadamente 1,9 milhões de idosos, muitos moram nos 27 mil condomínios espalhados pela metrópole, pode ser você, seus avós, seus pais, alguém conhecido vivendo essa realidade.

Condomínio Amigo

Em um projeto piloto realizado pela ONG Observatório da Longevidade Humana e Envelhecimento (OLHE) no centro da cidade de São Paulo, em 2009, dos 41 idosos entrevistados, em 2 grandes condomínios residenciais, 20 (48,8%) moram só, 16 (39%) com mais uma pessoa, 3 (7,3%) com duas e, 2 (4,9%) com três ou mais pessoas. Esses dados reforçam os novos arranjos familiares corroborando com os dados do IBGE que indicam um crescimento no número de idosos que moram sozinhos alcançando, em 2006, a proporção de 13,2%, enquanto, em 1996, representava apenas 11,1%. É interessante mencionar, ainda, o crescimento verificado, nos últimos dez anos, do número de domicílios denominados "ninhos vazios" - casais sem filhos. Em 1996, este tipo correspondia a 20,1% dos arranjos, passando a 22,3%, em 2006.

O projeto social pioneiro chamado "Condomínio Amigo" tem o objetivo de identificar e fortalecer as redes de apoio, atendimento e serviços para idosos em condomínio, visando estratégias para que os cidadãos possam manter sua autonomia e estarem amparados em casos de emergência. As ações construídas e realizadas pela ONG são:

Palestras e cursos nos condomínios, comércio e serviços sobre noções da longevidade humana que ampliam as possibilidades de apoio entre moradores, condôminos idosos e funcionários, e promovem a fidelização dos clientes idosos.

Observação dos espaços físicos do condomínio, comércio e outros serviços que identifiquem possíveis adaptações no ambiente para melhoria nas instalações e acessos.

Credenciamento de redes de apoio, atendimento e serviços para divulgar no Guia Condomínio Amigo. "Aprendi a ter solidariedade com os vizinhos" esse é um dos relatos de uma idosa participante do projeto.

"Passou muita confiança para que eu hoje possa dar mais atenção aos idosos tanto daqui onde trabalho como lá de fora. Parei um pouco para pensar nisso" - funcionário do Ed. Copan que participou do piloto do projeto.

A tendência e possibilidade de viver mais tempo, ter autonomia, uma rede de apoio quando necessitar, serviços adequados e acessíveis, são fatos e desejos que tenho. E você tem? Que tal começarmos a construir nossa rede pensando em nossa longevidade?

A notícia termina dizendo que

"O corpo foi levado ao Instituto Médico Legal para uma autópsia. Segundo os primeiros elementos da investigação, o idoso teria morrido de morte natural. Esse caso é terrível. Ele revela o drama da solidão e da marginalização. É preciso lutar contra isso e envolver lojistas, associações e vizinhos para que as pessoas não vivam tão isoladas", afirmou Sébastien Pietrasanta, prefeito de Asni'res.

O projeto "Condomínio Amigo" procura justamente: "...envolver lojistas, associações e vizinhos para que as pessoas não vivam tão isoladas". Procura sensibilizar o entorno do prédio a fim de permitir uma qualidade de vida maior aqueles que ali moram, sejam crianças, jovens, adultos ou pessoas idosas, em situação de dependência ou não. Sem a solidariedade não se há de ter um envelhecer com futuro.

http://noticias.uol.com.br/bbc/2010/02/25/atraso-em-condominio-faz-sindico-descobrir-frances-morto-ha-3--anos.jhtm, acesso em 25/02/2010

IBGE, Síntese de Indicadores Sociais: Uma Análise das Condições de Vida da População Brasileira, RJ, 2007.

www.portaldoenvelhecimento.net

BERNARDO ROSSI DEFENDE POLÍTICAS PARA A TERCEIRA IDADE

Bernardo Rossi com Silvana Coelho e integrantes da "melhor idade"

Maiores de 60 anos – hoje, em Petrópolis, segundo o IBGE, são mais de 60 mil pessoas – precisam de políticas públicas específicas para a sua faixa etária. Bernardo Rossi, candidato a deputado estadual pelo PMDB, acredita na viabilidade de projetos para a melhor idade a partir de parcerias com a iniciativa privada. "Na área de responsabilidade social as empresas têm hoje o maior interesse em promover e apoiar programas para a terceira idade. Cabe aos parlamentares dar meios, através de projetos, para que eles se tornem realidade. É o que pretendo fazer na Alerj", afirma Bernardo Rossi.

Criação de centros de convivência onde sejam desenvolvidas atividades físicas e de entretenimento pode ser realidade se esta parceria for estimulada. "Outro projeto que é plenamente viável é um atendimento inicial, de encaminhamento do idoso aos serviços já existentes. Uma espécie de orientação, com apoio jurídico, inclusive, para que o idoso busque mais rapidamente e com maior conhecimento de seus direitos, o serviço que está pretendendo. Pode ser desde como efetuar um pagamento, marcar uma consulta médica ou cobrar na justiça um direito que já é resguardado", exemplifica.

Para Bernardo – em seu segundo mandato como vereador, mas eleito na primeira vez com apenas 24 anos –, unir a juventude com a experiência dos mais idosos lhe garantiu uma boa gestão como presidente da Câmara de Vereadores. "Nada substitui a bagagem de vida e ouço os mais velhos em todos os projetos e iniciativas", afirma. Bernardo Rossi observa que a maior parte do público no "Câmara nas Comunidades", as sessões itinerantes nos bairros, é formada pelos mais velhos. "Assim como são os idosos que mais utilizam o 'Alô Câmara', serviço telefônico gratuito oferecido pelo legislativo. São interessados, colaborativos e têm muito para compartilhar e ensinar", completa Bernardo Rossi.

A integração entre jovens e idosos é uma as propostas de Bernardo Rossi como deputado estadual. "Tornar obrigatório na rede escolar o estudo do Estatuto do Idoso para estimular desde cedo o respeito dos mais novos à terceira idade e para que no futuro sejam conhecedores da legislação que vai lhes proteger é uma das minhas metas. Também quero propor parcerias para que idosos e jovens convivam em suas escolas e comunidades em atividades integradas", afirma.

http://jornalistamarisesimoes.blogspot.com/2010/09/bernardo-rossi-defende-politicas-para.html

IDOSOS SÃO "UM SACO"?

Nossa sociedade pregou na blusa ou no suéter dos idosos uma etiqueta: "fora de moda, inútil, não serve pra nada". Por que não protestam? Acaso não merecem um mínimo de gratidão e consideração da nossa parte?

Sem dúvida, a juventude deles ficou muito longe no passado, e já não têm forças para organizarem uma greve ou um golpe de estado. Veem-se obrigados a se resignar e aguentar, pois não passam de anciãos. Que premiozinho, esta palavra!

Se você ler *La Celestina*, uma pequena obra espanhola do século XV, vai tropeçar em frases que ao falar sobre a velhice se alternam com o cúmulo do pessimismo, um pessimismo *made in* século XX.

Aí vão algumas, como exemplo: "ambulatório de enfermidades, asilo de pensamentos, amiga de discórdias, chaga incurável, lenga-lenga depressiva, cajado de apoio, desonra do passado, desassossego do presente, encargo triste do futuro, vizinha da morte".

O autor exagerou um pouquinho, não acha? Parece mais um anúncio de escritório "Pró-eutanásia". Não constituirá maioria os que assim concebem a idade provecta? Pergunte aos seus vizinhos qual é a opinião deles.

Talvez não sejam apenas os seus vizinhos que pensem deste modo. Pululam pelas ruas e pelos bares anciãos contagiados por igual pessimismo.

Sim, estou me referindo a idosos que passam os seus dias consumidos de tristeza, sentados em algum banco de parque, ou de praça pública, com a sua bengala na mão, sem fazer nada, terrivelmente solitários.

Ou desses que consomem seus últimos anos jogando dominó, ou qualquer jogo como o de palitos ou de cartas. Não será a "gripe" do pessimismo a causa de inúmeras enfermidades, achaques e rugas interiores? Seria preciso inventar um "pessimismômetro". E receitar a esses velhinhos uma boa dose de otimismo.

Nossa sociedade pregou na jaqueta deles, ou no seu pullover, uma etiqueta: "fora de moda, inútil, não serve pra nada".

Às vezes não nos conformamos com isso e os despachamos para um asilo, para que não perturbem nem nos molestem mais. "São um fastio", diria o elegante de plantão.

Talvez nos tenhamos esquecido de que Goethe terminou seu segundo *Fausto* aos oitenta e três anos de idade; de que Verdi compôs o seu "Te Deum" aos oitenta e cinco anos; de que Tiziano pintou a "Batalha de Lepanto" aos noventa e cinco; de que o ficcionista Juan Rulfo escreveu sua obra-prima, *Pedro Páramo*, aos setenta anos, de que dom Pepe, Jacinto e Ramón e... tantos outros exemplos.

Aplique umas gotinhas de otimismo às suas considerações sobre a velhice e vai ver que maravilha representa cada ancião e cada anciã para a humanidade.

Até agora você vinha passando ao longe e ao largo deles, sem lhes prestar atenção, sem valorizar a carreata de traços dignos de admiração, gratidão e aplauso que os acompanha no ocaso da vida.

Fixe sua atenção nesses traços, ao menos por uns momentos.

A experiência de vida os enriqueceu, a muitos deles, de sabedoria, de bom senso e de profundidade em seus juízos de valor.

Com o passar dos anos eles se converteram em modelos de fidelidade ao amor, para tantos e tantos matrimônios destruídos ou a ponto de sucumbirem.

O tempo lhes ensinou a não dar tanta importância ao fugaz e passageiro, e a pensar mais na eternidade, na alma, em Deus.

Como assinalou Cabodevilla no seu livro *32 de dezembro*: "Há uma porção de coisas muito apreciadas, às quais o tempo acrescenta valor: a prata, os violinos, o couro, as pipas, a madeira, o tabaco, os barris, a amizade".

E a vida do ser humano?

Não nos teríamos equivocado ao despachá-los para um asilo, ao repetirmos uma e outra vez: São "um saco"?

Veja outros artigos na nossa seção Avós. Publicado no Portal da Família em 17/02/2009

Fonte: www.familia.cl

COMO OS MUÇULMANOS TRATAM OS IDOSOS?

No mundo islâmico não há asilo para idosos. A incumbência de se cuidar dos pais nesse período difícil da vida destes é considerado uma honra e benção, e uma oportunidade de elevação espiritual. Deus não só ordena que oremos por nossos pais, mas também que passemos a agir com compaixão ilimitada, lembrando-nos que, quando éramos crianças indefesas, eles nos preferiram a eles próprios. As mães são especialmente honradas. O Profeta Mohammad ensinou que: "O Paraíso jaz aos pés das mães". Quando alcançarem a velhice os pais muçulmanos serão tratados com piedade, com a mesma bondade e genersidade com que nos trataram.

No Islam, servir aos Pais é um dever apenas sobrepujado pelas orações e é o direito deles aguardarem isso. É considerado deplorável expressarmos qualquer irritação quando, sem culpa deles próprios, os idosos se tornam difíceis.

O Alcorão diz: "O decreto do teu Senhor é que não adoreis senão a Ele; que sejais indulgentes com vossos pais, mesmo que a velhice alcance a um deles ou a ambos, em vossa companhia; não os reproveis nem os repilais; outros sim, dizei-lhes palavras honrosas. E estende sobre eles a asa da humildade, e dize: ó Senhor meu, tem misericórdia de ambos! como eles tiveram misericórdia de mim, criando-me desde pequenino!" (17ª Surata, versículos 23-24).

www.islam.com.br

Cada um tem a idade do seu coração, da sua experiência, da sua fé.

George Sand

DISCRIMINAÇÃO É CRIME!

O Estatuto do Idoso prevê punição legal para discriminação ou omissão de socorro, garantindo o direito à liberdade, ao respeito e à dignidade.
Christiane Brito

A dona de casa Lourdes do Amaral (nome fictício), num tom de voz entre conformado e desiludido, conta a uma jovem que a velhice pesa especialmente para o sexo feminino, porque ninguém quer ouvir o que uma mulher com mais de 50 anos tem para dizer. É claro que se trata de uma experiência pessoal, mas é emblemática no que se refere ao tratamento tradicionalmente reservado aos idosos. À medida que os idosos deixam o mercado do trabalho, eles podem passar a enfrentar, também, a exclusão social, ficando à margem das decisões e do lazer a que se reservam os mais jovens. Se antigamente só o que cabia numa situação dessas era a mera constatação do isolamento, hoje, com o estatuto do idoso, atitudes discriminatórias tornam-se crimes, a exemplo do que já é praticado em relação à discriminação de "minorias", como negros e mulheres.

No Estatuto, art. 10, fica sacramentado que "é obrigação do Estado e da sociedade, assegurar à pessoa idosa a liberdade, o respeito e a dignidade, como pessoa humana e sujeita de direitos civis, políticos, individuais e sociais, garantidos na Constituição e nas leis".

O direito à liberdade garante autonomia para ir e vir dos lugares públicos, livre expressão de opinião, prática religiosa, de esportes e de diversões; participação na vida familiar, comunitária e política. O direito ao respeito garante a integridade física, psíquica e moral, o que abrange a preservação da imagem, da identidade, da autonomia, dos valores, das idéias, das crenças, dos espaços e dos objetos pessoais.

CRIME E CASTIGO

O que é crime, segundo o Estatuto do Idoso e quais as punições para cada infração:

Discriminação:

Impedir ou dificultar acesso a operações bancárias, aos meios de transporte, ao direito de contratar ou ao exercício da cidadania, por motivo de idade; desdenhar, humilhar, menosprezar ou discriminar pessoa idosa.

Punição: Reclusão de seis meses a um ano e multa. A pena será aumentada de 1/3 (um terço) se a vítima se encontrar sob os cuidados ou responsabilidade do agente.

Omissão:

Deixar de prestar assistência ao idoso, quando possível fazê-lo sem risco pessoal, em situação de iminente perigo, ou recusar, retardar ou dificultar sua assistência à saúde, sem justa causa, ou não pedir, nesses casos, o socorro de autoridade pública.

Punição: Detenção de seis meses a um ano e multa. A pena é aumentada de metade, se da omissão resulta lesão corporal de natureza grave, e triplicada, se resulta em morte.

Abandono

Abandonar o idoso em hospitais, casas de saúde, entidades de longa permanência, ou congêneres, ou não prover suas necessidades básicas, quando obrigado por lei ou mandado.

Punição: Detenção de seis meses a três anos e multa.

Maus tratos:

Expor a perigo a integridade e a saúde, física ou psíquica, do idoso, submetendo-o a condições desumanas ou degradantes ou privando-o de alimentos e cuidados indispensáveis, quando obrigado a fazê-lo, ou sujeitando-o a trabalho excessivo ou inadequado.

Punição: Detenção de dois meses a um ano e multa. Se do fato resulta lesão corporal de natureza grave: reclusão de um a quatro anos. Em caso de morte, reclusão de 4 a 12 anos.

Obstrução:

Impedir o acesso de alguém a qualquer cargo público por motivo de idade; negar a alguém, por motivo de idade, emprego ou trabalho.

Punição: Reclusão de seis meses a um ano e multa.

Apropriação indevida:

Apropriar-se de ou desviar bens, proventos, pensão ou qualquer outro rendimento do idoso, dando-lhes aplicação diversa da de sua finalidade.

Punição: Reclusão de um a quatro anos e multa.

Denegrir imagem:

Exibir ou veicular, por qualquer meio de comunicação, informações ou imagens depreciativas ou injuriosas à pessoa do idoso.

Punição: Detenção de um a três anos e multa.

Coação:

Induzir o idoso a doar bens, assinar procuração ou realizar testamento.

Punição: Reclusão de dois a cinco anos.

www.revistamaioridade.com.br

CADERNETA DE SAÚDE

A caderneta de saúde da Pessoa Idosa foi criada em 2007 e desde então é entregue às Secretarias Estaduais de Saúde e municipais. Até o final de 2010 serão distribuídos na rede pública 13 mil livretos como esse no país todo

Em posse dela, o paciente terá registrada informações importantes sobre sua saúde, tais como controle de peso, glicemia e medicação utilizada.

"Esta é uma ferramenta de identificação de situações de risco potenciais para o idosa. Por exemplo, deve-se registrar se o idoso caiu alguma vez no ano. Se ele caiu mais de uma vez, é preciso planejar e organizar as ações de promoção, recuperação e manutenção da capacidade funcional", explica Luiza Machado, coordenadora da área técnica de Saúde do Idoso.

A implantação da caderneta, que se deu inicialmente a partir das equipes da Estratégia de Saúde da Família (ESF), foi acompanhada por um manual de orientação, voltado para os profissionais de saúde para o correto preenchimento e manuseio da caderneta.

• Distribuição da Caderneta de Saúde da Pessoa Idosa para municípios contemplados pelos Estados.

• Distribuição da Caderneta de Saúde da Pessoa Idosa para capitais e municípios e com mais de 500 mil habitantes.

Obs:Os municípios com população inferior a 500 mil habitantes deverão reporta-se a Secretaria Estadual de Saúde para obtenção das Cadernetas de Saúde da Pessoa Idosa.

www.portal.saude.gov.br

AUXÍLIO DOENÇA: QUEM TEM ESSE DIREITO?

Jo Tozzatti • Redatora Geral e correspondente do Portal em Marília, SP

Auxílio Doença é um direito de qualquer trabalhador que, tendo contribuído para o INSS (Instituto Nacional do Seguro Social), fica impossibilitado de exercer suas funções, por acidente ou doença, por mais de quinze dias seguidos.

O Auxílio Acidente é dado ao trabalhador que adquiriu incapacidade permanente, mas que pode retornar ao trabalho em outra atividade. O benefício é pago até a sua aposentadoria.

O trabalhador que ficar impossibilitado de voltar a trabalhar receberá a Aposentadoria por Invalidez. Segundo uma nova regra do INSS, quem não conseguir a Aposentadoria por Invalidez ou o Auxílio Doença após a perícia médica, não terá que esperar os 30 dias para remarcar um novo exame para tentar conseguir seu benefício.

O trabalhador agora pode marcar uma nova perícia em qualquer outro posto do INSS, o que antes não era permitido. Essa lei vale para os que estão procurando o benefício pela primeira vez e também para quem já recebia e quer a prorrogação do mesmo.

Se você recebe um destes auxílios e precisa que ele seja estendido por mais tempo, deverá pedir um novo exame de perícia até 15 dias antes do término do seu benefício. Lembrando sempre que o prazo maior de recebimento desses auxílios não ultrapassa 2 anos.

portalterceiraidade.org.br

A POBREZA DOS IDOSOS

O acesso à saúde é precário, os profissionais não estão capacitados para atender a terceira idade e a pobreza também impede uma vida digna. Foi pensando em melhorar esse cenário que idosos de várias partes da América Latina se reuniram em Brasília para revisar o Plano Madri. Assinado há cinco anos por 159 países, o documento prevê a melhoria das condições de vida dos idosos.

O Brasil é o país mais avançado na assistência e reconhecimento dos direitos da terceira idade, pois as pensões chegam a 5,3 milhões de pessoas, segundo dados da HelpAge Internacional (HAI) – a maior rede global de auxílio aos idosos do mundo.

Já o Paraguai guarda uma das situações mais críticas do Continente: apenas 16% de sua população com mais de 60 anos recebe algum tipo de pensão ou aposentadoria. Desde que foi assinado o Plano Madri, os países se comprometeram a realizar análises com um método participativo e ascendente, colocando os idosos como porta-vozes de suas necessidades.

"O idoso tem que mudar um pouco suas atitudes. Precisa se integrar a organizações e cobrar os direitos", instiga Nedda Cecchini, 83 anos, Presidente da Rede Continental de Idosos da América Latina e Caribe. "O acesso à saúde é o problema mais grave da América Latina. Saúde também é prevenção. E não existe isso", desabafa.

Para se ter uma ideia, dos 52 milhões de idosos existentes na América Latina, apenas 30% recebe algum tipo de pensão ou aposentadoria.

Aumentar esses números é uma das bandeiras da HelpAge International, que nasceu do objetivo de garantir direitos básicos àqueles que não contam com nenhum benefício. De lá para cá a entidade vem capacitando representantes da terceira idade para chegar até as autoridades e cobrar a evolução dos direitos.

Batizado de "Idosos Saindo da Sombra: Madri + 5", o projeto foca três linhas centrais: segurança econômica e pensão social não-contribuitiva, acesso à saúde e condições favoráveis com ênfase na participação.

O Brasil conta, desde 2003, com o Estatuto do Idoso. O documento determina que é obrigação da família e da comunidade, com absoluta prioridade, que os idosos tenham acesso à saúde, alimentação, cultura, convivência familiar e comunitária, entre outros. Mas a realidade não reflete o que está no papel.

"Chega um momento que o idoso passa pela 'morte social'. Precisa melhorar o atendimento aos doentes, mas é preciso ter consciência de que nem todo o idoso é doente", explica a coordenadora geral do IV Encontro das Pessoas Idosas da América Latina e Caribe, Odair de Castro, 85 anos, completando: "Tem que aumentar a educação e acrescentar disciplinas de geriatria nos currículos de graduação. É urgente que os jovens e o governo comecem a entender o que é o envelhecimento".

Extraído de www.idademaior.com.br

A RENDA DO IDOSO

Para entendermos a renda do idoso, devemos observar que os idosos apresentam-se em grupos distintos; os idosos independentes; os dependentes; os em atividade; e a classe social.

A pesquisa "Saúde na Terceira Idade: A Fonte da Juventude", iniciativa do Centro de Políticas Sociais da Fundação Getulio Vargas (CPS/FGV), compara o estado de saúde da população idosa de baixa de renda com os demais segmentos da sociedade, antes e depois da criação dos programas de transferência de renda. Os dados revelam que no período analisado - 1998 a 2003 - os idosos brasileiros não só passaram a viver mais, como em melhores condições.

Idoso saudável em atividade

De acordo com o IBGE, idoso em atividade representa quase um terço dos 14,5 milhões de brasileiros com mais de 60 anos. Vemos que para eles a vida nessa fase chega à maturidade financeira, os filhos não dependem mais do seu salário e ou estão casados ou mesmo aposentados. A dupla receita, da pensão e do trabalho, pode explicar o fato de que os trabalhadores entre 60 e 64 anos estão nas faixas mais altas de renda.

Em 2003, a participação das pessoas com mais de 60 anos na população economicamente ativa na região metropolitana de São Paulo era de 21,9%, segundo levantamento do Dieese e da Fundação Seade. Esse percentual tem se mantido nos últimos anos.

Suas atividades estão concentradas no setor de serviços (52,8%) e no comércio (22,3%). Na indústria, a participação é menor, 11,9%. "Esses números mostram que, para melhorar a renda, o aposentado volta para o mercado de trabalho. Entre os idosos trabalhadores com mais de 60 anos, 43,9% são autônomos; 31,4%, assalariados; 9,8%, empregados domésticos; e 9,7%, empregadores.

Para os homens na faixa etária entre os 65 e os 69 anos, as receitas provenientes de aposentadoria representam apenas 58% da renda pessoal, para uma jornada semanal de trabalho de pelo menos 40 horas.

Depois dos 80 anos, os idosos que trabalham o fazem, em média, 32 horas por semana. Esse esforço, no entanto, gera uma receita apenas complementar de 20%, sendo que, 80% da renda pessoal mensal dos homens vêm da aposentadoria.

Essa prática, de o aposentado trabalhar, foi também quantificada pela pesquisa e revelou-se muito difundida. Nada menos que 73,97% dos idosos que trabalham ou que estão procurando emprego, ou seja, que fazem parte da PEA (População Economicamente Ativa), são aposentados.

Dieese e Seade também constataram que o assalariado com mais de 60 anos fica mais tempo no emprego (146 meses) do que assalariados de outras faixas etárias (112 meses, na média).

OS IDOSOS DE BAIXA RENDA

A pesquisa do Centro de Políticas Sociais da Fundação Getulio Vargas (CPS/FGV) relaciona a melhora no estado de saúde dessa parcela da população – os idosos de baixa renda – à ampliação e adoção de uma série de programas de transferência de renda, em escala nacional, voltados para essas pessoas. Algumas das mudanças apontadas são, por exemplo, em 1998, a redução da idade mínima para recebimento do Benefício de Prestação Continuada (BPC – Lei Orgânica de Assistência Social), de 70 para 67 anos, e, depois, para 65 anos.

No ano seguinte, 1999, veio a Política Nacional de Saúde do Idoso, promovendo medidas preventivas e atendimento multidisciplinar, junto a uma participação mais ativa do Programa de Saúde das Famílias. Outra novidade apontada foi a criação do Estatuto do Idoso, em 2003.

O estudo, baseado na Pesquisa Nacional por Amostra de Domicílio (Pnad) do Instituto Brasileiro de Geografia e Estatística (IGBE), mostra que o volume de todos os benefícios previdenciários cresceu 44% entre 1997 e 2003. Para os idosos pobres, o número de Benefícios de Prestação Continuada e a Renda Mensal Vitalícia subiu 72,9%, no mesmo espaço de tempo. Somado a isso, houve o aumento real do salário mínimo correspondente ao piso dos benefícios previdenciários em 22,3%.

Esses aumentos geraram um outro fenômeno: a renda familiar per capita, para pessoas acima de 60 anos, subiu 43%, entre 1991 e 2003. Já para pessoas entre 20 e 29 anos, o aumento foi só de 19,3%, no mesmo período. Isso significa que, nos últimos anos, os idosos brasileiros se tornaram os principais provedores de renda familiar, passando a ter uma importância maior na família.

A influência direta ou indireta desses acréscimos na renda são o principal objeto de análise da pesquisa. Os três principais indicadores observados foram: a auto-avaliação subjetiva do estado de saúde, a freqüência que a pessoa ficou acamada e o acesso a plano de saúde. A trajetória desses indicadores revelou que houve uma desaceleração na tendência natural de piora dos mesmos, fruto do processo de envelhecimento. Ou seja, "tudo se passa como se o relógio biológico percebido pelos próprios idosos tivesse andado mais devagar". Atualmente, a estimativa de vida de um brasileiro é 71,2 anos, contra os 62,2 anos alcançados há 25 anos. A população brasileira tem vivido em média 21,1 anos a mais.

Em números, observa-se que, em 1998, 45% das pessoas de 61 a 65 anos auto-avaliaram seu estado de saúde como bom ou muito bom. Cinco anos depois, esse mesmo grupo, já com idade entre 66 e 70 anos, manteve praticamente o mesmo percentual, 44%. Nessa mesma faixa etária, em 1998, a avaliação positiva era de 40%, sugerindo uma melhoria na trajetória do ciclo de vida .

A queda no número de acamados entre as populações com idade mais avançada também foi constatada pela pesquisa. Em 1998, os dados mostravam que 7,4% dos brasileiros, entre 61 e 65 anos, estavam acamados. Porém, em 2003, já com 66 a 70 anos, o número de acamados foi de 7,02%. Neste indicador, seguindo a analogia do relógio biológico associado aos problemas de saúde advindos da idade, o ponteiro parece ter andado para trás.

Quanto ao acesso aos planos e serviços de saúde, os dados também apontam melhorias. Na faixa etária que vai de 61 a 64 anos, a porcentagem subiu de 27,7%, em 1998, para 29,4%, em 2003. Esse ganho no acesso a planos privados de saúde é coerente com os ganhos na renda dos mais velhos.

Referência:

Centro de Políticas Sociais da Fundação Getulio Vargas (CPS/FGV) [on line]

www.saudegeriatrica.com.br

PORTUGAL TEM NOVO PROGRAMA DE APOIO A IDOSOS

O projeto se destina aos mais idosos de S. Vicente que vivam sós e tenham um rendimento mensal até 320 euros. 26/02/2011 - por portal na categoria 'Politicas'

A Câmara Municipal de S.Vicente, no norte da ilha da Madeira em Portugal apresentou no dia 17/02 um programa de apoio aos mais idosos do concelho, denominado "65+", que conta com a participação da polícia e dos bombeiros.

O presidente da autarquia, Jorge Romeira, salientou que este projeto se destina aos mais idosos de S. Vicente que vivam sós e tenham um rendimento mensal até 320 euros.

"Para tentar acabar com o isolamento vai haver um policiamento de proximidade, em que os agentes policiais vão tocar nas portas destas pessoas, o que vai aumentar a segurança pessoal", explicou.

O "65+ inclui também a disponibilização de uma rede telefónica gratuita (800200101) destinada à "resolução imediata de qualquer questão burocrática e disponibilização imediata de informações legislativas que necessitem".

Este programa conta com a participação da Associação de Desenvolvimento do Norte da Madeira (ADENORMA) e da EDP Solidária, apontou o autarca, destacando que passa também pela criação da figura do "curador do idoso", que tem como um vertente apoiar os cidadãos em pequenas intervenções que estejam impossibilitados de realizar, como por exemplo a troca de uma lâmpada.

Jorge Romeira referiu que está ainda previsto o "botão de pânico", com a configuração de uma tecla de urgência nos telemóveis, ligada diretamente à central dos bombeiros da localidade, destinado aos idosos que vivendo sozinhos se vejam confrontados com algum problema de saúde ou de segurança.

Fonte: Jornal da Madeira, Lusa – Portugal, 17/02/11. Disponível em: http://ultimahora.jornaldamadeira.pt/index.php?/pt/noticias/201102178539/noticias/regional/camara-de-s.-vicente-apresentou-programa-de-apoio-a-idosos.html

A OPINIÃO DOS IDOSOS SOBRE DA ESCOLHA DE TRATAMENTO FEITA POR PACIENTES TERMINAIS

Inúmeras pessoas são alheias em relação à existência de um documento que lhes permite, de forma legal (estabelecido pela lei), aceitar ou recusar um tipo de tratamento terapêutico que possa prolongar a sua vida, em caso de doença grave ou estado terminal. Apesar disso, estas pessoas se mostram bastante interessadas em ouvir sobre esse assunto.

Em 1969, o advogado Louis Kutner, pela primeira vez, abordou o assunto relacionado à tomada de decisão de uma pessoa de manter a vida através de intervenções terapêuticas, amparada pela lei.

Este advogado explicitou um anseio de que o desenvolvimento de tecnologia estava conduzindo os médicos a manterem a vida de uma pessoa sustentada por equipamentos, havendo o indivíduo consentido ou não com o procedimento; motivo pelo qual foi instituído neste mesmo período, um tipo de documento, mais especificamente um termo firmado por uma pessoa, em que a sua vontade seria expressa e registrada, aceitando ou rejeitando um determinado tratamento.

Este tratamento consiste em terapias que poderiam prolongar a vida de um paciente, como o uso de respiração artificial, medicamentos como antibióticos, ressuscitação cardíaca, equipamentos de última geração, elaborados com tecnologia de ponta, para o auxílio à saúde de um indivíduo.

Um estudo publicado pela revista *British Medical Journal* (BMJ), em junho de 2000, realizado por pesquisadores do Centro de Cuidados à Saúde dos Idosos (Care of the Elderly),da Faculdade de Medicina (Imperial College School of Medicine), Hospital Hammersmith, Londres, Inglaterra, concluiu que a maioria dos idosos não deseja prolongar a sua vida por meio de intervenções médicas que tenham ação de suporte à vida, como respiradores artificiais, antibióticos, infusões venosas de fluidos ou ressuscitação cardiopulmonar.

Estudos anteriores, realizados por pesquisadores nos Estados Unidos, revelaram que os indivíduos idosos possuem receios semelhantes aos encontrados neste estudo realizado em Londres, quanto à decisão em relação ao recebimento ou não de suporte de vida quando em estágio terminal de alguma patologia.

O estudo

Neste trabalho, os pesquisadores ingleses verificaram que, nos dias atuais, a grande maioria dos pacientes idosos ainda possui certa insegurança quanto ao fato de poderem decidir sobre o seu futuro através de um termo (documento redigido e registrado, como se fosse um testamento) em que determina sua vontade de receber ou não terapêutica que poderia prolongar sua vida (mas por pouco tempo e, talvez, às custas de muito sofrimento).

Os cientistas ingleses avaliaram pacientes idosos de dois hospitais de Londres, totalizando um número de setenta e seis pacientes. Estes indivíduos foram submetidos à aplicação de um questionário acerca da escolha de um seguro de saúde e da decisão de fazer ou não um termo decidindo o tratamento que desejariam em um período seguinte.

Todos os indivíduos avaliados tinham idade superior a sessenta e cinco anos, sendo a idade média de 81 anos, além de possuírem um exame de consciência (denominado Mini-Mental, aplicado em idosos com o objetivo de avaliar o grau de demência destes indivíduos) absolutamente sem alterações. A maioria dos idosos (93%) vivia em casas independentemente; outros (64%) viviam sozinhos ou com algum membro da família (36%).

A metade dos indivíduos participantes da pesquisa recebia algum tipo de apoio de alguém, em sua casa, seja ele financeiro ou de qualquer outra origem. Dos setenta e quatro pacientes idosos que responderam ao questionário, a maioria (95%) nunca havia ouvido falar do termo em que a sua vontade seria expressa e registrada, aceitando ou rejeitando um determinado tratamento para prolongar a sua vida, mesmo que às custas de muito sofrimento, seja ele físico ou mental.

Os demais pacientes já sabiam da existência deste tipo de documento, mas, apesar disso, uma minoria deles sabia corretamente o significado deste termo.

Em relação às pessoas que iriam decidir os cuidados de saúde, a maioria dos idosos escolheu os familiares como procuradores dos cuidados de saúde: uma parcela dos indivíduos (17%) escolheu o esposo ou esposa; outra parcela de idosos (63%) escolheu alguns familiares; alguns (6%) optaram pelos amigos; e os demais (22%), fizeram a escolha do médico.

Os idosos que participaram desta pesquisa explicitaram certa incapacidade em aceitar determinadas situações. Por exemplo, ao escolherem outros familiares distintos dos esposos para serem os procuradores do termo em que decidiriam o tratamento ou não a ser adotado em situação de doenças em estágios terminais ou quaisquer outras situações de risco de vida.

Resultados

Nos resultados, verificou-se que, em um estágio terminal de qualquer doença, muitos idosos (94%) se mostraram contrários a um tratamento mais agressivo, invasivo, se recusando a submeterem-se a qualquer tipo de cirurgia; uma parcela deles (93%) recusou-se a receber respiração artificial (oxigenioterapia por sonda nasal ou traqueostomia); aproximadamente 92% dos idosos se mostraram contrários à ventilação mecânica; cerca de 90% dos pacientes recusou-se a ser submetido à ressuscitação cardiopulmonar em caso de parada cardio-respiratória; 86% recusou-se a receber por via venosa ou subcutânea, a infusão de líquidos e, por fim, 82%, aproximadamente, recusou-se a receber tratamento com antibióticos.

Os pesquisadores concluíram que a grande maioria dos idosos preferiu o cuidado de saúde que lhe proporcionasse única e exclusivamente um conforto e bem-estar, quando estivessem na iminência de morte, e até mesmo a morte, a tratamentos de última geração que visam a manutenção da vida. A situação mais temida pelos idosos foi a demência (degeneração gradativa do sensório) em estágios avançados. A situação mais aceitável pelos participantes foi a incapacidade de deambular (movimentar os membros inferiores, andar), e a necessidade de cadeira de rodas para locomoção. Em relação ao estudo da diferença entre os dois sexos, as mulheres se mostraram menos prováveis de aceitar um tratamento ativo (cirurgias, ventilação mecânica, antibióticos e manobras de ressuscitação) quando em estágios terminais, do que os homens.

Os pesquisadores verificaram que grande porcentagem dos idosos avaliados neste estudo explicitou interesse em redigir um documento, como este termo já há algum tempo implantado nos Estados Unidos, em que a sua vontade seria expressa e registrada, aceitando ou rejeitando um determinado tratamento, que consiste em terapias que poderiam prolongar a sua vida. Este interesse dos idosos, segundo os pesquisadores, se deve ao fato de que, desta maneira, eles estariam levando a conhecimento das pessoas a sua decisão, sua visão quanto ao seu estado de saúde. A conclusão foi de que, entre as mulheres e os homens, o interesse em redigir um documento como este é igual entre os ingleses.

www.boasaude.uol.com.br

A MORTE

Expectativa de vida

Momento num café

quando o enterro passou

Os homens que se achavam no café

Tiraram o chapéu maquinalmente

Saudavam o morto distraídos

Estavam todos voltados para a vida

Absortos na vida

Confiantes da vida.

Um no entanto descobriu num gesto largo e demorado

Olhando o esquife longamente

Este sabia que a vida é uma agitação feroz e sem finalidade

Que a vida é traição

E saudava a matéria que passava

Liberta para sempre da alma extinta.

Manuel Bandeira

Estrela da vida inteira. Rio de Janeiro:

José Olympio, 1980. p.128.

André Malraux (1901-1976), pensador francês, escreveu que na vida somos hóspedes de passagem...

A morte é um processo biológico natural e necessário. É condição indispensável à sobrevivência da espécie e fundamental para a "aventura humana sobre a terra". Através da morte a vida se alimenta e se renova. Desta maneira a morte não seria a negação da vida e sim um artifício da natureza para tornar possível a manutenção da vida.

O conceito puramente biológico de morte, entretanto, não é bem aceito pelo homem. O homem tende a analisar a morte filosoficamente criando aspectos que transcendem aqueles puramente biológicos.

A morte é vista de maneira diferente segundo diferentes grupos sociais e de acordo com aspectos religiosos, éticos e culturais. Basicamente a sociedade ocidental rejeita a morte procurando constantemente vencê-la e para isso se baseia no seu desenvolvimento científico. A tentativa de vencer ou no mínimo contornar a morte leva a centenas de situações que muitas vezes se confundem com a ficção.

A duração máxima da vida humana atualmente é de cerca de 120 anos. Alguns centros científicos dedicados ao estudo dos mecanismos de morte trabalham com uma expectativa de levar a vida até os 400 anos... Trabalhos científicos parecem demonstrar que o processo de envelhecimento que leva à morte não é um processo passivo mas sim ativo e programado.

Este programa estaria na intimidade das células, dentro dos cromossomos que contém nosso patrimônio genético. Nasceríamos já com a morte predeterminada geneticamente...

A ciência que estuda a morte é denominada tanatologia. A morte é a cessação da vida devida a alterações irreversíveis que ocorrem no metabolismo celular. A tanatologia estuda aspectos biológicos, sociais, psicológicos, emocionais, legais e éticos relativos à morte.

A biologia da morte sinteticamente é a destruição celular devido a ausência de entrada de energia. No processo de falta de energia estão a falta de oxigênio e a parada da circulação sangüínea, que levam à ruptura da estrutura celular e em conseqüência dos tecidos e dos órgãos. O organismo não tem como estocar oxigênio e a sua falta leva rapidamente ao processo de morte celular.

As células nervosas não agüentam mais do que 8 minutos sem oxigênio ao contrário das células da pele que podem sobreviver por várias horas.

www.boasaude.uol.com.br

"ADOPTAR" IDOSOS

Adicionada / 23 Abril 2010 por TiO – Por Miguel Angelo

A Câmara Municipal de Santa Cruz vai convidar as pessoas a "adoptarem" um idoso que viva só. O projecto não contempla a ida do idoso para a casa do voluntário, mas apenas que este último telefone, uma vez por dia, pelo menos, para o sénior "adoptado". A iniciativa, segundo o edil José Alberto Gonçalves, vai começar em breve e chamar-se-á "Avós Por Afecto".

A Câmara Municipal de Santa Cruz tem um projecto inovador, denominado "Avós Por Afecto" e que visa a "adopção" por parte de um cidadão, voluntário, de um idoso que viva só, explica o presidente da Câmara Municipal de Santa Cruz.

Segundo José Alberto Gonçalves, "o idoso não irá viver em casa do adoptante, mas este comprometer-se-á a telefonar, pelo menos, uma vez por dia para o sénior em questão".

O edil diz que, em declarações ao JM, o projecto, a começar em breve, destina-se a todos os séniores do concelho que vivem em solidão. "A medida vai combater aquela através de uma simples conversa telefónica", enaltece.

O autarca acrescenta que "pretende-se que os voluntários adoptem um avô por afecto e que através de um telefonema por dia, pelo menos, façam chegar esse afecto a quem mais precisa".

"No fundo todos beneficiam, todos têm algo a dar e a receber, há um intercâmbio de afectos (Banco de Afecto)", afirma.

Segundo o nosso interlocutor, "para pôr em prática este serviço, é necessário fornecer um telefone móvel, fundamentalmente para receber, àqueles séniores que necessitam, surgindo como hipótese o estabelecimento de um protocolo com uma operadora de telemóveis".

Neste sentido, a Câmara Municipal de Santa Cruz, através do Gabinete de Apoio à População Sénior, "irá fazer o levantamento da população sénior abrangida e disponibilizará as condições logísticas para os voluntários fazerem os telefonemas".

Refira-se ainda que, em relação aos voluntários, será, segundo enaltece José Alberto Gonçalves, "reactivado o movimento da Empresa Municipal Santa Cruz XXI e pretende-

-se, por exemplo, contar com os jovens que frequentam o Curso de Associação Social, que é um curso de qualificação profissional, da Escola Secundária de Santa Cruz, que têm experiência nesta área, através de estágios em lares e bairros sociais".

Fonte: Jornal da Madeira

www.projectotio.net

APOSENTADORIA UNIVERSAL PODE PROTEGER IDOSOS DA POBREZA

Juliana Saporito, da Rádio ONU em Nova York

Em documento ao Conselho de Direitos Humanos da ONU, Magdalena Sepúlveda recomenda a criação de sistemas universais de aposentadoria como a melhor maneira para governos trabalharem pelos direitos dos idosos.

A sociedade está abandonando a tradição de cuidar dos idosos, deixando-os desamparados. O aviso foi feito pela relatora independente das Nações Unidas para Direitos Humanos e Pobreza, Magdalena Sepúlveda.

Em relatório apresentado recentemente ao Conselho de Direitos Humanos, em Genebra, ela ressaltou a necessidade de investimentos dos governos na atualização e no acesso da população a planos de aposentadoria cruciais, segundo Sepúlveda, para garantir os direitos das pessoas idosas.

Atualização

De acordo com a relatora, tradicionalmente os Estados protegem os idosos, com sistema de contribuição social. Mas ela notou que essa estratégia tem falhado já que apenas uma em cada cinco pessoas tem acesso ao benefício.

Sepúlveda recomenda a criação de sistemas universais de aposentadoria como a melhor maneira para governos trabalharem pelos direitos dessas pessoas.

A população com mais de 60 anos é uma das que mais cresce no mundo e deve dobrar até 2050. Para a relatora, as famílias convencionais não conseguem lidar com o ritmo de envelhecimento da população global sem a ajuda dos governos.

Remuneração

No texto, ela afirma que muitos aposentados são responsáveis pelo sustento e bem estar de toda a família. No caso das mulheres, a situação é agravada pelo retrospecto de anos de remuneração inadequada.

Outras medidas sugeridas pela relatora são políticas sociais que incluam o combate à pobreza, a criação de pensões para garantir o acesso universal à segurança social e ações especiais para as mulheres.

Apresentação: Daniela Traldi, da Rádio ONU em Nova York

http://www.unmultimedia.org/radio/portuguese/detail/180951.html, 04/06/2010

www.portaldoenvelhecimento.net

BENEFÍCIO DO INSS

Em 16 anos, ganho de aposentadoria superior ao mínimo é só de 27%

Mesmo com a elevação do aumento de 6,14% para 7,72%, os aposentados que ganham mais de um salário mínimo continuam tendo um ganho real (acima da inflação) bem menor que os beneficiários que ganham o piso (510 reais).

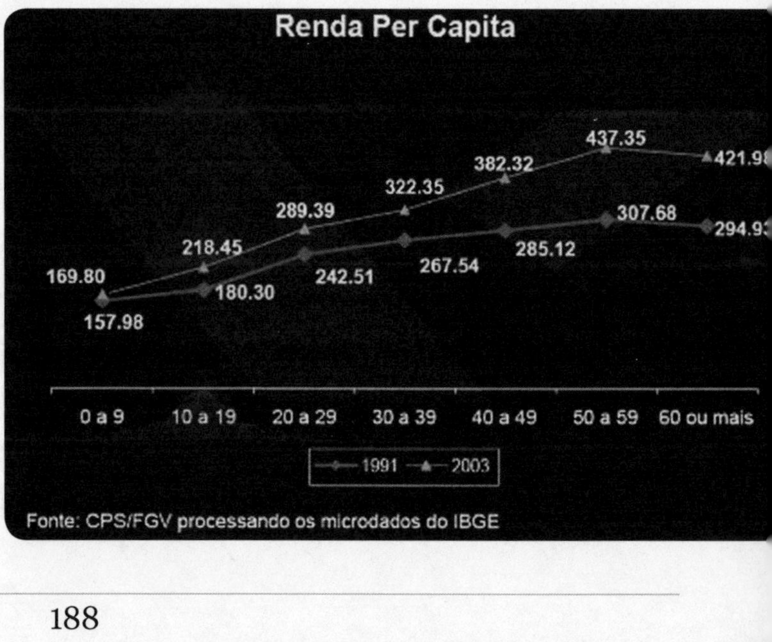

De acordo com dados da Previdência Social, em 16 anos, entre 1995 e 2010, os beneficiários que ganham um salário mínimo tiveram ganho real de 121%. Com o reajuste autorizado pelo presidente Lula, na semana passada, de 7,72%, quem ganha acima do piso obteve aumento real de 27% no mesmo período.

Em janeiro, o governo havia concedido alta de 6,14% para benefícios acima do piso, mas o Congresso alterou o índice e aprovou projeto que garantiu os 7,72%. Cedendo ao clima eleitoral, Lula acabou sancionando esse índice maior, que começará a ser pago em julho.

No fim das contas, quem ganha o piso conseguiu alta de 9,68% neste ano, ante 7,72% dos que ganham acima do mínimo. Isso significa que os primeiros terão ganho real, neste ano, de 6,23%, enquanto o aumento real do 2º grupo será de 4,27%.

A inflação usada no cálculo é a de fevereiro a dezembro de 2009, que foi de 3,45%.

fonte – jornal Destak – 21/06/2010

A EXPLORAÇÃO DOS IDOSOS

Nicolau Amaral

Ao ter acesso a alguns dados da Pesquisa do Instituto Somatório, alguns números me chamaram a atenção, principalmente na questão da contribuição para a renda familiar nas classes A, B, C e D. O estudo entrevistou 1.500 pessoas com mais de 60 anos, de todas as classes sociais, em dez cidades do País, no final do ano passado.

Só para ilustrar a exploração dos idosos pelos seus familiares, a pesquisa chegou aos seguintes dados: na classe A os idosos contribuem com 55% da renda familiar; na classe B com 59%; na C com 72% e; na D 88%. Outro dado relevante é quanto à alimentação dessas pessoas. Quando moram com a família, suas despesas com alimentação somam R$ 123,00, mas se vivem sozinhos, esse valor sobe para R$ 281,00. Já com a saúde, gastam somente R$ 54,00 morando com a família e R$ 173,00 quando vivem sozinhos. Com telefonia, os que moram com a família gastam R$ 26,00 contra R$ 66,00 pagos por aqueles que moram só.

Ainda segundo o estudo, a renda da 3ª idade atinge cerca de R$ 7,5 bilhões por mês, 93% dos idosos têm renda própria e colaboram com 71%, em média, do orçamento familiar.

Os dados levantados nesse trabalho me permitem afirmar que hoje os idosos, além de serem espoliados pelo governo após a implantação do famigerado "fator expectativa de vida" que ano a ano vem reduzindo as aposentadorias, acabam também sendo explorados pelos próprios familiares, seja por falta de empregos ou mesmo pela preguiça dos seus descendentes, que se aproveitam para ficarem no bem-bom, esperando a mesada de avós, pais e outros provectos próximos. E esses idosos, em troca da sua grande contribuição compulsória, esperam um pouco de companhia e amor dos seus familiares, o que não acontece em muitos casos. Hoje em dia a adolescência está sendo prolongada, ninguém se casa cedo. Sair da casa dos pais, nem pensar, pois com moradia, comida e roupa lavada de graça, quem vai querer pagar por elas? Trabalho existe, e muito, mas a maioria dos jovens e nem tão jovens só quer saber de emprego com bom salário. Responsabilidades e horários não matam ninguém, só exigem esforço e dedicação. É hora dos novos idosos brasileiros começarem a pensar mais em si próprios, serem um pouco egoístas e independentes e criarem a sua nova realidade. Somos milhões e milhões, um filão poderoso em termos políticos e econômicos. Precisamos lutar por nossos direitos, gastar e aproveitar o que é nosso conosco mesmo, e passar a responsabilidade para os mais jovens cuidarem de si próprios, pois quando não estivermos mais aqui, de uma forma ou de outra, eles terão de se virar, gostem ou não. Portanto, é melhor que comecem já!

Nicolau Amaral é empresário da área de comunicação.

AVOSIDADE

MATER AMABILIS

May Parreira e Ferreira

Fotos que cobrem toda a parede de meu estúdio, uma em especial, já amarelada pelo tempo, vovó no jardim. Sua companhia me conforta, estranha maneira de manter os ausentes no presente. Um dia foi ela, num outro foi mamãe, hoje sou eu a dona da casa, a mantenedora afetiva, a que cuida para que tudo esteja bem.

Através da janela, vejo a Bá sair, está abrindo o portão da casa. Lá vai ela, aia de minha mãe. É assim todo dia. Uma vez, duas, três. Ela sai para ir buscar o pão, a carne, o leite. Cabelo branco e ralinho preso em coque. Vestido amarelo com pequenas florinhas brancas. Meias de um rosa clarinho, sapatos fechados bem presos aos pés. O agasalho turquesa arremata um delicado arco-íris andante. Pé aqui, pé ali. Devagar, ela vai até a farmácia. Posso contar os seus passinhos se afastando, um dois, um dois, um puxando o outro. Figura singular a velha senhora, zela por nós desde antes de eu nascer, minha ama-seca. Meus olhos procuram a foto da avó, os cabelos branquinhos que eu tanto desejo, serenidade na expressão. Passo as mãos pelos cabelos, sinto a pele de meu rosto, quanto faltará para grisalharem. Escorre o tempo e o pensamento cria boas formas de distração.

Quero ver meus netos crescerem, fazer biscoitos, tecer meias de lã e contar histórias, muitas histórias. A Bá chega e se acomoda na poltrona, precisa tomar fôlego. É assim mesmo, a gente nasce, cresce e depois fica cansada. Faltará quanto para eu me sentir cansada?

No andar de cima, motor de máquina de costura. As mãos ainda ágeis de minha mãe em roupas de estações passadas. Ponto aqui e ali, uma peça nova a caminho. Agitada, mamãe desce, toma um cafezinho bem doce e descansa, fazendo o jardim, lavando o quintal, tratando dos passarinhos. Não precisa de energético, mulher como as que se faziam antigamente, machado em punho, a lenha do terreiro para o fogão. Quanto ânimo, sangue direto da avozinha portuguesa que ordenhava as vacas, moqueava as carnes e cuidava dos nove filhos sem enceradeira, sem microondas. Os tempos mudam mais depressa do que os genes.

Os saltos dos sapatos de minha filha, na escada, me informam que ela está de saída. Não volte tarde, Eu sei mãe, Mesmo assim é bom dizer. Lá vai ela. Daqui eu vejo. O portão, o carro, e foi. Agilidade e frescor, aprendendo aos poucos.

A casa em seus sons e movimentos é um organismo vivo, corpo humano feito de humores, grande matriz acolhedora. A Bá ao alcance de minha vista, fazendo suas cruzadinhas de costas para o sol de começo do inverno. A cachorra esparramada na réstia brilhante de luz, a gata soberana aninhada no cesto. Diferentes seres femininos, diferentes gerações, numa convivência harmônica, quase pacífica quando os úteros não se chocam ululando pelos tetos. Dia futuro e alguém lembrará, a neta talvez, esse tempo redondo que vai, que volta e segue o caminho.

A AVÓ

Fernando Sena Esteves

Avós tive duas como toda a gente. A paterna mal a conheci pois faleceu era eu miudito, mas bem me lembro de um seu costume, continuado pela irmã, de nos mandar de vez em quando uma cesta cheia de coisas belíssimas, nomeadamente alheiras. Das autênticas e não como as desgraças que andam por aí, ditas de Mirandela, que abusam do pão, da gordura e do nome de uma bela terra.

Era a Avó da Idanha, para a distinguir da Avó, sem mais nada, que vivia perto de nós e que nos recebia constantemente por horas ou dias ou semanas. Era uma casa sóbria, de um encanto muito próprio, "a casa da Avó". Também lá vivia o Avô, claro, mas a casa tinha só o nome da Avó.

Agora que sou avô, sinto bem quanto gosto dos netos e vice-versa, mas as avós têm uma mágica especial para os netos que não tem explicação. Se tivesse não era mágica? Dizia que gosto dos netos, e é verdade, e como gostava que soubessem algumas coisas que nem pensar! Como é que se pode, a um miúdo que põe capacete, joelheiras e cotoveleiras para andar de bicicleta, ensinar a fazer um estilingue? E não é que me faltasse *know-how* e matéria prima?

A casa da Avó era uma delícia, com coisas fora do vulgar. Por exemplo, um cágado com cara de filósofo que vagueava pelo quintalzito, uma pereira que o Avô podava e às vezes dava mesmo peras e uma mortalha que surripiávamos para fazer uns cigarritos colossais: as barbas de milho ou a cidreira seca sabiam muito melhor do que enroladas em papel de jornal! Quando enviuvou, eram os netos que lhe tratavam das papeladas, e um belo dia mete-me na mão uma nota de conto! Fiquei parvo, pois nem sabia que a Avó podia ter poupado tanto dinheiro. Senti-me milionário: um rapazola com um milhão de reis nas unhas! Pelos anos sessenta, um conto não era bem a mesma coisa que aquela notita que se trocou pelos cinco euros de agora. Faleceu, faz este mês 44 anos, rodeada de netos, filha e genro, como é próprio das avós. Muito mais próprio o que nos lares de terceira idade, onde podem ter tudo e mais alguma coisa, mas não têm netos?

Dizia no começo que toda a gente tem duas avós. Bom, o Menino Jesus teve só uma, e como a todos os que lhe eram próximos, deu grandes alegrias mas não lhes poupou também desgostos. Basta imaginar o que sentiu a Avó Ana ao ver a sua Maria naquele estado mais o genro José partir para o recenseamento de Belém, sem poder dar uma ajuda! Terá ficado com a consolação de saber que entre "os paninhos" com que se envolveu o Menino, alguns eram roupinhas que preparara com tanto carinho. E Maria, que nem um SMS podia mandar de Belém a dizer "Mamã, foi um bocado complicado mas correu tudo bem. Depois te conto!" Este depois foram uns anitos até virem do Egipto, e que alegria quando a Avó Ana os recebeu de volta a Nazaré!

Para remate desta homenagem às minhas Avós e a todas as avós, vai esta pérola de uma pequenita de oito anos, tal como apareceu num jornal do Cartaxo:

"Uma Avó é uma mulher que não tem filhos, por isso gosta dos filhos dos outros.

As Avós não têm nada para fazer, é só estarem ali.

Quando nos levam a passear, andam devagar e não pisam as flores bonitas nem as lagartas.

Nunca dizem "Despacha-te!". Normalmente são gordas, mas mesmo assim conseguem apertar-nos os sapatos.

Sabem sempre que a gente quer mais uma fatia de bolo ou uma fatia maior.

As Avós usam óculos e às vezes até conseguem tirar os dentes.

Quando nos contam histórias, nunca saltam bocados e nunca se importam de contar a mesma história várias vezes.

As Avós são as únicas pessoas grandes que têm sempre tempo.

Não são tão fracas como dizem, apesar de morrerem mais vezes do que nós.

Toda a gente deve fazer o possível por ter uma Avó, sobretudo se não tiver televisão".

Fernando Sena Esteves é Professor Catedrático Aposentado da Faculdade de Farmácia do Porto e colunista do jornal Verdadeiro Olhar – Publicado no Portal da Família em 09/07/2008

www.verdadeiroolhar.pt

A CASA DOS AVÓS

Oliveros F. Otero – José Altarejos

A casa dos avós pode ter um papel fundamental para a integração de uma família.

Eis o exemplo comentado de uma família que costuma se reunir na casa dos avós. É uma família muito numerosa. Nem sempre estão todos. Quando estão, passam facilmente de trinta pessoas. Quem pode, vem todo domingo. Inclusive quando os avós estão viajando. Nesses dias, a mais velha das filhas solteiras assume a responsabilidade de ser a anfitriã.

Estes avós sabem que este é um procedimento que supõe uma forte idéia do que é família. Por isso, eles dizem que compensa gastar parte da possível herança material, que será um dia dos filhos, para ter sempre um ponto para a transmissão da herança espiritual da família.

Eles têm 20 netos e continuam sendo avós jovens. A avó continua participando de programas de formação de orientadores familiares, tem o costume de escrever cartas, ou telefonar para os netos – para cada um deles – nos grandes eventos da vida de cada um. Sabe que é um tempo bem gasto. Quem sabe um dia ela escreva um livro com o título "Cartas para meus netos".

A CASA DOS AVÓS É UM LUGAR DE ENCONTRO DE QUEM QUER SE ENCONTRAR

É UM LUGAR...

• Onde se toma um aperitivo;

• onde se pode comer (avisando com antecedência, é claro);

• onde se pode conversar, em um grupo de dois, em um grupo pequeno, ou em uma grande tertúlia;

• onde se pode consultar uma biblioteca familiar;

• onde se pode contemplar as recordações e fotos de família ou a última viagem dos avós etc.

Ninguém se sente obrigado a permanecer mais tempo do que deseja ou de que dispõe. Cada família, ou alguns de seus membros, vai e volta segundo seus gostos ou possibilidades.

Isso supõe nos avós um alto nível de maturidade pessoal, de disponibilidade, de desprendimento, de hospitalidade etc., e também, de um certo modo, em seus filhos.

Também supõe planejar com antecedência esta possibilidade de convivência familiar. E mediante esta previsão, chegar a criar o espaço "humano" necessário. É bem verdade que em muitos casos a falta de meios econômicos não o permitem. Mas em outros, apenas falta um pouco de planejamento, desde muito antes do nascimento do primeiro neto.

Outras vezes, não falta casa, mas falta espírito. Não convém duvidar que "a cultura é a vida espiritual" (segundo João Paulo II). Neste sentido, umas famílias se distinguem das outras não tanto pela quantidade de meios materiais disponíveis, mas por saberem dispô-los, ou não, ao serviço do espírito familiar e de um estilo pessoal de vida em família.

a casa dos avós ...

• Como sendo um ponto de encontro de uma cultura celebrada ao longo das gerações de uma família;

• como lugar de contribuições literárias e artísticas, convertido em patrimônio cultural daquela família;

• enriquecida pelas tradições religiosas daquela família, inclusive quando foram iniciadas pelos avós atuais;

• é o lugar natural de encontro das diferentes culturas que nascem em cada novo lar, em cada família fundada pelos filhos e noras, ou pelas filhas e genros.

Deste modo, não apenas a cultura dos avós se insere na vida e nas famílias das novas gerações, mas também nessa casa dos avós se irá gerar uma nova seleção de contribuições pessoais valiosas que aumentam ainda mais essa cultura que eles transmitem.

A prática dessa cultura original melhora o relacionamento e a educação entre os membros da família, além de ser uma proteção para as famílias contra as epidemias, pragas, contaminações, idéias redutoras, deformação moral e espiritual do ambiente.

Oliveros F. Otero – José Altarejos. Los Abuelos Jóvenes www.edicionespalabra.es

Fonte: Edufam – http://www.edufam.com

A casa dos avós pode ter um papel fundamental para a integração de uma família.

www.portaldafamilia.org.br

UMA AVÓ QUE PAROU DE CONTAR HISTÓRIAS

Em 17 maio de 2008 faleceu a escritora Zélia Gattai, 91 anos, filha de imigrantes italianos. A romancista era viúva de Jorge Amado, com quem formou uma das mais duradouras e prolíficas uniões da literatura brasileira.

Contadora de histórias por vocação, Zélia começou a escrever aos 63 anos e seu primeiro livro, o romance *Anarquistas, graças a Deus*, é um relato da vida dos imigrantes italianos na São Paulo do começo do século. Memorialista consagrada, Zélia Gattai também escreveu livros para o público jovem e, após a morte de Jorge Amado, se dedicou às memórias de sua família, lançando diversos livros sobre o assunto.

Ela brincava sempre com o fato de ser chamada de escritora, mesmo depois de ter sido eleita imortal da Academia Brasileira de Letras. Além dos três filhos, Zélia Gattai também deixa nove netos e cinco bisnetos.

extraído de www.idademaior.com.br

BENGALADAS

Luís Fernando Verissimo

Longe de mim estimular a violência no país, mas pensei o seguinte: deveria haver uma lei que permitisse a cada cidadão, ao chegar a determinada idade – digamos 70 anos – usar sua bengala contra quem quisesse, sem o risco de retaliação, reprimenda ou processo. É claro que haveria uma regulamentação.

O cidadão não poderia simplesmente sair a dar bengaladas indiscriminadas. Teria uma quota anual de bengaladas livres que, se ultrapassada, aí sim lhe traria consequências legais. Dentro da sua quota ele poderia bater em quem quisesse sem ser responsabilizado e sem ter nem que explicar por que batia. Mas se excedesse a quota permitida teria sua bengala confiscada.

Os critérios para bater seriam subjetivos: velhos desafetos e implicâncias, indignações passageiras, diferenças artísticas, políticas ou monetárias, ou a convicção que mesmo sem uma razão definível algumas pessoas pedem bengaladas, é ou não é? Os cidadãos poderiam negociar suas quotas: quem já tivesse esgotado as suas mas ainda precisasse dar algumas boas bengaladas compraria quotas de outro, menos ativo. Teria que ser encontrada uma maneira de evitar bengaladas em bando, vários cidadãos irados se reunindo para bater num só. E casos de reincidência doméstica: velhos casais gastando suas quotas dando bengaladas um no outro o ano inteiro, só variando para acertar, por exemplo, um cunhado.

Acabaria o problema do que dar para pessoas de setenta anos no seu aniversário ou no Natal, além de meias e caixinhas de remédio. Bengalas! Com uma licença oficial para usá-las à vontade, dentro das regras estabelecidas e do bom senso, e com um hábeas-corpus preventivo para o caso de algum excesso de iniciante. Alguém às vésperas de fazer 70 anos mal poderia esperar para, finalmente, por as mãos numa bengala e numa licença para bater. Muitos já teriam uma lista de prioridades pronta para quando começassem a dar bengaladas – e treinado bengaladas certeiras em segredo, para não perder tempo quando começassem.

É difícil que a minha idéia pegue, mas, por via das dúvidas, leitor, faça desde já a sua lista: em quem você bateria se tivesse a sua bengala e a certeza da impunidade? Na minha lista já tem dezessete.

www.velhosamigos.com.br

A MEDIDA DA AVOSIDADE

Por Simone Spadafora, colaboração de Ruth G. C. Lopes, diretamente para o Portal

Ao falar de relações intergeracionais nos referimos à transmissão psíquica entre gerações. O que acontece aqui e agora, em uma família determinada, inserida em uma dada cultura vai depender do que foi transmitido de geração em geração: o legado psíquico que cada criança dessa família recebe ao nascer e sobre o qual vai estruturar sua vida psíquica.

Constituir-se como ser humano implica em um trabalho psíquico onde o legado recebido deve ser metabolizado no confronto com o outro. Esse processo de subjetivação acontece no espaço e no tempo intergeracional e só é possível na intersubjetividade. No isolamento absoluto não conseguiríamos nos humanizar e nem sequer adquirir o poder da palavra. Sabemos que apesar das exigências do individualismo na modernidade, ninguém se faz sozinho, ninguém é auto-engendrado. Enfim, precisamos do Outro para nos constituirmos como sujeitos psíquicos. É esse Outro quem transmite o legado geracional e a partir dele, cada sujeito escreve sua própria história. A transmissão geracional é um processo que acontece no tempo e depende de um trabalho psíquico que articula o projeto identificatório. Segundo Aulagnier (1979), projeto identificatório não é mais do que a resposta que o sujeito obtém cada vez que se pergunta "Quem sou eu?".

Na nossa cultura, a função de transmissão psíquica é preferencialmente exercida pela família. Ela garante a primeira transmissão intersubjetiva.

Avosidade extendida

Mead (1971) em *La fosse dês generations*, já dizia que a continuidade da cultura depende da presença viva de ao menos três gerações. Atualmente, é fácil encontrar a convivência de até quatro gerações concomitantemente. Nos países desenvolvidos, e em vias de desenvolvimento, as configurações familiares mudaram radicalmente nas últimas décadas. Se por um lado temos um menor número de membros em cada geração como resultado da baixa taxa de natalidade, por outro, com o aumento da longevidade, observamos a existência de várias gerações da mesma família. Desta maneira, aumenta o número de avós e o número de anos que uma pessoa vai viver como avô. É habitual nos dias de hoje compartilhar a vida adulta dos netos, criando novas modalidades vinculares de solidariedade mútua, onde frequentemente estes se transformam em seus cuidadores e/ou exercem uma função mediadora quando existem conflitos com a geração do meio.

Em matéria publicada no *New York Times*, Tamar Lewin (2005) descreve que na última década tornou-se comum os avós criarem milhões de crianças americanas cujos pais se perderam com as drogas, doenças mentais ou prisão.

Vern Bengtson, sociólogo e gerontologista da Universidade da Califórnia do Sul, fala sobre o envolvimento crescente dos avós na vida familiar americana, importante recurso para o apoio da família e estabilidade financeira.

Evidentemente, não há nada de novo em avós ajudarem a sustentar as famílias. Mas, com as mudanças demográficas e as modificações nos caminhos de vida dos mais velhos e seus filhos adultos, a influência dos avós cresceu.

A própria presença dos avós nas vidas dos netos é muito mais comum do que costumava ser. A probabilidade de uma pessoa de 20 anos hoje ter uma avó viva (91%) é mais alta do que era de uma pessoa de 20 anos ter sua mãe viva (83%) em 1900, de acordo com uma análise de Peter R. Uhlenberg, professor da Universidade da Carolina do Norte.

Avosidade plural

São incontáveis as modalidades de avosidade e isto depende de múltiplos fatores entre os quais se destacam: a singular estrutura psíquica desses sujeitos que viraram avós; a história familiar; o meio cultural em que o vínculo se desenvolve e muito especialmente do tipo de relacionamento anterior com os filhos.

"A avó do século XXI não é a mesma, ela é também avô. Ser avô é uma continuidade, não um corte...mais um papel na vida" (Goldfarb, 2008).

No programa "Diálogos Impertinentes – Avosidade", Delia Goldfarb cita a predominância da avosidade feminina na organização de sociedades, como a classe média paulistana, que permite que o homem reine no espaço público e a mulher no espaço privado: "Atualmente, a mulher trabalha muito e esse padrão está mudando. A diferenciação entre mulheres e homens é cultural e não biológica". Portanto, culturalmente, a mulher tem maior contato com o neto que o avô. A avó tem mais disponibilidade e, os homens sofrem com isso. Segundo Ruth G. C. Lopes, as mulheres que permanecem casadas encontram maridos sem perspectivas, isolados, querendo e não sabendo como fazer a aproximação junto aos netos.

Avosidade Kairós

Zarebski (2005) chama a atenção para a sinonímia entre os termos avô e velho. É possível ter netos quando ainda não se chegou à idade em que se é considerado velho. Destaca também que nos dias atuais, devido ao aumento da longevidade e outras modificações culturais, ser avô é só uma das possibilidades identificatórias, pode-se ser muitas outras coisas.

O que define um avô, não é uma imagem nem uma idade cronológica, nem sequer um papel social. A avosidade é uma função intimamente ligada à materna ou paterna das quais se diferencia, mas que como aquelas, tem um papel determinante na estruturação psíquica do sujeito.

Para Redler (1986), o simbólico precede e constitui o sujeito na genealogia. A função de avô está sempre presente, independe do indivíduo aceitá-la ou rejeitá-la. A avosidade é a estruturação psíquica do sujeito que se localiza no primeiro nível na ordem da filiação trigeracional.

A avosidade é sempre estruturante, não importando se o neto teve ou não contato com os avós. Mediatizados pelos pais, a avosidade opera estruturando o psiquismo, atravessando a subjetividade, ocupando um lugar na história de cada sujeito: o lugar do pai-mãe, de seu pai-mãe. Os avós, ainda que ausentes, podem ter marcado ideais, colaborado na montagem de representações sobre a vida, a morte, a sexualidade, o trabalho etc.

"O que faz que a avosidade seja reconhecida e conseguida como função é que quem ocupa esse lugar tenha podido realizar a operação simbólica de se colocar como pai/mãe de um pai/mãe. Ou seja, que tenha podido, não ceder, mas dar lugar a que se reproduza em seu filho/filha a função paterna/materna, colocando-se assim como mais um elo na cadeia geracional" (Zarebski, 2005, p. 142).

A avosidade não remete a uma idade cronológica, mas a um laço de parentesco localizado nas filiações trigeracionais, do ponto de vista pessoal, familiar e social. Atentar para a delicadeza dessa etapa da vida implica em programas voltados para o debate deste tema junto ao segmento diretamente envolvido. Não é esperar para ver o que acontece, mas se antecipar à exteriorização dos confrontos sob a forma de embates familiares irreconciliáveis, adoecimentos desencadeados ou acentuados pela depressão.

Avosidade não biológica

Para Delia Goldfarb, a possibilidade da maternagem é possível antes de se ter um filho, pode-se viver a avosidade sem a presença de netos biológicos através de funções no coletivo: "o avô da rua", "o avô que ajuda na lição"... – sem laços de sangue.

"Abrir a ideia de família, expandir o vínculo e o amor" (Lopes, 2008).

Avosidade comedida

Segundo Ivan Ângelo (2002), hoje em dia torna-se avô com certa antecedência. Aparelhos de última geração nos permitem ver o neto lá dentro da barriga. O exame dá à luz a um avô, será preciso adaptar-se ao papel.

Com relação aos pais do netinho, não se deve ser ostensivo, melhor manter uma posição que, no futebol, chamam de "sobra". Se for preciso estará lá, na sobra. Limites, evitar muito palpite. Nada tão reservado que pareça distância, nem tão manifesto que insinue invasão. Os filhos já não são filhos, no sentido de ouvir. São vontades, opiniões, escolhas, decisões à espera de cumplicidade.

A opinião do avô valerá mais por vir da experiência? Ou menos, por escudar-se em receios? Melhor acatar as idéias dos moços, a não ser em caso de desastre iminente.

"Permitir ser avó aos pedaços é uma forma de punição. Se não se pode calar o mundo, não se pode calar os avós" (Goldfarb, 2008).

Avosidade também

Não se deixa de ser pai/mãe pelo fato de fazer com que a função se reproduza; pensar que essa função é "cedida", implicaria em deixar de exercê-la. É neste sentido que se deve entender do legado à geração seguinte. A avosidade é o ponto culminante da paternidade, não porque aí acabe, mas porque nesse ponto se reproduz. Marca-se assim, uma perspectiva de continuidade ao sustentar uma dupla inscrição como filho do antecessor e como pai do sucessor. Ser filho e pai ao mesmo tempo, sem que os papéis se confundam, é o verdadeiro legado de uma transmissão geracional que basicamente funcionou bem.

Uma avosidade dita normal não é "natural", não é efeito de um fato biológico. A função de avô – como todas na vida – requer uma elaboração do questionamento do próprio papel como filho e como pai, na tentativa de não repetir os erros e de compensar as faltas. Ter um neto é um novo laço geracional, absolutamente inédito e exige uma reorganização psíquica, uma re-localização dos lugares de pertencimento. Mas continuidade não quer dizer indiferenciação, o que deve continuar é a função e, isso depende de que ela seja reproduzida. Mais do que alguma coisa a dar e receber, há entre as gerações algo a ser transmitido: a função paterna e materna.

Avosidade sem conflito

No quadro que delineamos, tornar-se avô talvez não seja uma tarefa assim tão tranquila como queiramos acreditar. O imaginário social associa avó à idéia de velho e de alguém livre de sentimentos contraditórios. No entanto, na sociedade contemporânea, a velhice é carregada de atribuições negativas, assim a crise de papéis atinge também expectativas com relação ao ser avô/avó: o que se espera dos avós e ao que os avós não conseguem mais se submeter.

Avosidade subjetiva

Ao escolher a temática do ser avô, como aspecto importante da estruturação psíquica do indivíduo idoso, procuramos exemplificar mecanismos psicológicos que adquirem especificidades nesse momento da vida. Como afirmamos anteriormente, enquanto características biológicas involuem, características psíquicas podem evoluir. Segundo Cecília Meireles (1983) no poema "Reinvenção": "A vida só é possível reinventada.. Sendo assim, se conseguirmos nos aproximar do entendimento dos processos internos dessas funções familiares, talvez possamos criar novas maneiras de exercer a avosidade".

Um neto representa promessa de vida em relação a certos ideais e morte em relação ao declínio físico e à consciência de finitude. A existência do neto intranquiliza, gerando um tumulto interno que propiciará o surgimento de novos interesses e o resgate da vitalidade. Através da possibilidade de amor pelo neto o idoso re-descobre esse sentimento em si.

Segundo Ruth G. Lopes (2008), o tema da avosidade traz um compromisso para as novas gerações. Existem várias velhices, é preciso diferentes soluções para a avosidade (pluralizar).

Referências

ANGELO, I. "Ser avô – O preparo psicológico para assumir uma nova missão". *Revista Veja SP,* 29 de Maio de 2002 (pg.126).

GOLDFARB, D.C. "Diálogos Impertinentes". *Folha de São Paulo,* São Paulo, 19/04/08. Programa realizado pela TV SESC com apoio PUC/TV, Folha São Paulo – ano 2008. Mediador: Fernando Altmeyer (PUC).

LEWIN, T. New York Times – Tradução: Deborah Weinberg, 14/07/05.

LPES, R.G.C; GOLDFARB, D.C. "Avosidade: a família e a transmissão psíquica entre gerações". In: FREITAS, E. V.; PY, L.; NERI, A. L. *Tratado de Geriatria e Gerontologia.* Rio de Janeiro: Ed. Guanabara-Koogan; 2° edição. Cap. 147, p. 1375-1381.

LOPES, R.G.C. "A avó – Diálogos Impertinentes". *Folha de São Paulo,* São Paulo, p.16-16, 19/04/08. Programa realizado pela TV SESC com apoio PUC/TV, Folha São Paulo – ano 2008. Mediador: Fernando Altmeyer (PUC).

REDLER, P. *Abuelidad: más allá de la paternidad.* B.A. Legasa, 1986.

ROUDINESCO, E. *A família em desordem.* Rio de Janeiro: Zahar, 2003.

SAMPEDRO, J.L. *O sorriso etrusco.* São Paulo: Martins Fontes.

www.portaldoenvelhecimento.net

AVÓ: MÃE DUAS VEZES

A idéia de que ao se tornar avó a mulher será, também, mãe pela segunda vez é bem aceita entre nós e até pelas próprias avós. Por esta razão muitas avós no Dia das Mães são também homenageadas pelos netos. O fato de se tornar avó, no entanto, não implica numa segunda maternidade. É nesta confusão de papéis que surgem muitos conflitos familiares. As jovens mães pedem para as avós ajudarem nos cuidados com o bebê: dar banho, ajudar a vestir, cortar as pequenas unhas, limpar os ouvidos etc. Sentem que estão inseguras em manipularem os seus pequenos filhos. Os primeiros e tão importantes cuidados maternos são delegados às avós, que tem mais experiência e também amam aquela criancinha. No entanto, parte significativa dos primeiros relacionamentos mãe-bebê se perdem. Vínculos iniciais deixam de se estabelecer e mãe e filho têm seus contatos mais íntimos perdidos ou adiados. Mais tarde, a jovem mãe volta ao trabalho e, muitas vezes, abandona a amamentação e entrega o bebê para a avó cuidar, enquanto ela estiver fora de casa. Aos finais de semana, a mãe quer passear com o seu marido e mais uma vez a avó é requisitada. Assim, a infância vai chegando ao final e as avós estão buscando os netos na porta das escolas, levando ao médico, ao dentista e já na adolescência são, muitas vezes, chamados às escolas para ouvirem a orientadora reclamar de notas, falta de disciplina ou algum outro problema. Os pais a essa altura continuam muito ocupados em seus compromissos e continuam delegando aos avós aquilo que naturalmente deveriam fazer. Mas, as avós estão satisfeitas com esta segunda maternidade? Muitos dizem que sim. No entanto, um número expressivo de avós se queixam do excesso de responsabilidade e trabalho que têm com os netos. Muitas dizem que criaram seus filhos sozinhas e não sabem porque as próprias filhas não conseguem fazê-lo. Sentem-se sobrecarregadas de tarefas, numa fase da vida que gostariam de ter mais tranquilidade e lazer. Gostariam de visitar ou receber os netos em suas casa para uma convivência sem obrigações e cobranças. Nos Dias das Mães, logicamente que querem ser homenageadas mas, como mães e não como avós (mãe duas vezes) e, certamente se sentirão felizes ao verem as suas filhas assumirem as suas funções sendo mães carinhosas e presentes nas vidas de seus filhos.

Susan Guggenheim – Psicanalista e psicoterapeuta de idosos – susan@domain.com.br

www.riototal.com.br (feliz idade)

AVÓS E NETOS: CONVÍVIO POSSÍVEL

Relacionamento traz benefícios para ambos

Por Keli Vasconcelos

O abraço apertado, os mimos exagerados, o cheiro de quitutes e de bolo saindo do forno, a liberdade para fazer o que bem entender e as histórias contadas para dormir. Essas são algumas das lembranças que nos viriam à mente sobre vovós e vovôs. A convivência entre avós e netos deixou de ser um evento esporádico. Hoje, os encontros entre essas duas gerações são muito aguardados, principalmente em datas comemorativas, como Natal e Páscoa.

Segundo dados do último Censo do Instituto Brasileiro de Geografia e Estatística (IBGE) de 2000, o Brasil possui cerca de 31 milhões de pessoas com mais de 50 anos e 2,1 milhões de netos ou bisnetos vivendo sob a responsabilidade de mulheres. Augusta da Silva Santana, de 66 anos, é um exemplo disso. Em casa, toma conta de seis netos sozinha, enquanto quatro dos cinco filhos trabalham.

Sentada ao lado de uma pilha de roupas para passar – tarefa realizada somente quando as crianças estão dormindo –, a aposentada conta que os netos respeitam mais a ela que aos próprios pais. "Criar as crianças está muito difícil, principalmente os mais velhos", diz Augusta. "Quando meus filhos querem pegar os meninos na 'chinela', defendo. Tem de conversar olho no olho, assim eles obedecem".

Para a psicóloga e psicoterapeuta Olga Inês Tessari, os avós devem deixar claro que a função de educar os netos fica a cargo dos pais. "Eles não têm a tarefa de serem babás", comenta. "Como diz o ditado, os avós têm mais é que 'estragá-los', dando a liberdade que gostariam de ter dado a seus filhos", diz Olga. Segundo ela, enquanto os avós ensinam o que sabem da sua experiência e da história da família aos netos, estes os levam a reviver o passado e, assim, a refletirem sobre sua vida e elaborá-la melhor.

Passear, ir ao cinema, aprender novidades tecnológicas, como navegar na Internet, por exemplo, são artimanhas que aproximam ainda mais as duas gerações. Quem faz isso é o comerciante Valmir Silveira de Aguiar, de 62 anos, que tem seis netos do primeiro casamento e ainda cuida do neto mais velho, de 14 anos. Para ele, a relação garante confiança e afeição. "Sempre saímos e nos damos muito bem, pois dou conselhos, ficamos atualizados juntos, vamos à igreja e conversamos sobre tudo", revela. "Como ele está na adolescência, fico no pé, principalmente quando o assunto é drogas e más-companhias", assegura o comerciante.

Nessa troca de ideias, o idoso conquista novas amizades, como a dos colegas dos netos, por exemplo, o que pode gerar um certo ciúme. A terapeuta e presidente da Associação Paulista de Terapia Familiar (APTF), Elizabeth Polity, vê o sentimento de ciúme como algo comum no desenvolvimento emocional. "Acho que o adulto pode trabalhar esta situação com bom senso, mostrando que tem amor para todos e que coração de avós é como o de mãe: sempre cabe mais um", explica.

Serviços

Olga Inês Tessari é responsável pelo site Ajuda Emocional – www.ajudaemocional.com

A APTF – Associação Paulista de Terapia Familiar – desenvolve um trabalho junto à comunidade, o RAV – rede de atendimento voluntário – feito por profissionais afiliados e presta serviço a preços especiais à população carente.

APTF – Al. Campinas, 1.111 – Jd. Paulista. São Paulo, SP, 01404-001

Tel.: (11) 3057-2041/ 3884 0124 – aptf@aptf.org.br

www.revistamaioridade.com.br

AVÓS: UM VELHO AMOR, SEMPRE NOVO...

Bruno Ferrari

Como "pagar" aos meus avós por tudo o que recebi deles? Talvez a única forma de retribuir-lhes seja a de deixar esse mesmo legado às gerações futuras.

Faz tempo deparei com um letreiro cujos dizeres me chamaram logo à atenção: "Adote um avô".

Depois observei como este lema se transformou em: "Ajude um avozinho". Ambas as mensagens me fizeram refletir muito sobre a importância que tem a figura dos avós e sobre o amor que eles professam perante seus filhos e netos.

Sem dúvida, para qualquer um de nós que tenhamos tido a sorte de conviver com nossos ascendentes, alguns deles representaram um elemento importantíssimo na nossa formação.

Não faz pouco tempo, na verdade demasiados anos já se passaram, quando eu era apenas uma criança que procurava aproveitar a maior quantidade de tempo possível em companhia dos meus avós.

Desde essa época, sempre me perguntei por que me agradava tanto a companhia deles. Hoje penso que teria sido provavelmente por causa da paz que os meus avós me propiciavam e pela grande sabedoria que eles sabiam e conseguiam me transmitir com base em sua experiência de vida.

Meu avozinho, por exemplo, sabia de fato me distrair, ensinando-me ao mesmo tempo coisas tão úteis como aprender a varrer, a lavar o carro e a preparar um delicioso suco de laranja.

Com os meus avós aprendi também a construir castelos de cartas de baralho e casinhas, com as peças do dominó, além de muitas outras brincadeiras que podem parecer, à primeira vista, nada transcendentais, mas nos proporcionam uma sadia convivência em família, partilhando momentos inolvidáveis que permanecem para sempre em nossa recordação.

Eu poderia arrolar aqui uma lista interminável de momentos felizes, seguramente inesquecíveis. Por exemplo, o dia em que aprendi a jogar dominó, as inúmeras lições de minha avozinha para eu aprender a jogar canastra com desastrosos resultados...

No entanto, independentemente de todos esses momentos que a gente guarda como um tesouro na vida, menciono também outra preciosidade de muito mais valor:

Nunca poderei esquecer o inquebrantável testemunho de trabalho do meu avô, quando saía de casa bem cedinho, apoiando-se num bastão, em consequência de uma bala que atingiu seu joelho, causando-lhe muito sofrimento pela dificuldade em caminhar, isso ainda nos tempos da "revolução".

Recordo-me como a avozinha se despedia dele com um carinho de dar inveja, permanecendo de pé, parada à porta da casa, por um longo espaço de tempo.

Meu bom velhinho se virava sempre, até de bem longe, para acenar mais uma vez um adeusinho à vovó, com a segurança de revê-la, pois sabia que ela continuaria no mesmo lugar, esperando para corresponder ao seu gesto, até perdê-lo de vista no final da rua.

Igualmente indescritível era a alegria de toda a família, quando escutávamos o toque característico que o meu avozinho nos dava, sempre que voltava do trabalho para casa.

Todos corríamos para recebê-lo, mas sempre nos surpreendíamos com a ligeireza com que a vovó invariavelmente nos passava à frente.

Uma coisa muito difícil, para mim, quase impossível mesmo, de recordar, é se alguma vez teria o meu avô retornado de mãos vazias. O que consigo relembrar, com muita clareza, é a figura do velhinho ao tirar o chapéu para receber, com ternura, um beijo de sua queridinha, ainda na frente da casa. Em seguida, ele começava a fazer a entrega, uma por uma, das mais variadas lembrancinhas que nos havia trazido. Às vezes eram doçuras baratas, guloseimas em forma de pequeninas peras de cor verde, até um carrinho de brinquedo ou algo parecido, em certas ocasiões.

Isto sem precisar dizer que, invariavelmente, nunca deixava de trazer algo especial para a minha avó, alguma delicadeza que ela recebia com manifesta, irradiante alegria.

Seus presentinhos eram coisas muito simples, mas escolhidas a dedo para desenvolver nossa inteligência e estimular a imaginação.

Nossos avós participaram ativamente de nossa formação, de forma muito especial. Lembro-me de quando minha avó me ensinou as primeiras orações, essas que todos nós conservamos na memória.

Recordo-me muito bem de como, pouco a pouco, ela ia plasmando, em cada um de nós, uma consciência reta, ensinando-nos a distinguir com clareza, e senso de justiça, entre o bom e o mau.

O que nos marcou, contudo, entre todos os meus irmãos e primos, com uma indelével lembrança, conto agora:

Todos os dias, ao anoitecer, antes de irmos dormir, minha avozinha nos acompanhava para rezarmos as nossas últimas orações e, de maneira singular, entrelaçando o espiritual e o lúdico, ela nos conduzia a um cômodo no qual foram preparadas diferentes divisões que se destinavam a cada um de nós.

Ali, ao abrir certas portas, havia um aquário vazio, de cristal, ladeado de outros dois aquários de tamanho menor, contendo, um deles, bolinhas de gude de cor preta, e o outro, bolinhas de gude de cor branca.

Ao passo que cada um de nós ia rezando, tinha que ir fazendo um exame de consciência. Por cada má ação que tivéssemos praticado durante o dia, devíamos depositar no aquário maior, o do meio, uma bolinha de gude de cor preta. Da mesma forma, por cada boa ação, uma bolinha de gude de cor branca. Depois disso, nós nos retirávamos para dormir.

No dia seguinte, ao nos levantarmos, pairava sobre todos nós uma grande ilusão de podermos retornar ao mesmo cômodo da véspera, já que sabíamos que as bolinhas de gude da noite anterior haviam-se "convertido", pelas mãos de minha avó, em montículos de palha, maiores ou menores, conforme tinham sido as nossas ações do dia anterior.

Essa palha, dia após dia, era guardada por nós mesmos, com um profundo respeito, em uma caixa grande, colocada debaixo da divisão onde se encontravam o aquário e as bolinhas de gude.

No final do ano, e sempre em companhia dos avós, todos esperávamos com ansiedade o dia de armar o pinheiro de Natal, e sobretudo as figuras do Presépio.

Experimentávamos, ainda que com certo constrangimento pelo tamanho dos diferentes montinhos de palha, uma enorme alegria quando cada um de nós levava o seu montante, acumulado através das boas obras praticadas diariamente no decorrer do ano inteiro, para com ele construir o presépio do Menino Jesus.

Foi assim que aprendemos que, por cada obra má que tivéssemos praticado, ou por aquelas boas obras que tivéssemos deixado de fazer, indiretamente tornávamos menos aconchegante o presépio do Menino Deus, o que para nós significava uma tremenda responsabilidade.

Outro dos preciosos exemplos, acredito que o mais valioso, foram-nos transmitidos pelos avós com respeito ao verdadeiro significado do amor.

Não se trata, aqui, do "amor" como nos é apresentado atualmente pela televisão ou pelas películas de cinema, mas daquele tipo de amor que só se pode experimentar quando o casal se deixa unir pela vontade sincera de continuar amando, mesmo já tendo passado o que se convencionou chamar os "melhores momentos da vida".

Quando a beleza física cede lugar à beleza espiritual. Quando já se perdoou tudo um ao outro e se prossegue perdoando, única e exclusivamente por amor.

É assim que me lembro de como, ainda criança, eu deslizava sorrateiro pela casa para, secretamente, poder melhor observar meus avozinhos em seus momentos de intima convivência afetiva.

Pouco a pouco, sem ser surpreendido, eu chegava ao ponto de me esconder detrás da porta. Do meu esconderijo, podia vê-los sentados diante de uma pequena mesa junto à janela que dava para o jardim. Era ali que eles gostavam de ficar, jogando dominó. Eu podia observar, por entre a fenda da porta, como meu avozinho tomava delicadamente a mão de sua esposa, essa outra metade de sua vida, e a acariciava com uma ternura tal que até hoje não me é possível esquecer.

Depois, então, como se tivessem ficado noivos no dia anterior, vovô cantava para ela uma canção, com sua voz bem entoada, como se fosse o mais romântico dos homens apaixonados. Essa canção falava de uma árvore e de uma menina: a menina gravava o nome dele no tronco da árvore, e a árvore, agradecida, deixava cair uma formosa flor para ela.

No final da canção, vovô lhe dizia ser a própria árvore, na qual ela havia gravado o nome dele, nome que ele conservava em seu tronco, perguntando-lhe o que havia feito com sua pobre flor.

Assim é que fui observando, quase sem que me desse conta, como transcorriam os últimos dias de ambos nesse clima repleto de amor, que meus velhinhos sempre professaram entre si.

Talvez esta tenha sido a causa, quando meu avô morreu, de não ter transcorrido mais de um ano para que minha avó o alcançasse, indo reunir-se a ele para sempre.

Ele morreu como sempre previra: "o dia em que eu já não consiga mais trabalhar, vou morrer de inatividade, porque a vida foi feita para servir, e quem não vive para servir não serve para viver".

Durante o último ano de vida de minha avó, meu avô nunca deixou de permanecer ao seu lado, embora fosse apenas pela recordação vívida que ela fazia questão de manter: ela continuou a arrumar a cama para ele dormir, como se continuasse vivo, e preparava seu lugar à mesa, do jeito que fazia habitualmente. Às vezes a gente até a escutava conversando baixinho com ele.

Partiram deste mundo meus avozinhos, mas só se foram corporalmente, porque seu exemplo, sua lembrança inolvidável e sobretudo seu testemunho de vida continuam ocupando, entre seus filhos e netos, um lugar muito importante, um verdadeiro exemplo a ser seguido.

Agora eu me pergunto de que forma se poderia "pagar" a avozinhos, como os meus, o incalculável legado que nos deixaram sobre o verdadeiro sentido do amor.

Talvez a única forma de retribuir-lhes seja a de deixar esse mesmo legado às gerações futuras. Oxalá, desta maneira, e só assim, nossos filhos e netos possam viver na própria carne "UM VELHO AMOR, SEMPRE NOVO".

Por: Bruno Ferrari – Desarrollo y Formación Familiar, A.C.

Tradução: mcferreira – Niterói, 18.04.08: 01,25h • Publicado no Portal da Família em 09/07

A CONQUISTA DA VELHICE

Publicado em abril 7, 2008 por Telma Lomba
Ponto de vista: Lya Luft – Veja on-line

Uma das melhores frases que escutei sobre velhice e envelhecer, porque realista e bem-humorada, foi: "Velhice? Eu acho ótima, até porque a alternativa seria a morte!" Não é em geral o que se escuta. Mesmo velhos que têm boa saúde e poderiam estar curtindo alguma coisa costumam se lamentar em lugar de viver. E, acreditem, sempre há o que fazer, aprender, renovar. Vai-se, é verdade, parte da energia (a lucidez, não necessariamente, e se a perdermos não saberemos: a natureza pode ser misericordiosa).

Para quando a inevitável velhice chegar, tomei com meu modelo, talvez inatingível, minha comadre, madrinha de um de meus filhos, minha amada amiga Mafalda Veríssimo, viúva de Erico e mãe de Luiz Fernando. Sei que ainda hoje, esteja onde estiver, ela sabe de mim, me cuida. Se pudesse me aconselhar, como costumava fazer, haveríamos de dar juntas boas risadas.

Essa velha dama, que, como minha mãe, morreu aos 90 anos, detestaria ser lembrada com tristeza. Uma de suas marcas era o bom humor, que nessa idade, mais do que em todas, é essencial: divertidos eram seus olhos muito azuis revelando o interesse múltiplo e alerta, aberto o coração.

A gente não a visitava para lhe fazer companhia (sua casa abrigava família e muitos amigos), mas porque nós precisávamos dela, ela nos alimentava com seu interesse, nos animava com sua vitalidade. Lia todos os jornais, entusiasmava-se com novidades, e as que não aprovava lá muito eram comentadas, também, com seu jeito divertido. Mafalda sempre me fez refletir sobre a velhice que escolhemos ter, para além das inevitáveis transformações que de preferência não escolheríamos. Com ela entendi melhor que velhos não são isolados porque os filhos não prestam ou os amigos morreram, mas também porque se tornaram chatos demais: reclamando, querendo controlar, chantageando e cobrando.

A gerontocracia pode ser cruel: é urgente rebelar-se contra ela, se queremos conviver com os velhos. E, se queremos ser um dia velhos com quem os outros gostem de estar, é bom evitá-la a qualquer custo. Velhos, como todos nós, podem ser vítimas de seu próprio preconceito – além da rejeição generalizada a tudo o que não for jovem e fulgurante. É comum encontrar alguém que bem antes da velhice já não diz duas frases sem acrescentar em tom lastimoso "na minha idade". Por que não encarar o tempo como transformação da beleza enérgica da juventude na serena beleza da velhice?

Hão de arquear as sobrancelhas, mas eu lhes digo que, se hoje me divirto mais do que aos 30 anos, espero aos 80 achar ainda mais graça em muitas coisas que, décadas atrás, me fariam arrancar os cabelos em desespero. Se alguém na velhice é realmente só, sem ninguém, nem vizinho nem conhecido nem parente nem mesmo o quitandeiro da esquina com quem falar, me perdoe: a não ser que uma tragédia tenha devastado sua vida sem deixar pedra sobre pedra, possivelmente faltou cultivar interesses e afetos, em vez de esperar por eles como obrigação alheia. Sinto muito: se o velho sempre bonzinho é um mito, o velho simpático, aberto e otimista é uma realidade. Quando comentei isso, alguém retrucou: "Mas todos morreram, não tenho ninguém da minha idade para conversar".

É bem possível e até provável, mas você nunca fez amizades com gente mais jovem? Nunca se abriu para o que há de estimulante no outro tempo da vida? Nunca se renovou, nunca se abrandou? Quem não tiver obsessão pela juventude perdida pode se interessar pela imensa variedade de assuntos que todo dia entram em nossa casa pelos jornais, pela televisão e – por que não? – pelo computador. E não me venham com "na minha idade".

Os grupos da chamada terceira idade podem ser divertidos, estimular amizades, fazer sentir que a gente não é a única nem a vítima do destino cruel? Mas, por favor, não botem as velhinhas a dançar com vestido de bailarina saltitando com balões nas mãos, ou para fazer teatro infantil. Não as maquiem em excesso, não as tornem caricaturas.

A velhice, que hoje tarda bem mais do que décadas atrás, pode ser bela na sua beleza peculiar; alegre na sua alegria boa; alerta na medida de seus interesses; procurada e apreciada enquanto não for amarga.

Enfim, que sejamos todos e todas Mafaldas Veríssimo, a que até o fim nos amou, nos apoiou, nos divertiu, nos escutou, aquela a quem procurávamos pelo nosso próprio bem e que deixou uma saudade boa, não um vazio de sombra. E assim, amiga, enfim te homenageei.

Lya Luft é escritora

A 'IMPORTÂNCIA DOS IDOSOS'

Egle Aparecida Picolo Balançuelo

Na falta de uma lixeira, já diz o velho ditado: 'Não tem tu, vai com tu mesmo'

"As Secretarias de Estado da Educação e do Dcsenvolvimento Social fecharam uma parceria para que todos os alunos dos ensinos fundamental e médio recebam informações e aprendizado sobre a chamada terceira idade. Ainda este ano, os professores da rede pública estadual serão capacitados para tratar desse assunto com os alunos. O objetivo é que os estudantes aprendam a valorizar a terceira idade e saibam sobre a importância dos idosos para a sociedade".

Cabe um esclarecimento: idoso é sinônimo de aposentado. E aí, a primeira pergunta que se deve fazer é a seguinte: governo é sociedade? Se for, já surge aqui uma primeira contradição. Ninguém se importa menos com os idosos e os aposentados do que o próprio governo. Está aí um governo que, por suas ações – ou melhor, omissões – prova que não respeita os aposentados. Apesar disso, e disso conscientes, e por estarmos sempre dispostos a ajudar, a colaborar (essa eterna mania de educador!!!), gostaríamos de sugerir um conteúdo programático para esse treinamento.

Sugerimos que se exija de todos os professores a leitura das obras de Jonathan Swift, escritor inglês do século 17, autor de *As viagens de Gulliver*. Dessas obras, em especial o texto em que ele descreve a solução fantástica que os habitantes de uma ilha imaginária descobriram para acabar com a pobreza: matar os pobres. Algo semelhante ao que se faz com os idosos e os aposentados no Brasil, só que aqui a coisa é mais sutil, mais disfarçada. Tratar o idoso e o aposentado daquela forma seria cruel, sem dúvida, mas também mais sincero e menos demagógico. Hoje, na verdade, parece que a maneira mais segura de melhorar a aposentadoria é morrer mais cedo.

O governo fala da importância dos idosos para a sociedade, ao mesmo tempo em que os exclui dos reajustes salariais e dos benefícios das reestruturações de carreiras, o que concorre para o seu crescente e contínuo empobrecimento. No magistério, os aposentados foram excluídos do reajuste salarial, do bônus e de todas as gratificações: por atividade de magistério, por trabalho educacional, de função e de representação. Em resumo, nega-se aos aposentados o direito a uma vida com um mínimo de qualidade. O governo que enfatiza a importância da discussão das questões sobre o envelhecimento é o mesmo que oferece aos aposentados um péssimo serviço de saúde, obrigando-os a correr para os caríssimos e proibitivos planos de saúde privada. O governo que ressalta a importância da valorização da terceira idade é o mesmo que faz o possível e o impossível para impedir ou adiar a aposentadoria dos educadores. É preciso que esse governo seja lembrado de algumas premissas básicas. Os aposentados não querem apenas reconhecimento; eles exigem respeito aos seus direitos. Os aposentados não querem ser valorizados em cursos e treinamentos; eles exigem respeito no seu dia-a-dia. Os aposentados não querem privilégios; eles exigem respeito à sua dignidade.

Enquanto essas premissas não se concretizarem, os idosos e os aposentados agradecem, mas dispensam aulas e palestras sobre sua importância, assim como as parcerias para capacitação sobre a terceira idade. Porque, nesse contexto, sabem eles que tudo isso é mera demagogia. Os aposentados sabem muito bem que, na verdade, eles não são importantes para o governo, nem são respeitados por ele. Essa perfumaria que o governo agora alardeia – uma parceria para tratar da importância do idoso – não passa de demagogia barata. Todos os recursos que serão desperdiçados com esses treinamentos, aulas e materiais deveriam ser convertidos em proventos, gratificações e bônus para os aposentados. Teriam melhor destino e uso. E, como um exemplo vale mais que mil palavras, com essa atitude o governo estaria mostrando respeito aos idosos, aos aposentados, reconhecendo e valorizando a sua importância social.

Egle Aparecida Picolo Balançuelo é professora e presidente da Udemo (Sindicato dos Diretores e Especialistas em Educação do Magistério Oficial do Estado de São Paulo) – Regional de Jundiaí – Fonte: DESENVOLVIMENTO SOCIAL – Jornal de Jundiaí Online: 29/4/2008 – http://www.portaljj.com.br/interna.asp?Int_IDSecao=6&Int_ID=47675

Publicado no Portal da Família em 05/10/2008

À LUTA, RAPAZES!

Por Roberto Dupré

A questão não é apenas dinheiro. Aliás, a grana é mesmo pouca. Advogado, 73 anos, boa aparência, "seu" Ferraz é um exemplo de competência e agilidade mental. Passou a vida como funcionário numa fábrica alemã de autopeças, gerenciando o departamento de Organização e Métodos. Agora, é o esteio de uma pequena empresa de entregas rápidas que o neto, quarentão, não conseguia tocar sozinho.

Desde que "seu" Ferraz começou o que ele chama de "pagelança" – ouvir muito, dar conselhos, criticar jamais –, o número de acidentes diminuiu entre os motoqueiros e, pasmem, os meninos resolveram encarar mais seriamente suas relações amorosas. Com sua Norton 39 prata e cromada, fazia furor nos tempos em que a rua Augusta era a rua Augusta. Hoje, o prazer dele é ficar batendo papo com a moçada, nos finais de tarde, sobre motos, namoradas, ficantes e filhos e acabou virando o "velhão" da molecada. Uma espécie de avô que não cria problemas por causa das tatuagens e dos piercings e que sempre tem uma boa ideia ou um bom conselho. Diminuindo a necessidade dos meninos de serem "cachorros loucos", conseguiu manter a rapidez nas entregas e aumentou a segurança em cima das motos. "Seu" Ferraz descobriu, até, um modo de agradar os clientes vips: liga sua velha Norton e faz pessoalmente a entrega do documento importante ou da quantia elevada. Nessas horas ele ri e diz ter criado uma nova profissão: o Office-Velho. Em menos de seis meses salvou a empresa do neto e é conhecido, em várias agências bancárias de São Paulo, como o velhinho que tem sempre um causo engraçado para contar.

"Envelheci, mas não morri"!

Há pessoas como o campeão pan-americano de motociclismo, Alex Barros, hoje beirando os quarenta anos. Muitos campeões ainda frequentam o quadrilátero do veneno. A maior parte deles aposentados, que descobriram uma nova forma de viver perto das motos: restaurando relíquias do passado, motos que chegam enferrujadas, e praticamente destruídas. Esses "doutores" fazem verdadeiros milagres. Mesmo os jovens motoqueiros sabem que, para ajustar determinados motores ou refazer determinadas peças, é preciso a mão desses sessentões. Atrás dos balcões desse quadrilátero que já foi conhecido como a "Boca do Lixo", não é raro encontrar vovós, de cabelos brancos, exímias em descobrir peças para motos novas e antigas.

"Lugar de neto é na garupa"

O nome do site deles já é significativo: Carpe Diem – um dia de cada vez. São mais de duzentos casais, com idade entre 60 e 80 anos. Saem, inúmeras vezes por ano, fazendo turismo pelo país. Há quarenta anos é assim. De fronte à sua loja na rua General Osório, no chamado quadrilátero do veneno, Waldemir Aquilino é um menino nos seus 60 anos de idade. "Não tenho problema de próstata, nem depressão, nem coisa alguma. Viajo mais de mil quilômetros de moto pelo Brasil. Fizemos disso um programa familiar. Vamos todos: esposas, filhos, noras e, agora, começam a ir os netos. Quando eu tiver 80 anos, meu neto deixará a garupa e será um motoqueiro de vinte. Essa é a nossa maneira de reunir a família, os amigos e de nos divertir muito. Hoje não preciso mais viver da loja, fico aqui para me manter atualizado e ouvir o barulho das motos".

www.carpedien.org.br / www.revistamaioridade.com.br

CORRESPONDER

Alfonso Aguilló

A situação das pessoas mais velhas

"A minha mãe – dizia-me há uns tempos um bom pai de família – é muito absorvente. Sinto que desde que a trouxemos para nossa casa começamos a ter um monte de problemas novos. Tem setenta e oito anos e está bastante doente. E a doença afeta-lhe um bocado a cabeça, e está muito absorvente, como te disse, para não dizer que às vezes está – peço desculpa – insuportável.

"Ela gostaria que estivéssemos o dia todo sentados ao seu lado e controla até a nossa hora de chegada ao fim da tarde. Opina sobre tudo, e a verdade é que às vezes perco a paciência. Já pensei que seria melhor se estivesse num lar e assim acabar-se-iam os meus problemas. Mas logo depois me envergonho ao lembrar-me do quanto ela suportou antes e depois de eu nascer. E penso que não posso fazer menos do que corresponder agora ao recebê-la em casa."

Esta é uma situação comum em muitas casas. São circunstâncias que por vezes se tornam difíceis, mas que têm que ser assumida serenamente, como uma tarefa, difícil e ao mesmo tempo maravilhosa, de fazer felizes os nossos pais nos poucos anos que lhes restam de vida.

Às vezes, por causa da sua idade e da sua doença, já quase não podem evitar ser como são.

Querem atenção, cuidado e carinho. E às vezes atuam com um egoísmo invasor que temos que saber aceitar, com uma maneira de ser que pode ser bastante cansativa, e logo nos vêm à cabeça pensamentos que de imediato vemos que são errados.

O ciclo da vida

Há que pensar que quando nós tínhamos seis meses, ou quatro anos, também seríamos muitas vezes difíceis de aturar, desagradáveis ou caprichosos. E de certeza que mais do que uma vez a nossa mãe perdeu a paciência ao ponto de lhe apetecer atirar-nos pela janela. Mas, naturalmente, não o fez, e aqui estamos.

Pense que há uns anos os teus pais tomaram conta de ti. Agora inverteram-se os papéis e tens tu que tomar conta deles. E não te esqueças de que, dentro de alguns anos, não muitos, os papéis se tornarão a inverter e será de ti que terão que tomar conta. Pensa que ao tomares conta dos teus pais, ou sogros, além de cumprir um dever de justiça e de carinho, estás a dar um grande exemplo aos teus filhos. Vai-te preparando para esse momento e atua agora como queres que aconteça contigo no futuro.

Recebe-se o que se deu

Soube que, nos dias de princípio de férias ou de fins-de-semana mais compridos, dá entrada nos hospitais uma quantidade enorme de pessoas de idade avançada. E isso não porque nesses dias os avós tenham alguma doença especial, mas porque muitas famílias querem desfazer-se dos seus pais idosos e assim passar as férias mais descansados. Pergunto-me se haverá realmente paz e alegria nessas famílias durante esses dias de descanso, depois de abandonar assim quem lhes deu a vida.

Nessas famílias em que os irmãos não se entendem, em que ninguém tem disponibilidade para atender materialmente às necessidades dos pais idosos, em que – no melhor dos casos – os suportam uns poucos dias em cada casa e com cara de chateados; nessas famílias, é de esperar que dentro de vinte ou trinta anos tenham dos seus filhos um tratamento parecido nos seus últimos anos de vida.

Por outro lado, conheci, felizmente, outras famílias que consideraram um orgulho fazer felizes os seus pais já idosos, e que fizeram grandes malabarismos para acolhê-los bem. Isso levou-os a ter que renunciar a muitas saídas e muita aparente felicidade, mas são famílias felizes e pode-se prever uma velhice feliz, porque os seus filhos terão visto, como numa aula prática, como se trata dos próprios pais quando ficam velhos.

Alfonso Aguilló

Fonte: www.interrogantes.net. Publicado no site Aldeia (http://aaldeia.net), com tradução de Maria Francisca Chaves Ramos. Publicado no Portal da Família em 25/11/2007

www.portaldafamilia.org.br

A MÁGICA DO TEMPO

Ellen Dastry

O movimento do tempo faz com que a gente perceba que tudo é mutável. A moda, os costumes e até a linguagem vão se transformando, como se os sabores da vida tivessem de ser testados ao longo dos anos.

Nas décadas de 60, 70, os jovens lutavam para garantir a sua individualidade. "Ninguém vai saber da minha vida", era o brado forte que se ouvia. Vai falar isso hoje? Foto, vídeo – tudo o que você faz pode ser documentado. Privacidade? O que é isso, companheiro?

Outro fato que me chama a atenção nesses novos tempos é o contra-senso que se deu na diferença de idade, hoje em dia vivemos um estranho fenômeno: os velhos estão mais jovens, enquanto as crianças ficaram mais adultas.

O avanço da ciência fez aumentar a expectativa de vida, 50 anos pode ser considerado um jovem adulto, de 60 a 75, um adulto. A palavra idoso não combina mais. Idoso é quem tem idade, portanto eu poderia entender que após fazer um ano, todos são idosos, porque tem idade...

Linguística à parte, as crianças também estão estranhas, tão adultas!... Cadê a "amarelinha", "escravos de jó"? Que nada, elas estão nas páginas de conteúdo dos mais diversos sites (que medo...), sabem tudo, discutem de igual para igual... Você já reparou como as crianças de hoje parecem mais sérias? Estressadas? Cheias de compromissos e horários?

E lá está o mais velho, feliz, sem stress, sem pressa e com tempo para ver o caminho que a joaninha vai escolher no jardim. De repente ele se depara com a criança adulta e pode mostrar a ela essa mágica do tempo. E quando a criança comenta algo moderno que descobriu nas páginas da internet, o velho jovem surpreende mais uma vez, porque ele também domina a máquina, mas com mais experiência, entende melhor o significado de tudo.

Agora você deve se perguntar: mas cadê o pai dessas crianças? Eles estão tão ocupados!... Imagine você que há uma vaga para se almejar na empresa, um novo colega de trabalho que tenta tomar o lugar do outro, tem conta pra pagar, diarista para ajustar na casa, supermercado para fazer, um curso para melhorar o currículo...

São tantas as preocupações dos pais que acabam ficando no meio da criança adulta e do jovem velho, sem se dar conta do que acontece entre eles.

E o que tem acontecido pode ser a grande salvação da família: os mais velhos muito próximos dos mais novos. A troca de experiência e o tempo que eles têm faz com que a relação tenha um ambiente de afeto e responsabilidade muito maior. A obrigação de educar dá lugar a ação de amar. Afinal, é indiscutível que a maturidade faz com que se ame com maior qualidade, sinta a vida de forma mais leve e consiga transmitir a certeza de que podemos ultrapassar os problemas que surgem em nossos caminhos.

Minha vivência com a minha avó foi exatamente assim. Ela me emprestou sua experiência e eu emprestei a ela minha juventude. Juntas nós fizemos uma parceira de vida deliciosa. Para todas as minhas dúvidas, ela tinha uma história pra contar e depois o seu colo, e também o seu carinho. Foram tantos os momentos, tantas as histórias que acabo de escrever o livro *Histórias que podem mudar sua vida*, onde reúno, a cada capítulo, um momento de aprendizado que guardei no coração.

Especialmente hoje, mais do que em qualquer outro dia, lembro-me dela com saudade, afinal é no dia 26 de julho que se comemora o Dia dos Avós, uma homenagem da igreja católica à Santa Ana e São Joaquim, avós de Jesus. A data provoca uma lembrança, como gosto de saudade boa, do bolinho de chuva, do café novo e de muitas conversas.

E eu lhe convido a essa reflexão do tempo e da importância da família. Uma reflexão que não nasce no pensamento, mas no coração, nas lembranças da infância, do medo de crescer e da alegria a cada aprendizado. Eu lhe convido para viver um pouco mais as suas recordações e encontrar nelas e encontrar nelas o que há de especial na sua ancestralidade, na sua história.

Não importa em que ponta da vida você está, se mais novo, se mais velho... importante é tentar essa troca de experiências. Acredite, você vai se surpreender! Pega o telefone agora! Liga. Se você é o avô ou a avó da história, aproveite hoje para falar com seus netos. Se você está na posição de neto, ligue para os seus avós, melhor ainda, vá visitá-los, dê um beijo especial nessas figuras tão boas da nossa vida.

Ellen Dastry é jornalista, radialista e pós graduada em comunicação e marketing, palestrante e autora do livro *Histórias que podem mudar sua vida.*

Publicado no Portal da Família em 07/07/2009.

www.portaldafamilia.org.br

COMENTÁRIOS DA AUTORA

A mágica do tempo

Quando cheguei ao Brasil, de uma cidade pequena, com outra língua, outros costumes, quase tudo causava muita estranheza: as distâncias dos endereços, o tamanho da cidade.

A maior surpresa foi quando meus filhos começaram a frequentar as festinhas no Brasil.

Em Lima, as crianças entre 13 e 15 anos voltavam das festas até às 22 horas, quando os pais iam buscá-las; aqui em São Paulo elas saiam a essa hora, só voltavam na madrugada. Também não havia eventos durante a semana, que era reservada apenas para as tarefas escolares, às vezes uma pequena reunião com amigas.

No Brasil é comum festas e comemorações a qualquer dia. E mais, as festas juninas, as comemorações de quinze anos, bailes de formatura.

ALEGRIAS DA VELHICE - JOÃO UBALDO RIBEIRO

Publicado em abril 7, 2008 por Telma Lomba
João Ubaldo Ribeiro – O Globo

Até ficar velho, operação antigamente simples e natural, resumível na venerável sentença "quem não morre fica velho", está se tornando cada vez mais complicado, a ponto de, receio eu, causar algumas crises de identidade nesse cada vez mais vasto contingente da população. Acho que vou sugerir a criação, nas faculdades de Filosofia, de um curso de epistemologia da velhice, porque a confusão, pelo menos entre os menos ilustrados, como eu, aumenta a cada dia.

Talvez até os próprios geriatras se beneficiem desse estudo, porque tenho praticamente certeza de que, entre eles, há divergências sobre o conceito de "velho".

A mim, confesso, já enche um pouco o saco esse negócio. Começou, se não me falham os rateantes neurônios, com essa conversa de terceira idade, inventada pelos americanos, que são muito bons de eufemismo, como testemunha a exemplar frase "lide com preconceito extremo", que, dizem, a CIA usava quando ordenava um assassinato. Passou a não pegar bem chamar velho de velho mesmo e agora a velharada é agredida com designações tais como "boa idade", "melhor idade", "feliz idade" e outras qualificações ofensivas. E, dentro dessas categorias, já me contaram que há subcategorias. Ninguém mais é velho, fica até feio o sujeito hoje em dia dizer que é velho.

De minha parte, reivindico apenas alguns direitos, entre os quais devo ressaltar não ser obrigado a entrar na fila dos idosos dos bancos. Aliás, a não entrar em fila de idoso nenhum, a não ser que, na hora, o que raramente sucede, isso apresente alguma vantagem. Fila de banco é uma furada séria, porque não só alguns de nossa variegada turma ou são surdos ou requerem primeiros socorros se começam a lhes explicar o que significa "o sistema caiu", por exemplo.

Me contaram que, numa agência aqui do bairro, uma senhora teve um pitaco, porque pensou que isso queria dizer que o banco falira e suas economias de viúva tinham ido juntar-se à vaca no brejo.

Imagino que, pelo tom acima, que talvez alguém entre vocês tenha antecipado que vou lembrar outra vez o que Jorge Amado, entre as incontáveis peças de sabedoria que me presenteou ao longo de nossa convivência de décadas, me disse a respeito da velhice. Aliás, vou dar um furo de reportagem – sou do tempo do furo de reportagem, espero ser cumprimentado pela direção do jornal. Jorge não me falou somente uma vez sobre a velhice, embora não fosse seu assunto favorito. Há muitas outras frases, mas não se destaca entre elas somente a que divulguei aqui: "Compadre, já me falaram muito das alegrias da velhice, mas ainda não me apresentaram a nenhuma." Teve outra, saquem agora o tremendo furo: "Compadre, não importa o que lhe digam, a gente não aprende nada com a velhice; a única coisa que a gente aprende com a velhice é que velhice é uma merda." Entrevendo os setentinha a média distância, temo que, como tudo mais que o compadre me ensinou, isso tudo seja a impiedosíssima verdade.

Pode ser que, a depender da categoria empregada, eu não seja velho (cartas sobre o que é ser velho, principalmente as escritas por velhos como eu, que vão dizer que a velhice está na mente etc. etc., para o editor, por caridade), mas, outro dia, não lembro onde, fui descer dois degraus do palco aonde havia antes subido e quatro jovens pressurosas me apararam as costas e me seguraram os cotovelos como se eu fosse um hipopótamo paraplégico tentando um salto ornamental. Eu talvez pareça um hipopótamo paraplégico, mas sou no máximo uma anta com artrite e ainda tenho lepidez bastante para descer um meio-fio com relativa confiança.

(A velhice não está na mente, está nas juntas.) Quanto ao aspecto didático da velhice, também parece confirmar-se o que me falou meu amigo. A vida pode ensinar alguma coisa e geralmente ensina, embora quase sempre a gente aprenda tarde demais – besteira, esse negócio de "nunca é tarde demais", costuma ser tarde demais mesmo. Mas a velhice mesmo só ensina o que ele disse. Certo, talvez eu não seja velho o suficiente para esta confirmação, mas os indícios são claros.

Calçar meias, para citar um caso, já me parece uma modalidade olímpica e nem me passa pela cabeça alcançar um centésimo do índice. Um dos meus joelhos volta e meia faz um barulho alarmante, dói uma besteirinha e depois volta ao silêncio enigmático com que minhas noites são atormentadas por visões de ossinhos se esfarelando, enquanto eu vou à banca de jornal. E por aí vai, o pudor me cala.

Mas Jorge não testemunhou o que hoje testemunho. As alegrias da velhice, afinal, não são meramente individuais.

E não é que agora vejo o Brasil a transformar-se mesmo num grande canteiro de obras? Falam até que o Bolsa Família será gradualmente extinto, pois o governo vai chamar cada beneficiário e dar a ele um emprego.

Claro, não há empregos nem para os que estão fora do BF, mas também não se pode querer tudo. E as coletividades que agora verão instalarse a concórdia e a prosperidade, através dos Territórios da Cidadania? Até mesmo as eleições municipais, frequentemente causa de rancor e hostilidade, deverão ser bem mais tranquilas. E, finalmente, o Big Brother Brazil deixou de ocupar o primeiro lugar entre as contribuições do Brasil para o progresso da Humanidade neste século. Agora, através da visão e da generosidade do Nosso Guia, o Brasil deu um passo muito à frente de Orwell e até do BBB. Não disse ele que d. Dilma Rousseff é a mãe do PAC? O PAC não é o nascimento de um novo Brasil, para o povo e não para a Zelite? Então, além do Nosso Guia, temos a nossa Big Mother.

Perfeito, até do ponto de vista psicanalítico. A única desvantagem sobre o BBB é que eles não deixam a gente ver o que eles fazem, mesmo entrando compulsoriamente para o *pay-per-view*.

www.brasilidosos.wordpress.com

Um diplomata é aquele que se lembra sempre do aniversário de uma mulher, mas nunca da sua idade.

Robert Frost

Beleza • Atividade Física • Saúde

TOXINA BOTULÍNICA É USADA NO TRATAMENTO DE PACIENTES QUE SOFREM DE INCOTINÊNCIA URINÁRIA

Estudos comprovam a eficácia da substância no tratamento da Síndrome da Bexiga Hiperativa

A incontinência urinária é uma das doenças que mais afetam a qualidade de vida, pois além de afetar a saúde também traz problemas sociais e de higiene. A nova esperança de tratamento para essa patologia é a toxina botulínica tipo A (BOTOX®) que tem demonstrado em pesquisas científicas seu alto valor terapêutico e de eficácia no tratamento.

A bexiga hiperativa é um tipo de incontinência urinária em que a bexiga sofre contrações involuntárias, fazendo com que a pessoa sinta uma vontade urgente e repentina de urinar a todo o momento, não conseguindo muitas vezes segurá-la. Outro tipo, é a incontinência urinária por esforço, causada por tosse, espirro, risada ou esforço físico. A incontinência urinária mista apresenta sintomas dos outros dois tipos. Além do incômodo, a doença traz um grande prejuízo para a vida social e para o sono.

Segundo a Sociedade Brasileira de Urologia, no Brasil cerca de 18,9% da população sofre com a Síndrome da Bexiga Hiperativa. Sendo que aumenta a prevalência da doença com a idade.

O problema é mais comum entre pessoas acima de 45 anos, mas homens e mulheres de todas as idades estão sujeitos a ela. Além disso, a Sociedade Brasileira de Incontinência Urinária acredita que as mulheres são mais acometidas com a doença. Aproximadamente 6 milhões de mulheres sofrem de incontinência no Brasil. Sendo que, deste total, apenas 50% fala a respeito do problema com seu médico. A proporção da incontinência entre homens e mulheres é de 2 mulheres para cada homem.

Sua origem pode estar relacionada a condições neurológicas, como lesões na coluna, esclerose múltipla, Parkinson, Diabetes ou simplesmente ser de causa desconhecida.

Entre os tratamentos disponíveis no mercado, os mais utilizados são os medicamentos, chamados anticolinérgicos. Porém, estes apresentam diversos efeitos colaterais. No restante, os tratamentos são cirúrgicos. O "marcapasso de bexiga" é indicado para bexiga hiperativa e para retenção urinária, mas este produto apresenta vários inconvenientes ao paciente.

BOTOX® é a mais nova esperança no tratamento da bexiga hiperativa. Estudos realizados em diversos países demonstram que quando aplicado diretamente na parede da bexiga, relaxa o músculo, fazendo com que o paciente retorne às suas atividades diárias.

A indicação da toxina botulínica tipo A para esse fim está em estudo e já tem demonstrado, em pesquisas científicas, o seu alto valor terapêutico e de eficácia no tratamento.

O urologista e Presidente da Sociedade de Urologia Seccional São Paulo, Luiz Rios, explica que há vantagens no uso da substância em relação aos demais tratamentos existentes no mercado. "As cirurgias são procedimentos de custo elevado, algumas vezes complexas e envolvem riscos maiores. Já os medicamentos anticolinérgicos nem sempre trazem o efeito desejado e podem apresentar efeitos colaterais. A toxina botulínica veio para ocupar o espaço entre os medicamentos e as cirurgias", diz o doutor Rios.

"O tratamento da Síndrome da Bexiga Hiperativa com a toxina botulínica proporciona uma melhora satisfatória para os pacientes, pois é um procedimento único, seguro e com poucos efeitos colaterais", acrescenta o especialista.

Fonte: Burson-Marsteller – Agência de Comunicação BOTOX América Latina

www.belezainteligente.com.br

ALCANCE A FONTE DA JUVENTUDE

Caminhar ou correr é uma verdadeira fonte de juventude. Pesquisadores afirmam que o hábito pode reduzir a idade biológica em até 12 anos.

Por: Redação Clube Vida Moderna

A prática regular de atividade física aliada à alimentação saudável aumenta a auto-estima, previne doenças e, de quebra, ainda ajuda a adquirir novos amigos e manter o corpo em forma. A corrida e a caminhada estão entre as práticas de exercícios físicos que trazem melhores benefícios à saúde. Aprendendo a maneira correta de praticar e de acordo com seu organismo, trará bom condicionamento físico, perda de peso, aumento da capacidade cardiovascular e respiratória, controle da pressão arterial e também melhora na qualidade do sono e na digestão dos alimentos.

Ela pode ser realizada em diversos locais: na academia, na rua, na areia, no campo. O importante é começar numa velocidade de moderada à regular e com acompanhamento médico – essencial para quem já passou dos 60 anos. O médico realizará uma avaliação clinica, para garantir que você esteja apto a começar uma atividade física. Estar informado sobre sua saúde, o que fazer para melhorá-la, é um passo muito importante para iniciar a prática. A avaliação física é geralmente realizada por um profissional de educação física que coleta informações sobre sua forma física atual e as possibilidades futuras. Certas lesões provocam dores musculares fortes que, em casos mais sérios, impossibilita-nos de continuar o treino. Para evitar danos é preciso manter a postura correta, não forçando a coluna; usar um tênis adequado com bom amortecimento, evitando grandes impactos que forcem a coluna e os músculos; e o mais importante: alongar-se antes e depois dos exercícios. Para que se obtenha bons resultados, decorrentes do treino, é essencial ter boa flexibilidade, por isso o alongamento é fundamental. Vinte minutos antes e depois do treino são suficientes.

VISTA-SE CORRETAMENTE

O calçado adequado é um investimento importante que garantirá a sua segurança e protegerá as articulações, devido ao impacto dos pés com o chão. Não há tênis ideal, mas deve-se levar em consideração o conforto – não estar apertado e nem folgado demais. "Assim como existem diferentes formatos de pés, existem diferentes formas de pisar. O uso de um tênis inadequado pode acarretar dores, desconforto, bolhas e até lesões por sobrecarga", conta o especialista em medicina desportiva, Dr. José Marques Neto, da Clínica Paulista de esportes de São Paulo.

Vale lembrar que os tênis falsificados, que imitam os tênis de marcas mais conhecidas, não possuem amortecimento adequado.

A roupa também é importante. Prefira tecidos claros e leves. Evite os pesados e sintéticos que dificultam a entrada de ar e a transpiração. Meias de algodão são fundamentais para evitar bolhas e outros danos aos pés.

HIDRATAR-SE É IMPORTANTE

Beber água é um hábito que todos devem ter, sem exceção. Para os que praticam atividades físicas é mais que necessário hidratar-se antes, durante e depois da atividade, principalmente nos dias em que o ar está seco. "Quando nos exercitamos, a temperatura interna do corpo sobe. Para que haja manutenção da temperatura ideal, o corpo precisa se 'esfriar' e isso ocorre através da transpiração, ou seja, pela eliminação do suor. Toda atividade física deve ser acompanhada de hidratação adequada, para não prejudicar o organismo e nem o rendimento esportivo. Devemos ingerir líquido, sempre em pequena quantidade, várias vezes ao dia. O recomendado é 150 a 200 ml a cada 15 ou 20 minutos, revela a Nutricionista Clínica e Esportiva Monica Forte".

A dica é levar uma garrafa de água para seus treinos.

ONDE TREINAR

No Brasil, esse esporte deixou de ser solitário. Sem dúvida dividir prazeres e superar obstáculos é uma forma que as pessoas têm de motivarem umas as outras.

Uma ótima terapia para quem gosta de correr e não quer desanimar é ouvir música durante os treinos. Oito em cada dez corredores preferem ouvir música enquanto praticam o esporte, inclusive em competições. Uma boa trilha sonora, além de acalmar e proporcionar bem-estar durante os treinos, melhora as passadas, diverte, mantém o ritmo e ajuda a chegar mais longe.

Para não cair na rotina, varie o local de corrida. Corra um dia no asfalto, outro na grama, e marque também com os amigos de realizarem um treino à beira-mar e, até mesmo, de participarem de competições em outra cidade, outro estado e quem sabe em outro país.

Informe-se sobre novas maneiras de livrar-se da rotina. O Dr. José Marques Neto acredita que o ideal para a prática de caminhada ou corrida é a grama. É mais macia e causa menor impacto em caso de queda. "O local faz a diferença para a atividade, sendo que os mais macios (grama, terra batida) são recomendados para quem deseja minimizar os riscos de lesões", afirma.

Quem prefere o asfalto deve tomar cuidado com os pedregulhos, desníveis e também com o trânsito.

CORRER SEM SE PREOCUPAR COM A IDADE

Tomar a decisão de iniciar uma atividade física e abandonar o sedentarismo não é uma questão de idade, mas sim de almejar uma vida melhor e dar um passo à frente. O maior obstáculo, independente de ser jovem ou mais maduro, é acreditar que você é capaz. O começo é mais difícil, por isso o ideal é iniciar com uma caminhada leve.

DOS 20 AOS 40 ANOS

Nessa fase, a corrida serve como equilíbrio mental. Devido ao estresse de conciliar a vida profissional e social, dormimos poucas horas e não nos alimentamos corretamente. Por isso, é recomendado somente a caminhada durante três ou quatro semanas e, então, iniciar a corrida, aumentando gradativamente a velocidade. É necessário tirar pelo menos um dia de descanso entre os treinos mais intensos. Complemente a corrida com treinos de musculação, para o fortalecimento muscular.

DOS 40 AOS 60 ANOS

Correr nessa idade é a melhor forma de enfrentar alguns problemas que irão surgindo, acarretados pela crise da meia idade. A partir dos 40 anos, começa-se a perder massa muscular e diminuir o volume de oxigênio no organismo. As mulheres enfrentam a menopausa e os homens a andropausa, o que pode causar mudanças de temperatura no corpo. Nestes casos, a corrida traz benefícios como aumento da resistência física, permitindo participar de meias maratonas e maratonas em tempo satisfatório. Para iniciar um treino, o primeiro passo é alongar-se. Em seguida, comece com caminhada de 10 minutos antes de passar para a corrida. É necessário também que se conciliem treinos de musculação, pelo menos duas vezes por semana, com intervalos de descanso três dias na semana, principalmente após treinos de maior intensidade. Por isso, é recomendável uma frequência de treinos entre três a quatro vezes por semana.

ACIMA DOS 60

Nesta fase é preciso atenção redobrada e cuidados para evitar lesões, por isso a dica é alongar-se bem antes e depois do treino. Deve-se iniciar pela caminhada, alternando ritmos fracos e fortes. A adaptação até chegar à corrida será mais longa, cerca de oito semanas até seis meses. Mas haverá mais facilidade para manter forma física do que alguém mais jovem.

O volume semanal de treinos deve ser médio, cerca de uma hora por dia, em média três vezes por semana, de preferência em pisos mais macios, como a grama e a terra batida.

EXEMPLO CAMPEÃO

São muitos os motivos que nos levam a iniciar a prática de correr. Uns querem emagrecer, outros melhorar a saúde. Para Antonio Luis, 45, de Osasco-SP, a corrida foi um incentivo para largar o cigarro, há cinco anos. "Minha alimentação ficou melhor, procuro comer alimentos saudáveis e nos horários certos, para adquirir energia para os treinos. Além de aumentar minha disposição, gripes e resfriados são coisas do passado. Meu colesterol e triglicérides são baixíssimos. Não tenho dores de cabeça e meu intestino funciona perfeitamente, revela."

Colaboração:

LDK Assessoria Esportiva

ldkassessoriaesportiva.blogspot.com

Saiba mais:

Mônica Antunes G. Forte – Nutricionista Clínica e Esportiva

www.monicaforte.com

Dr. José Marques Neto – Clínica Paulista de Esportes

www.clinicapaulistadeesportes.com.br

www.clubevidamoderna.com.br

O homem começa a morrer na idade em que perde o entusiasmo.

Honoré de Balzac

VOCÊ QUER ENVELHECER...

Silvia Rogar

Cada vez mais precisa, sutil e natural, a cirurgia plástica anti-envelhecimento tornou-se recurso indispensável para quem vive da boa aparência ou simplesmente gosta de esconder a idade que tem e dispõe dos recursos para isso. Aliada a cremes e procedimentos estéticos cada vez mais sofisticados, a mulher que já passou dos 60 pode muito bem continuar bonita, viçosa e elegante – com certo empenho, claro, mas pode. O mais difícil mesmo, a essa altura da vida, é achar o perfeito equilíbrio entre, de um lado, não fazer nada e ficar velha – opção de Brigitte Bardot, a beldade francesa que hoje, aos 75 anos, expõe todas as rugas e manchas de quem não passou pelo bisturi – e, de outro, fazer tudo e virar outra pessoa – a triste escolha de Ursula Andress, beleza fulgurante que embasbacou James Bond e que agora, aos 74 anos, causa espanto por motivos bem diversos. Encontrar um meio-termo, ou seja, recorrer às providências disponíveis sem mudar de expressão, é fato raro e louvável; palmas, portanto, para a inglesa Helen Mirren, que aos 64 anos muito bem vividos não mostra a idade que tem, nem pretende mostrar uma idade que há muito tempo não tem. "Da mesma forma que a maneira de se vestir fica mais discreta com a idade, as intervenções na face têm de ser mais sutis. Senão, podem ser tão perigosas quanto sair de minissaia ou barriga de fora aos 70 anos", compara a chefe da equipe de cirurgia plástica da Clínica Ivo Pitanguy, Bárbara Machado.

O maior risco, para a mulher que acumula plástica em cima de plástica e procedimento atrás de procedimento, é aos poucos ir se concentrando nos detalhes, perdendo a visão do conjunto. "Quando as maçãs estão murchas, ela só presta atenção naquela parte e exagera no volume. Ou, tipicamente, extrapola no tamanho dos lábios. Se o médico sugere alguma alteração, porque o conjunto fica grotesco, ela resiste", diz o cirurgião plástico Volney Pitombo. Na opinião dos médicos, existe uma cota máxima para o estica e puxa ao longo da vida. Em nome de certa naturalidade, eles não recomendam mais do que três liftings, com intervalos de dez anos entre cada um. Quem começou aos 40 e repetiu a dose aos 50 terá, no máximo, uma única chance nas décadas seguintes. Nas pálpebras, alvo preferencial das fãs da plástica ("Só uma puxadinha de nada"), recomenda-se mexer com cautela. "Em casos extremos, quando s e tira pele demais, a mulher dorme com os olhos praticamente abertos", adverte Bárbara. Especialistas apresentados a fotos de Helen Mirren são unânimes em elogiar seu lifting (sim, ela evidentemente fez um, ou mais de um), que resultou num pescoço rejuvenescido e na linha da mandíbula bem definida – coisa que nem genética privilegiada, nem terapias com laser e cremes poderosos proporcionariam na idade que tem. "Apesar de ter um pouco de rugas na região dos olhos, as bolsas em torno deles foram muito bem retiradas. E o melhor: existe harmonia entre colo e face. Os dois estão com a pele num estado muito similar", analisa o cirurgião Paulo Müller, do Rio de Janeiro. Além disso, Helen sabe realçar o que tem de melhor, valorizando com cores fortes os lábios – cheios na medida certa – e não usando tons escuros nos olhos, o que pode deixar a expressão mais pesada.

Outro aviso dos especialistas a quem já cruzou a linha dos 60: Botox e preenchimentos deixam de fazer milagres. A toxina botulínica tem efeitos limitados numa musculatura sujeita a décadas de estresse, e a injeção em excesso do produto resulta em uma aparência artificial, paralisada, sem expressão. Um rosto assim de Ursula Andress, com sua testa lisa como a de um bebê e ainda por cima gigantesca, sinal da tração de plásticas consecutivas, e seus lábios na medida de Angelina Jolie – nada que lembre a primeira e inimitável Bond Girl saindo do mar, de biquíni, em 007 Contra o Satânico Dr. No. "O preenchimento a que Ursula se submeteu é incompatível com sua faixa etária, principalmente porque ela tem papada e um contorno feio da mandíbula", diz Paulo Müller. Bárbara acrescenta: "Uma testa como essa deveria passar por um implante de cabelos. Tiraria um pouco do estigma das plásticas". Em faixa semelhante de idade, Raquel Welch, 70 anos em setembro, também se reformulou ao longo dos anos, mas com muito mais critério e atenção às proporções. Jura de pezinhos juntos que nunca fez plástica. "Cirurgia não funciona. Indispensável é um programa de exercícios. Faço ginástica todo dia", informa aos descrentes. Rosto lisinho, pele sedosa, cabelo bem cuidado, dentes revestidos de porcelana, ela parece uma mocinha, e se mostra muito satisfeita com essa improvável condição. "Raquel se comporta como a maioria das mulheres que está satisfeita com o próprio visual: eleva o queixo e o nariz e tem uma postura mais atrevida. Postura, aliás, é fundamental. As que não toleram o envelhecimento adotam uma atitude mais acanhada e evitam muitas expressões faciais", aponta

Paulo Müller. Solenemente indiferente a toda essa movimentação, Brigitte Bardot, bem resolvida e irreconhecível ativista na defesa dos animais, mostra a idade a quem quiser ver. Ainda bem, porque, se um dia acordasse mais preocupada com as rugas do que com a pele de raposas e chinchilas, o bisturi não conseguiria fazer muito. "O resultado nunca seria tão bom quanto o de uma plástica feita aos 50 anos. Na idade dela, não é possível remover tanta flacidez, e certas características não podem mais ser recuperadas", diz a cirurgiã Bárbara.

www.veja.abril.com.br 23/06/2010

BELEZA NA TERCEIRA IDADE

Salão de beleza dedica especial atenção a esse público

Definitivamente, vaidade não é exclusividade dos jovens. Hoje, mais do que nunca, as mulheres que chegam à terceira idade ou a melhor idade, como muitas preferem serem chamadas, investem cada vez mais nos cuidados com a sua aparência, com comprovados ganhos estéticos e melhoria da auto-estima.

Com foco nesse segmento, o salão de beleza Planet Hair mantém profissionais especializadas e um espaço exclusivo para atendimento a esse público. Além disso, as suas instalações – totalmente acessíveis – facilitam o acesso e trânsito não só da terceira idade como também de deficientes físicos.

A cabeleireira Vanda Maria Corte Brusca, que há mais de 35 anos atua com a melhor idade, diz que os cuidados com a beleza não diminuem na terceira idade, se intensificam. "Ninguém quer deixar os fios brancos à mostra e muito menos ficar com o cabelo comprido, sem corte", conta a cabeleireira que têm clientes na faixa de 50, 60, 70, 80 e até 90 anos, muitas delas fiéis à profissional há mais de três décadas.

Dicas para rejuvenescer

Determinados cortes e cores de tintura têm o poder de rejuvenescer. "Por isso, antes fazer mudanças de cor e de corte é importante analisar o formato do rosto e o tom da pele", explica Vanda. "Os cabelos curtos e médios, além de serem mais práticos, versáteis e chiques, são ideais para mulheres com mais de 60 anos, pois rejuvenescem a expressão e dão mais destaque ao rosto".

Com relação à tintura, a cabeleireira esclarece que o mais indicado é usar tons intermediários, louros claros e acobreados, que ajudam a suavizar os traços do rosto. "Uma boa opção também são os reflexos e as mechas, com nuances douradas ou avermelhadas, que deixam a mulher com uma expressão mais natural e jovem".

Por outro lado, cabelos acinzentados, muito escuros ou preto acentuam as rugas e olheiras e endurecem as feições, assim como os tons muito claros, que deixam a pele sem vida, com aspecto envelhecido. Também é importante ressaltar que é preciso manter o corte em dia, assim como a tintura e reflexos, que devem ser retocados mensalmente.

Certas mulheres preferem manter os cabelos grisalhos. Nesse caso, eles devem estar bem cortados e hidratados, para ter um aspecto brilhante e saudável, de modo a conferir um ar elegante.

Mais informações: Vanda Maria Corte Brusca, cabeleireira do Planet Hair – Rua Melo Alves, 96 – Jardins – Tel. 3082.0113 – Estacionamento com manobrista. Fonte: Entre Parênteses Comunicações – junho 2008.

www.belezainteligente.com.br

UM TEMPO PARA SI

Vinícius Santos

Pensar em nada sério, apenas relaxar. Se preocupar com o que gosta e se divertir. Todo mundo precisa disso. Ainda mais quando já se passou por várias etapas da vida, superou desafios e até hoje, em muitos casos, tem que cuidar de netos e/ou trabalhar para complementar sua renda e de parentes. É o caso dos idosos. Pessoas como Adelino Gomes Rodrigues, Vanda Martins e Geiser Prado Noronha são exemplos disso. Eles têm ocupações (esportes, hobbies, passatempos etc.) que desenvolvem o convívio social, condicionamento físico, veia artística, entre outras características.

Em 1983, Vanda Martins, aos 56 anos, realizou o sonho de uma vida. Virou atriz. Depois de ficar viúva, começou a realizar várias atividades no Sesc Carmo, como dinâmicas de grupo ou pintura. Até que entrou para o grupo de teatro de terceira idade. "Desde criança sonhava em ser atriz", conta. Segundo ela, foi o primeiro grupo de teatro de terceira idade do Brasil.

Esse pioneirismo a levou – junto com o resto do grupo – a enfrentar o preconceito de que não era possível fazer peças com aquela idade. "As pessoas não acreditavam que nós podíamos ser vedetes, fazer um musical, cantar e dançar", relata Vanda.

Atualmente, com 79 anos, faz parte da Cia de Teatro Fênix, que ajudou a formar com Terezinha Bertollini. Esta é autora e diretora, Vanda é assistente de direção e atriz. "Tudo que a gente faz é por amor à arte, porque, na verdade, a gente perde dinheiro com o teatro", sentencia.

Gêiser, por sua vez, já fazia o que ama desde garoto: jogar bocha. Hoje, aos 78 anos, ele é o presidente da Federação Paulista de Bocha e Bolão. "O que eu gosto na bocha é a competição, a disputa", conta Gêiser. Ele explica que a bocha é subestimada, vista como um esporte de pouco esforço. Mas, na verdade, a bocha dá um ótimo condicionamento físico. "Não é todo mundo que aguenta uma partida, porque elas chegam a durar duas horas e meia", relata. Como presidente, Gêiser tem como uma de suas principais funções a divulgação da bocha entre os jovens. Ele quer tirar da bocha o estigma de esporte apenas para idosos, e, dessa forma, popularizá-la.

Adelino prefere algo mais leve, quase uma terapia. Aos 65 anos, ele é administrador de empresas e dá expediente em seu escritório, que divide com sua esposa, advogada. Empoleirado ao seu lado em uma gaiola está um curió pardo. "Até um ano de idade eles têm essa cor, depois trocam de penugem, ficam pretos", conta. O pássaro está lá para ser treinado, aprender a cantar. Este é o hobby de Adelino: ele é um "fazedor de canto" – atividade que leva com tanta dedicação e que o fez tornar-se presidente da Sociedade Esportiva Recreativa dos Criadores de Avinhados (Serca).

Ele treina os curiós para que se tornem "clássicos", ou seja, cantem as 26 notas sem desafinar. São dois em seu apartamento – "quando acordo, me sinto no meio do mato" – e um em seu escritório. Ele os pega com 35 a 40 dias de vida e começa o seu processo de ensinamento. Os pássaros são isolados em uma sala equipada com um aparelho de som específico para esse trabalho, que tem um sensor de luminosidade. Então, assim que nasce o sol, o aparelho toca vinte minutos de um CD com um curió cantando perfeitamente e descansa outros vinte. A pausa é para que o curió pardo repita o que ouviu. Isso é feito até que aprendam tudo corretamente, ou "encartem", na terminologia dos passarinheiros.

É algo tão difícil, que Adelino conta que existem pessoas com 30 anos de hobby que nunca conseguiram fazer um clássico. Ele consegue uma média de dois por ano. Mas, em 2005, teve sorte, foram quatro. "Quando o curió pardo aprende a cantar, é como se nascesse um filho", compara.

Esse hobby vem de família. Em encontros de seus familiares, "não se falava de outra coisa a não ser sobre pássaros". Depois de casado continuou com esse passatempo. Andava por seu bairro procurando outros criadores, "feito barata tonta". Até que conheceu e se associou à Serca. Nos sábados e domingos de manhã vai até lá para encontrar amigos que fez por causa do hobby, conversar, mostrar seus pássaros, enfim, ter uma vida social ativa.

Esse círculo de amigos é multiplicado por causa das competições, que são organizadas por todo Brasil, nas quais os curiós são eleitos de acordo com critérios, "assim como uma escola de samba". Esses eventos acabam se tornando ponto de encontro de amigos, que não se reúnem para conversar sobre futebol ou política, mas sobre pássaros. "Vou para Marília para um campeonato, mas chegando lá, vou de casa em casa de passarinheiro que conheço por conversas pelo telefone", conta. Uma vida social de dar inveja para gente de qualquer idade.

Serviços

Federação Paulista de Bocha e Bolão – Tel.: (11) 3873-7595

Serca – Tel.: (11) 6692-4512 • Sesc Carmo – Tel.: (11) 3105-9121

www.revistamaioridade.com.br

> Em certa idade, quer pela astúcia quer por amor próprio, as coisas que mais desejamos são as que fingimos não desejar.
>
> *Proust*

BOM PARA A PELE E O CORAÇÃO

Bárbara Raffaeli

Manter uma vida sexual satisfatória, mesmo em idade avançada, é fundamental porque favorece o bem-estar e a saúde. A conclusão é do andrologista austríaco Siegfried Meryn e tem como base a pesquisa do grupo farmacêutico, realizada em nível mundial entre 26 mil homens e mulheres, na faixa etária de 40 a 80 anos. Os resultados foram surpreendentes. Em primeiro lugar, essa população, diferentemente do senso comum, não condena a sexualidade nem a paixão entre idosos. Ao contrário: mais da metade dos entrevistados rejeitou a opinião de que "as pessoas mais velhas não querem sexo".

Mais de 50% disseram ter mantido relações sexuais nos últimos 12 meses e quase três em cada cinco, pelo menos uma vez por semana.

A regularidade não surpreende a psiquiatra coordenadora do Projeto Sexualidade da USP (Universidade de São Paulo) e autora do livro *Descobrimento Sexual do Brasil*, Carmita Abdo: "Existe sexo bom nessa idade! O casal aprendeu a se dar prazer ao longo da vida, é uma experiência de décadas. A mulher é mais experiente, chega ao orgasmo muito mais fácil", explica, acrescentando que a grande diferença do sexo nessa fase é que ele fica menos intenso, como tudo na vida.

PRATIQUE O SEXO SEGURO

Indispensável em qualquer idade, a prevenção e os cuidados contra as DST e a Aids são fundamentais para quem quer ter uma vida sexual prazerosa longe dos problemas. Os números da contaminação continuam preocupantes em nosso país.

Mesmo para quem já não precisa se preocupar com os riscos de uma gravidez indesejada, o bom senso recomenda o uso do preservativo também entre os parceiros amorosos da Terceira Idade. Isto porque em qualquer faixa etária continua valendo a máxima: quem vê cara não vê Aids e, muito menos, nenhuma das DST, as Doenças Sexualmente Transmissíveis, que continuam fazendo estragos, com altos níveis de contaminação entre homens e mulheres de todas as idades e classes sociais. Para interromper essa cadeia preocupante, ou pelo menos não correr o risco de fazer parte dela, só há um jeito: praticar o sexo seguro seja qual for o parceiro.

SATISFAÇÃO GARANTIDA

Para tudo dar certo, há que se respeitar os sins e os nãos da vida sexual plena, segundo especialistas na matéria.

Sim!

- Namore muito, para manter a capacidade de sedução e de conquista.
- Cuide da saúde, lembrando que saúde e prazer andam lado a lado.
- Pratique esportes, pois eles melhoram a disposição para a vida e o sexo.

Não!

- Fumar jamais: o cigarro prejudica a saúde e o desempenho sexual.
- Beba com moderação: o álcool também compromete o desempenho sexual.
- Fora com o sedentarismo: além de comprometer motivação e capacidade física, também causa desordens emocionais.

CORTE O MAL PELA RAIZ

Um check-up completo é o primeiro passo para garantir mais segurança e disposição sexual na terceira idade. "Aos 50 anos, é possível identificar com mais frequência o surgimento de doenças como diabetes, problemas de próstata, hipertensão e outros distúrbios cardiovasculares. As consequências são desastrosas se não forem tratadas", adverte o psiquiatra Moacir Costa, do Instituto de Sexualidade do Hospital das Clínicas de São Paulo. Costa afasta o pessimismo lembrando que a reposição hormonal em homens e mulheres, com critério e rigor médico, pode ser um caminho seguro para a solução de vários complicadores do bom desempenho sexual. Além de impedimentos físicos, há outros fatores que podem comprometer a prática sexual, veja como lidar com eles:

DEPRESSÃO

Segundo Carmita Abdo, a ocorrência é muito comum na terceira idade, devido à falta de trabalhos produtivos e à ausência dos filhos, que cresceram e deixaram a casa paterna. "A depressão é um dos problemas que afetam o interesse por sexo na Terceira Idade. Há, na verdade, uma relação que se repete, um círculo vicioso: a queda da competência sexual gera depressão e a depressão aumenta a incompetência sexual".

Antídoto seguro: psicoterapias ou, se o médico indicar, medicação adequada.

DECADÊNCIA FÍSICA

Cabelos brancos, rugas e flacidez podem colaborar para um estado de desânimo geral, que compromete o sexo, alerta o psiquiatra Moacir Costa, do Instituto de Sexualidade do Hospital das Clínicas de São Paulo: "O contato com a idéia do envelhecimento, que se dá em geral em torno dos 50 anos, pode sim abalar as estruturas do individuo provocando uma sensível diminuição no seu apetite sexual. No plano psicológico, acredita-se que homens e mulheres encaram essa nova fase com boa dose de perplexidade e negação. Através do espelho, vem a constatação das rugas, do embranquecimento dos cabelos e da redução ou oscilação dos desejos em geral. Os sexuais atormentam mais os homens", observa. "A terapia psicológica favorece uma leitura mais global dessa fase e aponta algumas direções mais saudáveis", indica Costa.

Antídoto seguro: encarar cuidados com o corpo e com a cabeça, afinal, beleza é também resultado de bons tratos e pode contemplar pessoas de todas as idades. Exercícios físicos prazerosos garantem maior energia e bem-estar. Vitaminas, boa alimentação e o cultivo de atitudes positivas podem "remoçar". Se for difícil mudar a rotina sozinho, vale buscar ajuda de um terapeuta ou personal trainer.

PERDA DA INTIMIDADE

Casais que durante uma vida inteira nunca se entenderam, cultivaram rancores e distanciamento, podem constatar a perda da intimidade: "Após os 60 anos, as dificuldades, os traços da personalidade se acentuam, o que acaba afastando o casal. Coisas que incomodaram um ao outro a vida inteira vão incomodar mais. Isso diminui a vida sexual mais ainda", ressalta Carmita.

Antídoto seguro: terapia de casal e muito diálogo para tentar resgatar os sentimentos ou, se for o caso, encarar a separação. O que não se justifica é conviver com uma "não vida" só por comodismo.

Fontes

Carmita Abdo, psiquiatra, coordenadora do Projeto Sexualidade da USP, e autora do livro *Descobrimento Sexual do Brasil.*

Moacir Costa – Médico do Instituto de Sexualidade do Hospital das Clínicas de São Paulo.

www.aids.gov.br • www.revistamaioridade.com.br

EXERCÍCIO FAZ PACIENTE DE DOENÇA DEGENERATIVA GANHAR MASSA MUSCULAR

Nilbberth Silva / Agência USP

Pesquisadores da USP conseguiram pela primeira vez fazer com que um paciente de miosite por corpúsculo de inclusão (MCI) – uma doença inflamatória que leva à degeneração lenta dos músculos – voltasse a ganhar massa muscular. Para isso, usaram uma técnica simples: o paciente levantava pesos leves com um aparelho de medir pressão obstruindo parcialmente o fluxo sanguíneo.

Nessa miosite, os músculos lentamente perdem o volume e a capacidade de produzir força. Ficam enfraquecidos principalmente as coxas e dedos. O processo de atrofia geralmente começa perto dos 50 anos. A MCI é rara. Segundo pesquisas internacionais, para cada 1 milhão de pessoas, cerca de 14 sofrem com ela.

Na pesquisa, um paciente de 65 anos fez exercícios para fortalecer as coxas com o fluxo sanguíneo parcialmente obstruído. Ele levantava 20% do peso máximo que conseguia carregar, uma quantidade bem abaixo da recomendada por profissionais de educação física para pessoas saudáveis. Os cientistas temiam que cargas altas aumentassem a inflamação fazendo o paciente perder músculos, em vez de ganhá-los.

Depois do treino, os músculos da coxa do idoso aumentaram o volume em 5% e ele conseguia levantar com as pernas cargas 11,6% mais pesadas. "Isso é significativo. É o que se espera em idosos saudáveis", diz o autor da pesquisa, o doutor em Educação Física Bruno Gualano. Ele fez a pesquisa no Laboratório de Avaliação e Condicionamento em Reumatologia do Hospital das Clínicas da Faculdade de Medicina da USP. Gualano destaca que a o tratamento não curou a doença, apesar da melhora no quadro do paciente.

O idoso também relatou melhoras na qualidade de vida e teve mais facilidade para lidar com atividades do cotidiano. Ele teve uma melhora de 60% em um teste que consiste em sentar, levantar, andar até um cone distante três metros, contorná-lo e voltar. O tempo caiu de 16 para 10 segundos. Para saber mais sobre a pesquisa e assistir ao depoimento do paciente, veja o artigo em formato audiovisual no *Journal of Visualized Experiments*. O trabalho também foi publicado na revista *Medicine and Science in Sports and Exercise*.

DESEJO DE APARENTAR JUVENTUDE PODE DETONAR SEU VISUAL

Deslizes estéticos que pegam mal em qualquer idade são ainda piores na maturidade

Por Ana Maria Madeira Publicado em 3/5/2010

Com os avanços dos tratamentos estéticos e a mudança nos padrões de comportamento, idade não significa mais perder a sensualidade e ficar com um visual com cara de antigo. Ao mesmo tempo, a moda está mais democrática do que nunca, não há um único estilo em voga – há inúmeros. Diante disso e de celebridades de "60 com cara de 30", surgem dúvidas entre as mulheres mais velhas: posso copiar alguns elementos do visual das novinhas? Barriga de fora, saia balonê ou piercing? Envelhecer não é fácil, mas apelar para artifícios de gerações anteriores para disfarçar a idade nem sempre é a melhor saída *fashion*.

Modo de vestir

Está na dúvida do que lhe cai bem? Pense nesta fórmula sugerida pela consultora de imagem Andrea Azevedo . "Existem coisas que não ficam elegantes nem nas pessoas mais novas, quanto mais para as mais velhas", diz ela. Alguns desses itens são: decotes muito profundos, barriga de fora, calças muito justas e saias e vestidos curtos demais. "A questão do visual não está apenas ligada à idade, mas sim ao estilo pessoal e à adequação ao corpo", diz Andrea. Sendo assim, a maior dica é valorizar os pontos fortes e esconder aqueles que não são tão favoráveis.

As mulheres mais velhas, em geral, têm mais gordura acumulada, principalmente na barriga e no quadril, mas existem algumas peças que disfarçam isso. Blusas, vestidos e saias balonês não são recomendados para as mais velhas, bem como estampas de fundo claro, e peças muito largas? que acabam engordando. A cintura alta, também bastante em voga, merece cuidados. "Esse tipo de modelagem, se usado com uma blusa errada, só aumenta a barriga. As cinturas médias são a melhor opção", indica a especialista.

Um bom truque para as mais maduras e até para as novinhas é acertar na roupa íntima, e isso não significa escolher a mais bonita e sexy. Hoje existem bermudas e tops modeladores que ficam bem discretos por baixo da roupa, que marcam a cintura e comprimirem levemente a barriga. "Além disso, os shorts e bermudinhas não marcam sob vestidos, como as calcinhas normais", diz Andrea.

A pele merece atenção

As marcas de expressão começam a ser notadas por volta dos 40 anos e são decorrentes da contração muscular repetida ao longo dos anos e são mais comuns ao redor dos olhos, testa e lábios. Já as rugas são produto do envelhecimento da pele, causado principalmente pela perda de água. Sendo assim, as rugas são um processo natural e para manter a beleza, não se deve buscar eliminá-las totalmente. "Uma mulher de 50 anos que queira parecer que tem 20, não ficará com uma beleza natural", diz o dermatologista Jorge Mariz, da Sociedade Brasileira de Dermatologia.

Muitas optam pelos preenchimentos nas áreas do rosto que perderam o volume ao longo dos anos, como maçãs e boca, mas o volume colocado não deve ser maior do que era antes, pois em muitos casos a mulher acaba com o rosto deformado. O botox pode ser um aliado da beleza, mas vale novamente a moderação para não ficar com o rosto paralisado. "O bronzeamento artificial é algo que além de esteticamente artificial, é perigoso para a saúde, pois nas câmaras expõe a pessoa a raios ultravioleta, muitas vezes em quantidades exageradas, que podem causar câncer de pele", diz o dermatologista.

Após os 40 anos, a maquiagem não pode deixar de ser suave. Um erro comum é o uso de sombras cintilantes. "Esse tipo de sombra não é recomendado para as mais velhas, porque acentua as rugas da região dos olhos", de acordo com Andrea. O delineador líquido também deve ser evitado, pois traz o mesmo problema.

Para fazer a preparação da pele, o mais indicado são as bases e corretivos líquidos, pois os tipo pancakes e os pós faciais em excesso acentuam as marcas de expressão. Na boca, valem as cores escuras, mas o batom deve ser seco, pois os mais líquidos e os gloss reforçam as marquinhas. O lápis labial é uma boa alternativa, pois acentua o contorno dos lábios, mas deve haver um cuidado para que não fique artificial. "Ele deve ser de uma cor bastante próxima do batom e uma dica e esfumaçá-lo levemente com os dedos, para não ficar muito marcado. E use o lápis apenas em lugares que precisam ser realçados", diz a consultora.

Cabelo de diva

Cuidar do cabelo é essencial para quem quer parecer mais jovem. Uma dica é adotar a franja. Ela emoldura o rosto e dá um ar delicado à expressão, mas cuidado: não é todo o tipo de pessoa que fica bem com esse corte. "As franjas muito curtas acabam deixando o visual infantil, opte pelas mais longas", diz o cabeleireiro André de Leone.

Os cabelos ficam mais finos à medida em que as pessoas envelhecem, o ideal é fazer cortes e usar produtos que deem volume aos cabelos. Um dos truques comuns para parecer mais jovem é usar tons claros, entretanto apelar para o super loiro se você tem a pele morena não deixa de ser um exagero. "Nesse caso, abuse dos castanhos mais claros, faça luzes", diz o especialista. Outra dica são os produtos "reconstrutores", como xampus, cremes e tratamentos feitos em salão que, em geral, levam queratina na composição e são indicados para cabelos envelhecidos pela ação do tempo.

EXERCÍCIOS PARA A MEMÓRIA DE PACIENTES COM ALZHEIMER

Manual sugere atividades para retardar perda de cognição entre idosos com a doença

Bruno Folli, enviado a Belo Horizonte • 29/07/2010

Não há como reverter o declínio cognitivo dos pacientes com mal de Alzheimer, mas é possível amenizar os efeitos da doença com exercícios para memória e outras atividades de fácil execução.

Algumas dessas tarefas foram reunidas no *Manual Memória, Arte e Sucata*, elaborado pela geriatra Ivete Berkenbrock, em parceria com a psicóloga Joice Peters Schiavinato, especialista em gerontologia. A publicação acaba de ser lançada no XVII Congresso Brasileiro de Geriatria, que teve início nesta quinta-feira, dia 29, em Belo Horizonte (MG). "O manual é uma ferramenta direcionada ao cuidador do paciente com declínio cognitivo leve a moderado", descreve Ivete.

Cada capítulo representa um mês do ano, com informações sobre as suas principais datas comemorativas. Os exercícios sugeridos buscam associar a data em questão com lembranças pessoais do paciente, o que irá estimular sua memória. Por exemplo, no primeiro capítulo (janeiro) é pedida a construção de frases com as palavras "nascimento", "família" e "amigos." "Isso reduz a agitação do paciente, melhora seu humor e favorece a interação com o cuidador", enumera Ivete. Também é sugerida uma série de atividades artesanais, como a confecção de máscaras de carnaval durante o segundo capítulo (fevereiro) e um porta-guardanapos da Páscoa, no quarto capítulo (abril).

A realização deste tipo de atividade é praticada em diversos centros de atendimento e suporte ao idoso com mal de Alzheimer, e tem comprovada sua capacidade de melhorar a socialização do paciente.

Não há separação dos exercícios por dificuldade, eles devem ser aplicados conforme a resposta do paciente. O material, elaborado com apoio da farmacêutica Janssen-Cilag, está sendo distribuído gratuitamente em consultórios de médicos que recebam pacientes com declínio cognitivo.

Velhice ou doença?

O mal de Alzheimer afeta o cérebro e geralmente prejudica memória, raciocínio e linguagem. Mas a doença pode também prejudicar outras funções, como a mastigação, caso atinja determinadas áreas do cérebro. Em seu estágio inicial, a doença pode ser confundida com um processo natural do envelhecimento.

Os sintomas costumam ser uma leve confusão no espaço e tempo, dificuldade de tomar decisões e de lembrar fatos recentes, além de falta de motivação. A doença vai se agravando aos poucos, de forma gradual, tornando o idoso cada vez mais isolado e prejudicando a realização de tarefas corriqueiras do cotidiano. As causas da doença ainda não são bem compreendidas, mas já é sabido que ela está associada ao envelhecimento.

Atualmente, o Instituto Brasileiro de Geografia e Estatística (IBGE) estima que a população idosa, com idade igual ou superior a 65 anos, represente 6,67% da população total do país. Este número deve dobrar até 2050. Só no estado de São Paulo, de acordo com a Fundação Seade, já existem cerca de 4,3 milhões de idosos, sendo que o número deve chegar a 7,1 milhões em 2030. A maior parte (56,8%) será de mulheres.

www.delas.ig.com.br

HIDROGINÁSTICA – AFRID

Lorena Pontes Pimenta Assis

Estagiária da hidroginástica do AFRID / aluna curso Educação Física da UFU

Como o nome já diz, hidroginástica é a ginástica na água. Ela se diferencia das outras atividades por trazer vários benefícios devido às propriedades físicas que a água oferece.

Bonachela (1994) classifica as propriedades físicas da água em densidade, flutuação, pressão hidrostática e viscosidade, como:

• Densidade: é a relação entre massa e volume (D= m/v).

• Flutuação: de acordo com o princípio de Arquimedes, quando um corpo está completo ou parcialmente imerso em um líquido, ele sofre um empuxo para cima igual ao peso do líquido deslocado. Este empuxo atua em sentido oposto à força da gravidade.

• Pressão Hidrostática: a Lei de Pascal afirma que a pressão do líquido é exercida igualmente sobre todas as áreas da superfície de um corpo imerso em repouso, a uma determinada profundidade.

• Viscosidade: é o tipo de atrito (fricção) que ocorre entre as moléculas de um líquido que oferece resistência ao movimento da água em qualquer direção, provocando uma turbulência maior ou menor de acordo com a velocidade que executamos o movimento, quanto mais rápido o movimento, maior será o arrasto.

Para Rocha (1994), Bonachela (1994) e Marques & Pereira (1999), as propriedades físicas da água irão auxiliar, ainda mais os idosos, na movimentação das articulações, na flexibilidade, na diminuição da tensão articular (baixo impacto), na força, na resistência, nos sistemas cardiovascular e respiratório, no relaxamento, na eliminação das tensões mentais, entre outros.

De acordo com Pires et al. (2002, p.2), "com o declínio gradual das aptidões físicas, o impacto do envelhecimento e das doenças, o idoso tende a ir alterando seus hábitos de vida e rotinas diárias por atividade e formas de ocupação pouco ativas. Os efeitos associados à inatividade e a má adaptabilidade são muito sérios, pois podem acarretar numa redução no desempenho físico, na habilidade motora, na capacidade de concentração, de reação e de coordenação, gerando processos de auto-desvalorização, apatia, insegurança, perda da motivação, isolamento social e a solidão".

Segundo Meireles (1999) o processo de envelhecimento começa desde a concepção, então a velhice é um processo dinâmico e progressivo em que há modificações tantos morfológicas como funcionais, bioquímicas e psicológicas que determinam a progressiva perda da capacidade de adaptação ao meio ambiente, ocasionado uma maior incidência de processos patológicos.

A atividade física agirá positivamente a nível cardiorrespiratório e também nos sistemas e órgãos. Uma boa manutenção da massa muscular e óssea na terceira idade será imprescindível para uma autonomia de vida e para que o idoso continue produzindo e realizando suas tarefas diárias. Para Otto (1987) se quisermos saúde devemos desenvolver uma filosofia de vida voltada para as atividades físicas que devem fazer parte do nosso dia a dia.

Segundo Leite (1996) o treinamento físico pode imediatamente produzir uma profunda melhora nas funções essenciais para aptidão física do idoso colaborando para que haja menor destruição de células e fadiga, e o segredo de uma vida longa e sadia é, na verdade, uma fórmula simples, que combina a relação apropriada dos ancestrais, boa sorte e em grande parte adoção de um estilo de vida sadio. Contudo pode-se observar um ciclo vicioso, pelo qual o envelhecimento está associado a uma redução na atividade física. Com a inatividade ocorrem as seguintes modificações funcionais:

- Aptidão física reduzida.
- Perda dos reflexos posturais.
- Metabolismo lipídico alterado.
- Balanço nitrogenado negativo.
- Perda de massa óssea.
- Extração de cálcio (osteopenia).

Muitas são as atividades físicas que podem ser indicadas para a terceira idade, principalmente a hidroginástica por ser uma atividade que causa um baixo impacto nas articulações e ajudará tanto a nível cardiorrespiratório como para uma tonificação muscular. Segundo Bonachela (1994) a hidroginástica é um programa ideal de condicionamento levando a uma boa forma física, tendo como objetivos a melhora da saúde e do bem estar físico-mental.

A prática da hidroginástica proporciona ao idoso uma melhora na qualidade de vida, devido aos vários benefícios que ela oferece, tais como:

Acréscimo anatomo-fisiológico: há um aumento da amplitude articular, força muscular, densidade óssea, consumo máximo de oxigênio (VO_2 máx.), tolerância à glicose e da sensibilidade à insulina, um menor risco de problemas articulares, uma diminuição da freqüência cardíaca basal, pressão arterial e tensões do dia-a-dia, um relaxamento muscular, uma desintoxicação das vias respiratórias, um controle do peso corporal, uma melhora da circulação periférica, funções orgânicas e dos sistemas cardiovascular e cardiorrespiratório.

Melhora das capacidades físicas: aumento da coordenação, da agilidade, da sinestesia, da percepção, do esquema corporal, da velocidade de ação reação, melhora do equilíbrio, da direcionalidade.

Aspecto sócio-afetivo: acréscimo da auto-estima, auto-confiança, independência nas atividades diárias, reintegração, sociabilização, bem-estar físico e mental, diminuição da ansiedade e da depressão, tornam-se valorizados, mais participativos e ativos de programas de lazer e com mais vontade de viver.

Capacidade cognitiva: "trabalhos científicos americanos, envolvendo grande número de idosos divididos em dois grupos, sedentários e esportistas, mostraram um QI (quociente de inteligência) maior nos idosos que fazem programas regulares de atividade física. A explicação pode estar na maior irrigação sangüínea de todo o corpo, que evidentemente também atinge o cérebro. Outra explicação seria pela liberação de adrenalina, pelas glândulas supra-renais, a qual é responsável por sensações de alerta no cérebro" (Oliveira, 1996, p.15).

O programa de aulas da hidroginástica do AFRID – Atividades Físicas e Recreativas para a Terceira Idade, possui exercícios adaptados para atender as decorrentes modificações do processo de envelhecimento.

Por meio dos vários equipamentos e materiais disponíveis pelo AFRID, as atividades aquáticas são bastante diversificadas, pois possui uma equipe qualificada de estagiários aptos a trabalharem com as diferentes aparelhagens e atenderem a diversidade de situações e necessidades do público participante do programa.

As aulas são bastante animadas e divertidas, visto que o programa, de forma geral, busca proporcionar atividades recreativas como jogos e brincadeiras fora e dentro da água; atividade de sociabilização realizada em grupo; exercícios de alongamento para ganho de flexibilidade e de mobilidade; e atividades de relaxamento para diminuir as tensões musculares e mentais.

Portanto, a hidroginástica é uma atividade física que torna o idoso mais apto e mais saudável, uma vez que possui um caráter de prevenção patológica e de independência pessoal na vida cotidiana o que proporciona uma melhora na qualidade de vida para esta faixa etária.

O VELHO, O NOVO E O CONTEMPORÂNEO

Por Roberto Dupré

Atitude. Desde que Zeus mandou os Titãs assassinarem Cronos, nunca o tempo foi tão importante. Zeus sabia que nem mesmo entre os senhores do Olimpo, haveria qualquer tipo de imortalidade enquanto Cronos vivesse. O Brasil envelhece cada vez mais depressa. Mas não de forma homogênea. É pela atitude que os brasileiros acima de sessenta, podem ser classificados em velhos e idosos. A atriz Dercy Gonçalves, aos cem anos de idade, é uma jovem idosa. Mas, há muitos personagens da República, com menos da metade da idade dela, que são arcaicamente velhos. O que define uma coisa e outra? O idoso é um jovem avançado em idade. Está cheio de vida, de curiosidade e de dúvidas. O velho é aquele que se encarquilhou em idéias antigas e não há o que o faça mudá-las. Tudo que há de novo, de moderno, é rejeitado pelo velho. Seja um novo programa do mundo cibernético ou uma nova proposta de arte. Já o idoso, se aproxima delas e não sossega enquanto não dominá-las.

Um grupo de sessentões se reúne três vezes por semana no ateliê do Museu de Arte Contemporânea da USP, para, pasmem, estudar as tendências da vanguarda mundial nas artes plásticas. Os olhos deles brilham de satisfação a cada passo conquistado. O projeto Lazer com Arte faz parte da Universidade Aberta à Terceira Idade da USP. Há dezoito anos, o professor Sylvio Coutinho mantém esse grupo de idosos mais jovem que nunca. Mas não é só ele. No sisudo prédio da Engenharia Química da Escola Politécnica, o Dr. Luiz Roberto Terron inicia outro grupo de jovens idosos no entendimento e na apreciação da música clássica. Também na vanguardista Escola de Comunicações e Artes, a Dra. Cremilda

Medina e seus assistentes encantam os que sempre sonharam com o domínio do texto e da narrativa.

Há uma certa unanimidade sobre o tipo de pessoa sexagenária que se dispõe a continuar vivendo intensamente e aqueles que se refugiam diante de um televisor. Analisando participantes das Universidades Abertas à Terceira Idade em todo o mundo, a Organização Mundial da Saúde constatou que idosos ativos são menos propensos às doenças esperadas para a faixa etária deles: há menos tipos de câncer entre eles do que no outro grupo. Os males que implicam perda de memória ocorrem em menor número.

Uma pesquisa publicada, em maio, pela Fundação Perseu Abramo, demonstrou que os jovens idosos têm mais e melhor escolaridade e que o grande número de velhos do outro grupo tem imensa dificuldade de intelecção de coisas comuns do dia-a-dia, como anúncios de televisão e programas de nível mais sofisticado. A taxa de desemprego e de exclusão total do mercado é maior entre esses velhos do que entre aqueles idosos.

Um dado interessante: há entre os velhos que perderam o interesse pela vida, o mesmo conceito de velhice que o resto da sociedade tem dos idosos. O de que a velhice é uma doença incapacitante.

Para os jovens idosos, a velhice é apenas mais uma etapa do processo da vida. E eles pretendem vencê-la com a mesma galhardia que tinham na juventude. Recusam a idéia de que morreram e de que não foram avisados.

www.revistamaioridade.com.br

O ANCIÃO, NO APOCALIPSE, É UM HOMEM CHEIO DE FORÇA

Nesta terra, melhor é homem de forças esgotadas, mas com juventude acumulada em sua experiência e em seu coração, se souber aproveitar o tempo para crescer como pessoa.

Nesta terra, "ser ancião implica haver vivido uma prolongada existência, encontrar-se ao final de uma longa viagem, talvez bastante cansado. A ancianidade é também tempo de despedidas; as coisas e os afãs vão lhe deixando".

O ancião é o vazio e o inútil para uma civilização saturada de materialismo hedonista. Por isso, quando se escreve perto deles há que dizer, com força, que "não é verdade que os anciãos sejam inúteis ou constituam uma carga difícil de suportar (...) Nos deram muito, quando se encontravam em plena força; nos dão agora, no acaso de sua vida, com sua presença venerável, com seu sofrimento silencioso, com sua palavra acolhedora".

"Privar a humanidade dos anciãos, seria tão bárbaro como privá-la das crianças".

Mas esta sociedade bem estável e permissiva está disposta a privar-se de uns e de outros.

O ancião é testemunha do passado. Portanto, de um valor incalculável para recuperar, em cada família, heranças espirituais perdidas. As heranças das melhores biografias de outras gerações dessa mesma família.

É assombroso ver o pouco interesse que há, em muitos lugares, por saber algo mais dos melhores antepassados. Os avós mais velhos poderiam dar-nos alguma notícia deles, isto é, de seus avós. E assim, além disso, eles seriam menos protagonistas e mais testemunhas.

Na realidade, "a vida dos anciãos ajuda a esclarecer a escala de valores humanos; faz ver a continuidade das gerações e de maneira maravilhosa a interdependência do Povo de Deus. Os anciãos têm além disso, o carisma de romper as barreiras entre as gerações antes de que se consolidem".

Desde a orientação familiar, se lhes pode ajudar aos avós mais velhos "a descobrir e a valorizar as incumbências dos anciãos na comunidade civil e eclesial, e em particular na família", citando palavras de João Paulo II.

Por outro lado, são inspiradores da sabedoria para os jovens e para o futuro. Isso ocorre, realmente, quando forem capazes de superar as diferentes crises, que se dão, na vida humana, entre fase e fase, e alcançarem a fase vital do homem sábio, daquele que sabe que tem, superada a crise do desprendimento. E além disso, não foram marginalizados da vida familiar de seus descendentes.

Desde a orientação familiar, se pode fazer muito, a este respeito, com os avós mais velhos, com seus filhos, com suas noras e genros, com seus netos, para que eles possam unir dois tempos – às vezes, bem longe –: o passado e o futuro, no presente de sua família extensa.

E os avós jovens?

Com respeito a isso, podemos dizer que estamos treinando uma nova geração de avós: OS AVÓS DO SÉCULO XXI

Para então serão avós mais velhos. Hoje, são todavia:

- ATIVOS
- TRABALHADORES
- JOVENS DE ESPÍRITO
- COM MAIS TEMPO LIVRE, TALVEZ
- COM GRANDE EXPERIÊNCIA
- COM ILUSÃO
- CAPAZES DE SEGUIR APRENDENDO

Capazes de aprender a ser avós. E considerando esta aprendizagem com uma nova ilusão, como um voltar a começar para seguir a abertura, em uma sociedade que todos necessitamos.

Ocorre, com certa frequência, que as famílias fundadas por seus filhos são diferentes à sua:

- trabalham os dois fora de casa;
- não têm pessoas que lhes ajudem;
- costumam andar sem tempo.

Mas também têm filhos – às vezes muitos filhos – e têm o direito e dever de educá-los. É verdade que devem viver sua própria vida familiar, sem interferências, sem intromissões, mas também é certo que vivem em uma sociedade que deveria ajudar-lhes. E os avós formam parte dessa sociedade.

Tudo o que chegaram a ser estes avós jovens podem canalizá-lo em benefício de outros: de sua própria família, da sociedade na qual vivem.

Às vezes, se ocuparão diretamente de seus netos, nem tanto para uma ação educativa como para uma ação cultural, certo que são os primeiros responsáveis na função familiar de:

CONSERVAR E TRANSMITIR VALORES DO ESPÍRITO

Com frequência, continuarão ocupando-se de seus filhos, porque continuam sendo seus filhos, ainda que estejam já casados, ainda que sejam pais, porque a responsabilidade paterna ou materna não desaparece enquanto os filhos vivam nesta terra.

Desde a orientação familiar, os avós podem ajudar – jovens ou velhos – a ver o muito que podem fazer e o pouco que não devem fazer.

Podem ajudá-los a ver que um de seus objetivos consiste, sem dúvida, em:

• ampliar a visão familiar das gerações.

Se lhes ajudará a descobrir que:

• ser avô jovem é começar a aprender a dar como avô, harmonizando o material e o imaterial desse dar;

• ser avô jovem é também começar a aprender a receber como avô. Será, sobretudo, um receber imaterial, mais ou menos esperado, para dar mais.

Por tudo isso, é uma lástima que muitos avós jovens não busquem orientação ou assessoramento para começar a sê-lo.

E é uma pena que muitas culturas, "especialmente como consequência de um desordenado desenvolvimento industrial e urbanístico, tenham levado e continuam levando aos anciãos a formas inaceitáveis de marginalização, que são fonte às vezes de fortes sofrimentos para eles mesmos e de empobrecimento espiritual para tantas famílias".

AUDIÇÃO: VOCÊ PODE REPETIR?

Ouvir bem é fundamental para poder participar da sociedade, seja no trabalho ou no convívio familiar. Por isso, ao menor sinal de dificuldade auditiva, vale consultar um médico: modernos aparelhos podem recuperar os mais sutis dos sons, seja os de uma complexa sinfonia musical ou de uma conversa sussurrada.

Com o avanço da idade não ouvir direito é comum, mas não é normal. A não ser aquela velhinha do programa A Praça é Nossa, ninguém precisa conviver com a perda auditiva. A audição é um sentido importante para um bom convívio social, se é afetada, consequentemente, a relação com as outras pessoas também é prejudicada.

Por não ouvirem direito, os idosos acabam não se expressando bem verbalmente, com isso as pessoas ao seu redor acabam por interpretá-los mal. O pior é que a falta de clareza no falar passa a imagem de que a pessoa está mentalmente confusa, distraída, e, injustamente, senil.

"A surdez no idoso constitui um dos mais importantes fatores de desagregação social. De todas as privações sensoriais, a perda auditiva é a que produz efeito mais devastador no processo de comunicação do idoso, sem contar que muitas vezes a deficiência auditiva pode ser acompanhada de um zumbido que compromete ainda mais o bem-estar daquele indivíduo", explica o Dr. Sady Selaimen da Costa, presidente da Sociedade Brasileira de Otologia.

Os problemas de audição acontecem porque o ouvido humano, como todas as outras partes do organismo, envelhece, o que é chamado de presbiacusia.

"Ninguém tem que viver com algo que incomoda se há soluções que podem amenizar o problema", diz o Dr. Luis Carlos Alves de Sousa, coordenador da Campanha Nacional de Audição: "Assim como há o envelhecimento da visão e a pessoa passa a ver menos, com a idade ela também passa a ouvir menos. E como é natural usarmos óculos para poder amplificar as imagens, também deveríamos usar os aparelhos de amplificação sonora (AASI), também chamados de próteses auditivas, ou outros equipamentos auxiliares para a audição, sem nenhum preconceito, como forma de se minimizar os efeitos negativos da deficiência auditiva que tanto aflige as pessoas", afirma Dr. Sousa.

Os sintomas de quem começa a ter dificuldades para ouvir são vários e, segundo a fonoaudióloga Elisabetta Radini, a pessoa só se dá conta da deficiência da audição quando a perda já começa a mudar seus hábitos: "A pessoa só percebe a dificuldade auditiva quando ela interfere na vida social e muda algumas coisas no seu dia-dia, como a altura do volume da televisão". diz Elisabetta.

A fonoaudióloga afirma ainda que, ao primeiro sinal de diminuição na audição, a pessoa deve procurar um médico especializado para avaliação do problema: "O médico, analisando o caso, pode indicar um remédio, uma cirurgia ou um aparelho, resolvendo rapidamente o problema", aconselha.

Fique de ouvido "ligado" nos sintomas:

• Redução na percepção da fala em várias situações e ambientes acústicos – O sintoma piora em ambientes ruidosos. Muitas vezes, a perda auditiva surge associada a um zumbido, o que piora o problema.

• Ouvir mas não entender – o idoso muitas vezes ouve o que a pessoa está falando, mas não entende.

• Alterações psicológicas – Depressão, embaraço, frustração, raiva, medo e outras alterações psicológicas podem surgir causadas por incapacidade pessoal de comunicar-se com os outros.

• Isolamento social – A interação com a família, amigos e comunidade fica seriamente afetada.

• Incapacidade auditiva – igrejas, teatro, cinema, rádio e TV.

• Intolerância (irritação) a sons de moderada à alta intensidade (principalmente os agudos) – Se a pessoa fala baixo, o idoso não ouve, se ela grita, o incomoda.

• Problemas de alerta e defesa – incapacidade para ouvir pessoas e veículos aproximando-se, panelas fervendo, alarmes, telefone, campainha da porta, anúncios de emergências em rádio e TV.

Dicas para quem convive com o problema

Não se trata de solução, mas algumas dicas podem ajudar os familiares e amigos do deficiente auditivo a contornar o problema:

1) Falar pausadamente e olhando de frente para a pessoa com dificuldade auditiva.

2) Falar em tom um pouco mais alto, mas sem gritar.

3) Caso a pessoa não compreenda bem, repetir o que foi dito empregando algumas palavras diferentes para aumentar a chance de compreensão.

4) Jamais falar gritando de outros aposentos da casa.

5) Incentivar uma avaliação médica do problema e, se houver indicação, o uso de aparelhos auditivos.

6) Incentivar o uso de fones de ouvido para assitir televisão e escutar aparelhos de som.

7) Incentivar a instalação de alarmes luminosos para a campainha da casa e do telefone.

www.revistamaioridade.com.br

> As esposas são amantes dos homens mais jovens, companheiras para a meia-idade e amas para os velhos.
>
> *Francis Bacon*

BINGO: JOGADAS E TENTAÇÕES

Por Keli Vasconcelos

O aposentado Raides Antonio Bomdeoli, morador de São Paulo, recebe a equipe de redação de Maior Idade de forma amistosa e simpática. A revista estava à procura de sua esposa, Idalina, que não estava no momento. Ela acabara de sair para sua diversão dos finais de semana: as partidas de bingo numa das casas da região.

"Seu" Raides – como é conhecido – também é um apreciador dos jogos. Vaidoso, não revela a idade e desvia a conversa contando que começou o hobby por acaso. "Foi engraçado. Um dia estava tão nervoso que acabei indo ao bingo para relaxar".

Indo uma ou duas vezes por semana aos bingos mais próximos de sua residência e sempre sozinho, alegando detestar que outras pessoas o olhem jogando, Raides afirma que geralmente as rodadas ganhas são o passaporte para futuras apostas. "Não guardo nada, dinheiro de jogo é dinheiro de jogo. Se ganho, a próxima eu dou para os funcionários do bingo ou quando vejo uma criança pedindo, compro comida para ela. Uso para coisas boas e sou super controlado. Sei muito bem a hora de começar e principalmente a de parar", diz. "E ainda estou no lucro, já que jogo para me divertir. Ganhar é muito bom, mas não misturo as coisas", enfatiza o apostador, mais um idoso que faz do jogo um "esporte" saudável. Terminada a entrevista, o aposentado tira o carro da garagem e, sorrindo, se despede: "Agora vou para o bingo!".

Uma questão de auto-controle

Mesmo com uma medida provisória que provocou fechamentos em fevereiro de 2004 e com o surgimento da CPI dos Bingos, os estabelecimentos conseguem se manter por meio de liminares. Segundo dados da Associação Brasileira dos Bingos (Abrabin), existem no país cerca de 800 casas de bingo, sendo 350 somente em São Paulo, a maioria funcionando com mandatos.

É difícil encontrar alguém como o aposentado Raides, que destina a quantia ganha à caridade. Primeiro, porque nem sempre o jogador ganha alguma coisa. A linha entre a diversão e o vício é tênue – e há quem não escape da segunda opção. O jogo patológico é uma doença reconhecida pela Organização Mundial da Saúde (OMS) desde 1992. A pessoa é considerada um jogador compulsivo, segundo a OMS, "quando o jogo começa a atrapalhar alguma parte de sua vida, seja pessoal ou profissional, ou quando ela tenta parar, mas não consegue". Nos Estados Unidos surgiram, em 1957, os primeiros encontros dos Jogadores Anônimos (JA), que se baseiam nos 12 passos adotados pelos Alcoólicos Anônimos.

No Brasil, a irmandade - como é chamada pelos frequentadores - apareceu em março de 1993, no Rio de Janeiro. Para funcionários dos JA do Rio e de São Paulo, o movimento das reuniões semanais aumentou com a gama de Casas de Bingo espalhadas pelo País. "Recebemos um crescente ingresso não só de pessoas da terceira idade, mas de mulheres. Hoje os jogadores de Bingo representam em torno de 90% dos membros", comenta uma assessora do JA. Com 12 anos de atividade em São Paulo, os JA atendem cerca de 20 a 30 idosos dependentes por mês que passam pela terapia de auto-ajuda.

De olho na terceira idade:

Existem vários bingos que oferecem um atendimento especial à maior idade. Um deles o Bingo Augusta que, além do elevador para facilitar o acesso ao salão de bingo, conta com uma equipe treinada para sempre atender bem o cliente.

Muitas casa oferecem shows, pista de dança, peças teatrais e bons restaurantes. O Circus Club, na zona Sul de São Paulo, é um bom exemplo de casa que mescla diversas atrações. Há, inclusive, shows gratuitos. É só escolher!

Jog Anon apóia famílias:

Fique atento: existe uma linha tênue entre jogar por gosto e jogar por vício. Geralmente, o jogador compulsivo começa jovem, ainda na adolescência, passando por fliperamas e lans house.

É a família quem primeiro sente a falta de controle do jogador, e encarar o problema como uma doença é o primeiro passo.

A Jog Anon apóia e orienta os familiares dos jogadores compulsivos. Em São Paulo, existem várias irmandades de apoio, todos apoiados pelo AMJO - Ambulatório do Jogo Patológico - do Hospital das Clínicas.

Informações:

Jogadores Anônimos • JA: (11) 3229-1023 – www.jogadoresanonimos.org

www.revistamaioridade.com.br

CAMINHOS DA GERONTOLOGIA

O estudo da população acima dos 60 anos

Colaborador: Marcelo Francisco Bombardi
Fisioterapêuta e pós-graduado do curso de Gerontologia da Metrocamp

Observa-se que o segmento mais idoso da população brasileira sofreu um rápido aumento a partir dos anos 60, quando começou a crescer em ritmo bem mais acelerado do que as populações adultas e jovens. De 1970 até hoje, o peso da população idosa sobre a população total passou de 3% para 8% e esse percentual deve dobrar nos próximos vinte anos. Isto em virtude da redução nas taxas de natalidade, da ordem de 35,5% nos últimos 15 anos, e o aumento da expectativa de vida por ocasião do nascimento, que passou de 61,7 anos em 1980, para 69 anos nos dias atuais, a base da pirâmide populacional vem se estreitando nas últimas décadas. E existe ainda a expectativa de uma intensificação desse processo de envelhecimento populacional. Estima-se que a partir de meados do próximo século, a população brasileira com mais de 60 anos será maior que a de crianças e adolescentes com 14 anos ou menos.

Essa temática provocou uma preocupação generalizada em diversos segmentos profissionais e fez com que, nos últimos anos, proliferassem no Brasil os programas e associações destinados aos idosos, como o movimento dos aposentados, os movimentos assistenciais e os sócio-culturais. Em razão dessa visibilidade alcançada pelos idosos nos últimos anos, e graças aos esforços de organização dos profissionais dedicados à essa área de atuação, através de núcleos de estudo e pesquisa, os estudos teóricos e empíricos na área do envelhecimento começaram a florescer no Brasil.

Como nota WITTER (1999), quanto mais rápido e diversificado o desenvolvimento de uma área, maior a necessidade de pesquisas de avaliação. Salienta a importância da realização de pesquisas de metaciência, que permitem analisar e avaliar a qualidade e efetividade do conhecimento produzido em uma determinada área, bem como suas necessidades e déficits. O próprio progresso científico se relaciona ou depende de avaliações sistemáticas da produção e do trabalho dos pesquisadores, o que garante o aperfeiçoamento constante não só do conhecimento, como também do próprio ensino (GALEMBECK, 1990).

A Gerontologia, por ser uma área recente e de rápido crescimento, tem uma grande necessidade de avaliar e direcionar sua produção e, por seu caráter multidisciplinar, tem especial dificuldade de aglutinar seu conhecimento. A falta de articulação entre os diferentes programas e bibliotecas mantém a produção acadêmica na obscuridade e, desta forma, o aproveitamento do conhecimento fica minimizado. A avaliação da produção científica dessa nova área do conhecimento permitirá não só caracterizar seu estágio de desenvolvimento, aquilatar o nível de conhecimento disponível e apontar lacunas e necessidades, mas também identificar sua relevância no sentido de atender às necessidades e problemas da realidade e da sociedade.

Em 1997, Anita Neri realizou uma análise de 36 relatos de pesquisa constantes de teses e dissertações defendidas em programas de pós-graduação em psicologia entre os anos de 1975 e 1996, na Universidade de São Paulo, Universidade Estadual de Campinas e Pontifícias Universidades Católicas de São Paulo e de Campinas. Nesse trabalho, a autora localizou nos acervos dessas universidades 60 trabalhos sobre velhice, em outras áreas do conhecimento como: enfermagem, saúde pública, fonoaudiologia, sociologia, antropologia, jornalismo, comunicações e propaganda, e que não foram usados em sua análise.

Em um levantamento das teses e dissertações sobre velhice e envelhecimento foram encontradas 232 trabalhos em áreas diversas do conhecimento, sem incluir os trabalhos da área médica, com enfoque geriátrico. Nesse levantamento pode-se notar que a produção científica durante o período de 1995 a 1999 foi praticamente o dobro da realizada entre os anos de 1975 a 1994, o que demonstra o rápido crescimento da área. Nota-se também que a diversidade das áreas do conhecimento que vêm se interessando pela pesquisa gerontológica tem crescido muito nos últimos anos. Os primeiros estudos foram nas áreas da Psicologia, Sociologia, Serviço social e Enfermagem. Mais tarde aparecem os trabalhos em Educação e Educação Física. Depois de 1989 surgem trabalhos em Fonoaudiologia, Comunicação e Direito. Nos últimos anos esse leque se abre ainda mais e encontra-se trabalhos nas áreas de Administração de Empresas, Farmácia, Engenharia de Produção, Linguística Aplicada e História.

De uns anos para cá, consolidaram-se as associações de profissionais que atendem à população idosa, bem como os cursos de pós-graduação em Gerontologia, o que trouxe um avanço ainda maior na área de pesquisa. O momento parece então ser bastante adequada para se fazer uma atualização do levantamento do trabalho científico produzido na área da Gerontologia até os dias atuais e para que se analise com maior cuidado a direção ou direções em que se encaminha a pesquisa gerontológica no Brasil.

Referências:

GALEMBECK, F.(1990). Sem avaliação, sem progresso. Ciência e Cultura, 19(9), p 627-628.

NERI, A.L. (1997), A pesquisa em gerontologia no Brasil. Análise de conteúdos de amostra de pesquisa no período de 1975-1996. Texto e Contexto, v.6, n.2, p69-105.

WITTER, G.P; Pécora, G.M.M. (1997), Temática das dissertações e teses em Biblioteconomia e Ciência da Informação no Brasil (1970-1992). In G.P. Witter (org), Produção cient í f ica, Campinas,SP: Editora Átomo

www.saudegeriatrica.com.br

BOA COMUNICAÇÃO É ESSENCIAL PARA O BEM-ESTAR DO IDOSO

por Elisandra Vilella G. Sé

'Conversa de velho' e preconceito

Se alguém lhe perguntasse o que entende pela expressão "conversa de velhos", certamente você faria observações do tipo: é uma conversa comprida, sem fim, arrastada, pausada, cheia de histórias, lembranças do passado e por aí afora. Se por um lado isso conteria algumas verdades, por outro, revelaria uma atitude preconceituosa e estigmatizadora. Comprovação clara de que a linguagem é mais do que simples instrumento de comunicação, é também um componente decisivo na formação de preconceitos sociais.

Ao nascer, já somos mergulhados num mundo social, numa linguagem. Ganhamos um nome, um registro, uma língua que nos constitui. Com a linguagem temos a noção de pertencimento, é ela que nos possibilita participar ativamente da sociedade. Através da linguagem aprendemos comportamentos, regras de convívio, expectativas, adequações de comportamentos, competências, opiniões e valores.

O homem controla o mundo com a linguagem, o fato de lidar com signos linguísticos, o que nos diferencia de outras espécies, porque somos seres simbólicos. É com a linguagem que construímos a nossa identidade, o conhecimento a cerca de si mesmo e dos outros. Ela permite não só estabelecer os contatos sociais, mas também selecionar aqueles que são significativos e garantir as experiências emocionais positivas.

A possibilidade de se estabelecer relacionamentos produtivos, manter e negociar a identidade social e, em última instância, determinar rumos da própria vida está intimamente relacionada à habilidade de se comunicar.

Essa capacidade tem merecido crescente atenção de pesquisadores e estudiosos de qualidade de vida das pessoas idosas. De fato, competências individual e social estão intimamente relacionadas às competências cognitiva (capacidade de adquirir conhecimento) e comunicativa. Quando duas pessoas se encontram e começam a conversar, entra em jogo muito mais do que o simples conhecimento da língua que utilizam para se comunicar: uma série de informações sobre o interlocutor e seu mundo é acionada.

Além disso, a percepção a respeito da situação em que se dá o encontro e as regras culturais que regem essa interação, interferem determinando a distância a ser mantida, o tratamento a ser dispensado, o conteúdo e a forma conveniente de transmiti-lo. Ao se separarem, essas pessoas já não são as mesmas: novas informações foram obtidas e podem desencadear mudanças nas informações prévias: a respeito do mundo, a respeito de si próprias e de seu parceiro e da própria linguagem.

Idade interfere na comunicação

Um dos fatores que dimensionam o encontro descrito é a idade. Porém, independente de sua idade, o ser humano é um ser social, por isso a comunicação e o relacionamento são aspectos primordiais na vida das pessoas. Não existe ser humano sem comunicação. Alguns aspectos também determinam a maneira como se dá a interação: características de personalidade, classe social, etnia, valores, identificação etc... Entre eles, a idade é um dos que mais interferem na maneira como os interlocutores se posicionam porque o comportamento social é regulado por normas, muitas delas atreladas aos diversos papéis sociais desempenhados ao longo da vida.

O processo de comunicação garante a ligação de mundos dos dois interlocutores na medida em que surgem as motivações e possibilidades de intercâmbio e informações para serem compartilhadas. A interação comunicativa pode ter como foco a troca de informações, de conhecimentos, de compartilharem experiências com a finalidade de se informar, para determinação de tomada de posição em relação a um determinado aspecto, uma opinião ou conselho que a pessoa transmite ao outro e o simples prazer interativo, tal como o bate-papo informal numa atividade de lazer.

Com o processo de envelhecimento ocorrem mudanças significativas que refletem em vantagem e também desvantagem para o indivíduo idoso em relação às solicitações do mundo, o que vale também para as solicitações comunicativas.

Mas que alterações a idade provoca na interação verbal?

Quais as mudanças relativas ao envelhecimento que interferem na comunicação?

O que, do ponto de vista da interação, faz com que admitamos estar interagindo com um indivíduo idoso? É com essas mudanças, que caracterizam os idosos, do ponto de vista da linguagem e seus pré-requisitos. Do ponto de vista de fonoaudiólogos, sociólogos, psicólogos, antropólogos e estudiosos da etnografia* da comunicação reconhecem-se no processo de envelhecimento mudanças nos diversos níveis de organização do ato comunicativo: no nível referente à estruturação conceitual do ato de fala pretendido, no de produção e no de compreensão da linguagem.

Nas itenções comunicativas, no conteúdo semântico, nas narrativas pessoais. Portanto, dada a multiplicidade de fatores envolvidos nesse domínio, o olhar do estudioso da comunicação está voltado para os seguintes aspectos:

Heterogeneidade dos sinais de envelhecimento da comunicação

As mudanças manifestam-se de forma bastante heterogênea na população de indivíduos idosos. Alguns indivíduos apresentam maiores modificações na fonação, outros na audição, enquanto outros evidenciam dificuldades no uso social da linguagem, na fluência, no vocabulário, na prosódia**, marcas de várias naturezas. Por isso, as mudanças que ocorrem no processo de comunicação com o envelhecimento não são uniformes para todas as pessoas que envelhecem.

Existem algumas tendências características na comunicação de pessoas idosas que não foge à sensibilidade, às sutilezas e variações das pessoas de outras faixas etárias.

É muito comum ouvir falar que o idoso é egocêntrico, só fala do passado, é confuso, tem dificuldade para entender o que lhe é dito, é esquecido, é surdo, repete inúmeras vezes o mesmo assunto. Se alguém lhe perguntasse o que entende pela expressão "conversa de velhos", certamente você faria observações do tipo: é uma conversa comprida, sem fim, arrastada, pausada, cheia de histórias, lembranças do passado e por aí afora. Se por um lado isso conteria algumas verdades, por outro, revelaria uma atitude preconceituosa e estigmatizadora. Comprovação clara de que a linguagem é mais do que simples instrumento de comunicação; é também um componente decisivo na formação de preconceitos sociais.

Formas de interpretar a comunicação na velhice, levando em conta a multiplicidade de fatores

Duas visões distintas interpretam o envelhecimento da comunicação. Grosso modo, poderiam ser assim resumidas: a que admite os fatores orgânicos do envelhecimento como determinantes das relações que a sociedade estabelece com o interlocutor idoso e a que nega o envelhecimento, admitindo que a sociedade é acima de tudo preconceituosa em relação ao envelhecimento, em virtude da adoção de valores da cultura do jovem.

A primeira delas considera que as alterações provocadas no plano biológico, cognitivo e afetivo do indivíduo justificam a maneira como a sociedade os avalia. Para eles, o idoso que se põe a narrar um fato organizando os dados sem levar em conta o que o interlocutor já sabe sobre ele, pode estar infringindo o princípio de cooperação da quantidade de informação que deve ser transmitida durante a interação. Esse princípio da interação comunicativa preconiza que, quando dizemos algo, devemos levar em conta sua relevância para o interlocutor e para a sua situação. A desconsideração dessa indicação pode significar decréscimo de habilidade comunicativa.

Isso quando não somos flagrados trocando palavras de forma inesperada, ou que a pessoa é lenta demais ou rápida demais, ou que interpretamos de forma equivocada o que nos dizem etc. Todas as situações de interações estão longe de serem desviantes ou patológicas e fazem parte do funcionamento normal da linguagem e das condutas humanas.

Comunicar-se é realmente uma aventura existencial. É importante saber que não existe um falante ideal e que a comunicação humana é mesmo cheia de percalços e surpresas. O que esperamos é que a pessoa seja capaz de compreender o que diz o outro, ao mesmo tempo que se faz compreender pelo outro. Toda família possui uma forma de comunicar-

-se através de gestos, olhares, atitudes, expressões faciais que representam os mais variados sentimentos.

No caso da pessoa idosa, quanto maior o nível de dependência, menor é a sua capacidade de dizer suas necessidades. Em determinados momentos os sentidos da pessoa idosa tornam-se ainda mais deficientes em consequência de aparelho auditivo funcionando mal, próteses dentárias mal ajustadas, óculos inadequados, entre outros. É evidente que nesses momentos a atenção deverá ser muito maior para melhor compreender seus desejos. Essa compreensão ajudará o cuidador a melhorar o seu relacionamento com o idoso.

A comunicação não é só verbal, ou seja, a comunicação é feita não somente através de palavras, sejam elas faladas ou escritas. Muitas vezes a comunicação não verbal pode ser mais significativa e confiável para conhecermos os desejos dos idosos como, por exemplo, o olhar e o toque.

Por outro lado, existem algumas situações que podem prejudicar a comunicação e que devem ser evitadas ou para as quais devem-se buscar soluções para diminuir o seu efeito. É o que ocorre, por exemplo, quando muitas pessoas conversam ao mesmo tempo, em um ambiente com muito ruído de qualquer origem ou ainda, o fato de ser fazer exigências quando as pessoas estão muito cansadas física ou mentalmente.

Recomendações para uma boa comunicação com o idoso

- Utilizar sempre frases simples, claras e afirmativas.
- Conhecer o vocabulário utilizado pelo idoso.
- Evitar fazer discursos ou ficar falando sozinho durante muito tempo.
- Falar sem gritar, de maneira pausada e calma, sem ser muito lento.
- Ouvir o idoso com paciência, respeitando seu ritmo de resposta.
- Falar de frente de forma que o idoso possa ler seus lábios.
- Evitar comunicar-se em ambientes barulhentos.
- Respeitar o idoso com suas características pessoais.
- Valorizar a experiência do idoso.
- Ser amável, paciente e atencioso.
- Permitir que o idoso participe do diálogo e das decisões tomadas em casa.
- Evitar expressões do tipo "deve", "não deve", porque reflete um relacionamento autoritário.
- Evitar expressões "vô", " vó", "vozinha", que despersonalizam e inferiorizam o idoso, procurando chamá-lo pelo nome.

• Não infantilizar o idoso.

• Ser criativo para fazer o necessário nas condições possíveis. Ou seja, ter alternativas de comunicação como utilizar figuras, gestos, palavras familiares para que ocorra a comunicação mais efetiva.

• Ter clareza e sinceridade com atitudes essenciais no relacionamento com o idoso e sua família.

***Etnografia: Estudo descritivo das diversas etnias, de suas características antropológicas, sociais, etc.**

****Prosódia: Parte da gramática tradicional que se dedica às características da emissão dos sons da fala, como o acento e a entoação [Ger. está relacionada com os estudos de metrificação].**

www2.uol.com.br/vyaestelar

A mentira nunca sobrevive até alcançar idade avançada.

Sófocles

DESAFIOS DO ENVELHECIMENTO MASCULINO

por Danilo Santos De Miranda
Diretor Regional do SESC São Paulo

Nos anos 60, num contexto de lutas contra o autoritarismo na família e no Estado, destacaram-se as reivindicações do movimento feminista em grande parte das nações do Ocidente. Ao longo das últimas décadas, as conquistas sociais das mulheres têm avançado e são cada vez mais expressivas. No início, o movimento empolgou principalmente as jovens, já que nos chamados "anos dourados" não apenas as relações de gênero, mas também as relações entre as gerações, foram questionadas.

Paulatinamente, porém, na esteira desse acontecimento social, os novos padrões de comportamento das jovens passaram a entusiasmar também as mais idosas. Um dado importante: atualmente as jovens mulheres dos anos 60 estão ingressando na Terceira Idade e muitas delas podem ter sido protagonistas diretas daquelas históricas mobilizações. Participativas, ocupam diversos espaços sociais em atividades profissionais, de lazer ou de militância política e cultural. Esse novo *modus vivendi* feminino, inclusive na maturidade, fez os antropólogos falarem de uma feminização da velhice, como uma característica dos nossos dias.

Já com os homens idosos não tem se dado o mesmo. Observações de profissionais da saúde e da área social atestam as dificuldades vividas pelos homens em seu processo de envelhecimento. É frequente entre os velhos a falta de autocuidados, isto é, a ausência de hábitos saudáveis, além da baixa participação social. As mulheres representam ampla maioria em praticamente todos os núcleos de Terceira Idade espalhados pelo país. Trata-se de um fenômeno complexo resultante de inúmeras condições. Alguns fatores têm contribuído para essa situação: a maior longevidade feminina, a atividade profissional mantida por muitos homens até idade avançada (por necessidade ou por demasiado valor dado ao trabalho), o preconceito dos homens a certas atividades de lazer, outras alternativas para a ocupação do tempo livre etc. Em um contexto social machista, como o nosso, de supervalorização do trabalho masculino e do desempenho sexual a qualquer custo, a aposentadoria e as naturais perdas biológicas do envelhecimento podem engendrar expressivas dificuldades de ajustamento a essa nova etapa da vida e levar ao isolamento e à depressão.

Diferentemente do que ocorre em relação às mulheres idosas, são escassos os estudos nas áreas das ciências sociais e da saúde sobre o comportamento masculino na velhice, principalmente dentro do atual quadro da realidade brasileira. Esse fato levou o SESC SP a realizar o Seminário Envelhecimento Masculino, no SESC Avenida Paulista, de 3 a 5 de junho deste ano. Especialistas e pesquisadores discutiram como vive o homem idoso brasileiro, buscando captar sua diversidade de atitudes em recortes de classe social, geração, relações de gênero e de paternidade, em áreas como trabalho, lazer, militância, saúde, educação e família. A riqueza dos debates e das trocas de experiência, nos motivou a convidar alguns dos conferencistas desse evento a elaborarem artigos para esta edição especial, baseados nas palestras que proferiram.

Esperamos, assim, que essa reflexão possa contribuir para o conhecimento sobre o homem que envelhece e, por consequência, colaborar para a implementação de políticas sociais que melhorem a qualidade de vida dos cidadãos da Terceira Idade.

Os resumos dos artigos podem ser lidos em:

http://www.sescsp.org.br/sesc/revistas/ti/index.cfm?forget=13

Fonte: Extraído do Portal SESCSP, outubro de 2009.

> Quando a velhice chegar, aceita-a, ama-a. Ela é abundante em prazeres se souberes amá-la. Os anos que vão gradualmente declinando estão entre os mais doces da vida de um homem, mesmo quando tenhas alcançado o limite extremo dos nãos, estes ainda reservam prazeres.
>
> *Sêneca*

DOUTOR BICHO

por Mônica Vitória • 20/02/2008

Além de amigos do homem, os animais se tornaram ótimos terapeutas

No caso dos idosos, a zooterapia pode ainda ajudá-los a controlar os sintomas do Mal de Alzheimer, como aconteceu no projeto realizado pelo Centro de Atendimento ao Idoso do Hospital da Universidade de Brasília (UnB). O médico geriatra Renato Maia, coordenador do projeto, decidiu aplicar a atividade, tão bem recebida em outras áreas médicas, como um estimulante no tratamento dos pacientes com Alzheimer: "Implementamos este tipo de terapia complementar tomando como inspiração os bons resultados alcançados em atividades similares na pediatria, por exemplo", menciona ele, que cita casos de TAA com crianças com câncer, nos quais o consumo de analgésicos diminuiu devido às visitas de cachorrinhos.

O projeto do Centro de Atendimento ao Idoso foi realizado com dois grupos, de sete a oito pacientes, em dez sessões de 45 minutos cada. Os principais objetivos eram desenvolver as funções motoras e melhorar a memória, que fica seriamente comprometida com a doença. "Com essa experiência, percebemos que a TAA tem uma utilidade muito grande para a reabilitação do paciente idoso. Todos que participavam gostavam da atividade e se sentiam mais alegres e mais dispostos a participar de outras terapias no hospital. Alguns já tinham bichos de estimação em casa, mas os ignoravam, e depois da pet-terapia passaram a interagir com eles também", conta o médico. Renato ainda ressalta a diferença entre um "cão-terapeuta" e um cachorro doméstico ou de rua: "Tivemos todo o cuidado para escolher os cães. Usamos o Golden-retriever, que é uma raça de médio a grande porte, mas muito mansa e amigável. O cachorro não pode intimidar os pacientes, nem ser agitado demais. O treinamento e o controle veterinário também é de suma importância, assim como os cuidados com a higiene e a identificação do cão (uso de coletes)", observa. Antes de iniciar o tratamento com os animais, as famílias dos pacientes são avisadas e concedem autorização.

"Há a redução da pressão arterial e freqüência cardíaca, a melhora da depressão, o aumento do tônus muscular, entre outros. Como qualquer outra terapia, ela tem como principal objetivo promover a melhoria da qualidade de vida do praticante, favorecendo o desenvolvimento de sua autonomia, seja ele criança, adulto ou idoso".

Segundo Renato Maia, a terapia conta com dois momentos. "Primeiro, conduzimos uma familiarização, em que o idoso se aproxima do animal, afagando-o, tentando guardar seu nome, sua cor etc. Depois, partíamos para as brincadeiras, quando os pacientes podiam jogar bola para o cachorro e, posteriormente, sem ele, buscavam se lembrar de coisas relativas às atividades e aos cães, através de jogos de perguntas que fazíamos. Eram 45 minutos lúdicos e alegres para todos", explica. "Apesar de estar temporariamente parado, o projeto deve voltar à ativa em breve, quando conseguirmos um veterinário substituto e novos cãezinhos", adianta o médico.

Outra atividade assistida por animais realizada com cães e idosos é o projeto Cão do Idoso, da Organização Brasileira de Interação Homem-Animal Cão Coração (OBIHACC), de São Paulo. A diferença na proposta é que as visitas com cachorros são feitas a asilos e casas de repouso. O programa, que funciona desde 2000, conta com o apoio de quase 100 colaboradores, todos voluntários, e atende cerca de 600 idosos. A intermediação dos animais tem o objetivo de alegrar os velhinhos, que, na sua maioria, são carentes e sofrem de depressão, pois dificilmente recebem visitas de familiares.

Equilíbrio de corpo e mente no galope

A Terapia Assistida por Animais feita com cavalos é chamada equoterapia ou hipoterapia. No Brasil, a Associação Nacional de Equoterapia (ANDE) oficializou a prática em 1989, que foi reconhecida pelo Conselho Nacional de Medicina em 1997. Este tipo de terapia é especialmente eficaz em casos de deficiências físicas e mentais, pois estimula a concentração, desenvolve o equilíbrio e a coordenação motora, promove o alongamento muscular e corrige a postura. A psicóloga Vanessa Breia cita ainda outros efeitos da equoterapia: "Há a redução da pressão arterial e frequência cardíaca, a melhora da depressão, o aumento do tônus muscular, entre outros. Como qualquer outra terapia, ela tem como principal objetivo promover a melhoria da qualidade de vida do praticante, favorecendo o desenvolvimento de sua autonomia, seja ele criança, adulto ou idoso", diz.

No centro de equoterapia Equovida, no Rio de Janeiro, o trabalho vem desde 2000. Cerca de 30 pessoas de várias idades passam, diariamente, pelo atendimento, que conta com a participação e supervisão de uma equipe multiprofissional composta por um fisioterapeuta, um psicólogo, uma fonoaudióloga e um profissional de equitação para orientar os cavalos. "A maioria é de crianças na faixa dos seis, sete anos, mas atendemos pacientes de três até os 50 anos de idade. Geralmente são pessoas com lesões neurológicas, síndromes, paralisia cerebral, autismo ou problemas ortopédicos", afirma o psicólogo Amauri Solon, um dos diretores do Equovida. Ele explica que a equitação terapêutica é uma TAA diferenciada, pois alcança resultados que vão além da interação com os bichos: "A base, claro, é a relação afetiva entre o ser humano e o animal. Mas na equoterapia você usa o cavalo de fato – você monta nele e os movimentos do animal atuam diretamente nos seus. E o movimento é tridimensional, pois sua cintura se move em todas as direções, o que obriga o corpo a alterar a postura", esclarece Amauri, que ressalta também a função fonoaudiológica da atividade: "Por mexer com a postura, a atividade facilita e reeduca a respiração, corrigindo a posição da língua e melhorando a fala e a deglutição". A participação de usuários de muletas e cadeiras de rodas é constante: "Há pessoas que você não imagina que poderia ver montadas num cavalo", conclui o psicólogo.

Serviço:

Centro de Atendimento ao Idoso da UnB: (61) 3448 5269

Cão&Terapia (mais fotos): http://fotolog.terra.com.br/caoterapia

Vanessa Breia: (21) 2718-8730 / (21) 8859-3626

Centro de Equoterapia Conquistar: http://equoterapiaconquistar.com.br

Associação Nacional de Equoterapia (ANDE): www.equoterapia.org.br

Equovida: www.equovida.com.br

www.bolsademulher.com

Há duas épocas na vida, infância e velhice,
em que a felicidade está numa caixa de bombons.

Carlos Drummond de Andrade

IDOSOS INSTITUCIONALIZADOS

Colaboradora: Mariana Montagner
Terapêuta ocupacional e pós-graduanda do curso Saúde e Medicina Geriátrica da Metrocamp

Ações da Terapia Ocupacional com idosos institucionalizados

A Terapia Ocupacional gerontológica visa manter, restaurar e melhorar a capacidade funcional, mantendo o idoso ativo e independente o maior tempo possível. A atuação do Terapeuta Ocupacional tem como objetivo geral promover o desempenho dos idosos nas atividades de vida diária, nas atividades instrumentais de vida diária, nas atividades de trabalho e nas atividades de lazer. Então se torna fundamental definir as atividades de vida diária e as atividades instrumentais de vida diária, uma vez que são conceitos muito utilizados na prática do terapeuta ocupacional com idosos.

As atividades de vida diária referem-se às atividades relacionadas aos cuidados pessoais, tais como alimentar-se, banhar-se, vestir-se, e fazer higiene, mobilidade e comunicação funcional. As atividades instrumentais de vida diária referem-se às atividades relacionadas à administração do ambiente de vida e estabelecem relação entre o domicilio meio externo. Estas atividades incluem comprar e preparar alimentos, cuidar da limpeza da casa, lavagem das roupas, ou seja, capacidade para viver em comunidade (Barreto e Tirado, 2006).

Na atuação com o idoso, a Terapia Ocupacional age como um facilitador que capacita o mesmo a fazer o melhor uso possível das capacidades remanescentes, a tomar suas próprias decisões e lhe assegurar uma conscientização de alternativas realísticas.

Através do estímulo ao auto-conhecimento e ao auto cuidado, gerando uma melhoria na auto-estima, o idoso tem condições de lidar com seus potenciais e a partir daí construir uma maneira própria de se relacionar com o meio social, atuando nele mais autonomamente. Basicamente, procura-se que o idoso tenha um desempenho mais independente possível, enfatizando as áreas de auto cuidado, do lazer, da manutenção de seus direitos e papéis sociais, segundo o Boletim do CRE (Ano VII n. 2).

A Terapia Ocupacional deve intervir também visando à qualidade de vida dos idosos, sempre considerando os processos de perdas próprias do envelhecimento e as possibilidades de manutenção de seu estado de saúde (Lacerda, 2005). Nesse sentido, a saúde não significa ausência de doença, mas, sim, uma condição de bem-estar físico, mental e social que leva o indivíduo a apreciar a vida e enfrentar os desafios do seu cotidiano, sendo, portanto, entendida pela multiplicidade de aspectos do comportamento húmano (Pitanga, 2004).

A Reabilitação Cognitiva é feita pelo Terapeuta Ocupacional, em que se busca resgatar e estimular o idoso nas atividades cognitivas e a atuar no seu cotidiano, através de atividades que mantenham os idosos ativos a concentração, sequência do pensamento, atenção e a capacidade de fazer escolhas. Como por exemplo, a leitura, jogo de xadrez, bingo, palavras cruzadas, fazer uso de anotações, organizar o ambiente, fazer uso de listas, quebra cabeças, jogo da memória, caça palavras (Secchi, 2008).

O processo Terapêutico Ocupacional se inicia com a identificação das habilidades e das limitações funcionais do idoso através da avaliação, que pode ser considerada o inicio do processo terapêutico. Com base nessas informações, são elaborados o planejamento e a implementação da intervenção, seguida de reavaliações periódicas.

A intervenção Terapêutica Ocupacional na área da geriatria se apóia em prescrições de atividades terapêuticas que favorecem o processo de adaptação ao envelhecimento. É fundamental que as atividades realizadas sejam significativas para os idosos e, desse modo, se relacionando com seus interesses e com sua realidade socioeconômica e cultural.

Desse modo à Terapia Ocupacional faz com que os dias dos idosos institucionalizados sejam mais produtivos e valorizados impedindo assim que eles desenvolvam uma passividade, a depressão, a raiva e o ressentimento.

www.saudegeriatrica.com.br

A cultura é o melhor conforto para a velhice.

Aristóteles

IDOSOS PARAM DE SENTIR DORES, DORMEM MELHOR E TÊM A MEMÓRIA REAVIVADA QUANDO VIAJAM

Pé na Estrada
Víctor Hugo Durán, de Santiago
Edição Impressa 109 – Março 2005

Ela adora bater perna. De fato, é difícil localizá-la. Rebeca esteve recentemente em Molina, na Sétima Região do Chile (a 300 quilômetros de Santiago), para conhecer o parque Las Siete Tasas. Chegou a Santiago, arrumou outra mala e viajou para Quintero, a uma hora da capital chilena, mostrando como lidar com liderança, auto-estima e cuidados de si. Aos 73 anos, a chilena Rebeca Mondaca pode perfeitamente escrever um livro sobre suas histórias de viagens, aproveitando o auge do turismo para a terceira idade no país. Ela faz parte dos quase 80 mil idosos que nos últimos quatro anos participaram da iniciativa liderada pelo Serviço Nacional de Turismo do Chile (Sernatur), já seguida por muitos municípios. O diário de bordo de Rebeca Mondaca já contém suas andanças pelas cidades de Arica, Iquique, Villarrica e Pucón, no Chile, e Tacna, no Peru, fronteira com o Chile. Em dezembro de 2004, ela fez mais uma viagem, desta vez para Mendoza, na Argentina; no próximo verão deve ir para La Serena e, sabe-se lá, talvez faça outra viagem internacional. "Sempre que a saúde acompanhe", comenta Rebeca.

De volta das viagens, Rebeca diz sentir-se muito bem. Realizada. Feliz. A artrose e a osteoporose passam a segundo plano. Esquece da dor. "Fico melhor, mais animada. Minha saúde melhora muito", diz. É um fenômeno biológico que a maioria dos idosos confirma, de acordo com um estudo realizado da Faculdade de Medicina da Universidade Católica do Chile. A pesquisa, publicada na *Revista Médica de Chile*, conclui que patologias como a insônia, a falta de apetite, a depressão, a incontinência urinária e, inclusive, as dores articulares amenizam após viajar.

Economia e saúde

O médico Pedro Paulo Marín, coordenador da pesquisa, explica que na Europa é consenso que os idosos representam um nicho de mercado importante, para o qual não havia ofertas até algum tempo atrás. "Isso mostra que os idosos não são um peso morto, eles geram renda. E, mais, podem usufruir instalações ociosas, como hotéis ou restaurantes, que, em geral, não são utilizadas pelo fato de as pessoas estarem trabalhando nessa época."Apesar dos ganhos econômicos, até agora não se havia medido o impacto das viagens sobre a saúde dos homens e mulheres da terceira idade. E os resultados surpreenderam, reconhece Marín. Do total de entrevistados, 85,4% disseram ter mais disposição; 78% tornaram-se mais sociáveis; 58% acabaram com os problemas de insônia; e 42% sentiram uma melhora digestiva, entre outros benefícios.

Da pesquisa participaram 4.200 idosos, que passaram por duas sondagens, ambas voluntárias: uma antes da viagem e a outra na volta. Foi detectado que 45,4% dos turistas eram idosos de 70 anos; 66,2% do total eram mulheres; 60,5% beneficiários do sistema público de saúde; e 22,9% tinham planos de saúde particulares. Por sua vez, 20% têm educação básica, outros 47% segundo grau completo e 21% ensino superior completo. Desse total, 15,8% viviam sozinhos, e dentro desse grupo 82% eram mulheres. Com relação às condições sociais, 7,7% admitiram que seus recursos financeiros não lhes permitiam cobrir as necessidades básicas, 43,1% disseram que seus recursos apenas cobriam essas necessidades e 49,2% responderam que não tinham problemas econômicos.

Com medo de voar

"Não devemos ter medo de viajar. O impacto das viagens é muito bom, sobretudo no aspecto psicológico, porque as pessoas passam a dormir melhor e se sentem mais dispostas. Há muito tempo se diz que as pessoas devem viajar quando ficam estressadas ou deprimidas", comenta Marín. Rebeca confirma o que o médico diz. A primeira vez que ela viajou de avião foi dois anos atrás. "Foi novidade para mim. Fomos a Arica, tivemos que ir de avião, e eu nunca havia viajado de avião, pois tinha medo. Fui com meu companheiro. Foi uma experiência nova, compartilhada com pessoas de vários lugares", conta.

Viajar, quebrar a rotina, confraternizar-se com outras pessoas, tudo isso implica esforços mentais e de renovação. As pessoas passam a fazer parte de um grupo e a se enturmarem, ressalta Marín. "Aqueles que sofrem de dores articulares se vêem livres desses problemas quando viajam, enquanto outros melhoram da incontinência, não sabemos por quê. Já a memória melhora porque as pessoas se distraem, combatem o estresse, se concentram e aprendem coisas novas como nomes, lugares, datas e horários", afirma. Um dos desafios pendentes é saber se esses resultados são duradouros ou desaparecem com o tempo. O único indicador de que Marín dispõe é aquele que é medido quando os idosos retornam das viagens: dão dicas de viagens aos amigos ou voltam a viajar. Quer dizer, as viagens lhes fazem bem e, por isso, querem continuar viajando.

Capital social

Manuel Pereira, diretor do Serviço Nacional do Idoso (Senama) do Chile, diz que essas viagens significam investir em saúde, o que configura um tremendo capital social. "Fazendo turismo", diz ele, "os idosos deixam para trás as pílulas para combater o desânimo e a depressão". Pereira explica que há um ganho nas relações humanas e no fortalecimento das redes de apoio social, pois há visitas e contatos, evitando-se assim que os idosos caiam na solidão. Além disso, ampliam-se os conhecimentos culturais. Rebeca Mondaca se lembra com carinho das pessoas que conheceu em Arica. Ainda se convidam por telefone para as festas que realizam. Ou seja, há uma ampliação das redes sociais para além do círculo familiar.

Entretanto, Manuel Pereira afirma que ainda falta muito para o setor turístico se adaptar à nova realidade do envelhecimento da população chilena. Muitos hotéis têm acessos pouco adequados e perigosos; não há adaptações nos banheiros e quartos nem há preocupação em preparar pratos especiais, sem sal ou com pouco açúcar, já que muitos têm pressão alta ou diabetes. "Contudo, se está avançando", diz. Rebeca reivindica que as viagens realizadas por meio do Sernatur sejam diferentes daquelas que ela já fez por conta própria. Nas viagens exclusivas para a terceira idade há cuidados especiais, atendimento médico personalizado, controles constantes e indicações alimentares. O próximo passo que deve dar o setor turístico, de acordo com o diretor do Senama, será começar a proporcionar uma oferta segmentada, direcionada para idosos com problemas específicos de saúde.

Víctor Hugo Durán é jornalista, especializado em saúde do jornal chileno *El Mercurio*, no qual esta reportagem foi originalmente publicada. Reprodução autorizada. Tradução: Damian Kraus.

www.revistapesquisa.fapesp.br

IMPORTÂNCIA DA DEGLUTIÇÃO

Por Magda Zorzella

Além da expressão facial e a mastigação, outra função extremamente importante para a Fonoaudiologia estética é a DEGLUTIÇÃO. Como tudo em nosso organismo, a deglutição também envelhece. Esse "entardecer da deglutição" é consequência do enfraquecimento da musculatura envolvida e também dos comandos do sistema nervoso que já estão mais cansados.

Num "engolir" adequado, toda a força ocorre entre a língua e o céu da boca. A língua acolhe o líquido e/ou o alimento, sobe em direção ao palato e exerce sua força. Em seguida, a deglutição continua de forma inconsciente. Ela é interna, dentro do aparato oral.

Enquanto engolimos, não deve ocorrer nenhuma participação da musculatura da face. Bom, na verdade, não deveria! No entanto, muitas pessoas, ao engolirem, contraem as laterais da boca ou fazem caretas, como se esses movimentos fossem um trampolim – uma ajuda para o ato da deglutição. E, como engolimos três vezes por minuto, a saliva e muitas vezes tantas outras coisas durante o dia, esses movimentos repetitivos realizados na face acabam por marcá-la através das "indesejáveis" rugas de expressão.

É preciso aprender que a força de deglutição está na "língua" e que nosso rosto não participa desse ato! Por isso, observe-se enquanto engole água ou um alimento e tente conscientemente engolir "por dentro" da boca e não através do rosto.

Se você tiver dificuldade ou então observar engasgos freqüentes, procure um fonoaudiólogo. Esses engasgos, geralmente, são observados quando se começa a envelhecer e também nos idosos, e costumam ser muito perigosos.

Dentro da Fono & Estética, a Dra. Magda Zorzella aborda a deglutição como prioridade, com o objetivo de suavizar rugas ao redor da boca e, principalmente, no sentido de reorganizar e fortalecer essa função tão vital para nosso organismo.

Muitas vezes, pacientes na faixa etária de 50-60 anos já apresentam queixa de descontrole ou engasgos na deglutição. O tratamento busca reequilibrar essa função, que repercute positivamente na qualidade de vida das pessoas. Afinal, jovens, adultos, idosos, ou seja, todos nós dependemos dessa função em nosso dia-a-dia para vivermos bem e com saúde!

www.clubevidamoderna.com.br

A PSICOTERAPIA EM IDOSOS

The Psychoterapy in aged

Maria Cristina Reis Amendoeira
Maria Tavares Cavalcanti

RESUMO

A velhice é uma realidade que pode tornar-se patológica já que, no processo de envelhecimento, é necessário processar o luto pela perda de um corpo jovem, rugas, diminuição das resistências físicas, perda da posição social de prestígio, da posição familiar ativa e perda do trabalho.

É um período em que não há mais como reter a ilusão da eternidade e a possibilidade de se formar lutos patológicos é bem maior. Com freqüência surge um sentimento de esterilidade com problemas na produção e criatividade. Várias dificuldades psíquicas podem se agravar nesta fase da vida e organizações psíquicas patológicas podem se manifestar como a depressão, a paranóia e a mania.

Através do tratamento psicoterápico o idoso pode assimilar novas representações de objeto na sua estrutura psíquica, experimentando um novo sentido de identidade própria, reatando o contato com fontes internas de vitalidade e com partes de si mesmo esquecidas ou negligenciadas, que exercem influências no dia a dia. O passado pode processar o seu luto propiciando equilíbrio psíquico. As crises contribuem para fortalecer e enriquecer o caráter com novas organizações e transformações. A psicoterapia auxilia a entrada na velhice como um processo de crescimento, um novo ato psíquico de um sujeito em desenvolvimento.

INTRODUÇÃO

As relações entre psicoterapia e idade devem considerar o desenvolvimento psicológico em suas diversas etapas da vida, recebendo estímulos e lidando globalmente com limitações e frustrações.

Sofremos a primeira perda com o nascimento, ao sermos privados do conforto do útero materno, para que possa se dar continuidade ao ciclo vital. É a primeira vivência de separação da mãe. A partir daí, o processo de crescimento e individuação dá-se no sentido de superar o que podemos chamar de posição narcísica na qual prevalece a busca egocêntrica de satisfação dos próprios desejos. A posição narcísica é uma referência ao mito de Narciso, o amor pela imagem de si mesmo; assim uma posição narcísica está relacionada com uma dificuldade de apreender os limites à plena satisfação dos desejos (típico do funcionamento psíquico do bebê), tornando a frustração intolerável, o que leva o indivíduo a buscar satisfações compensatórias.

No estudo do desenvolvimento humano, ressalta-se a importância da manutenção do que Klein chamou de bom objeto interno como fator de saúde psíquica no decorrer de toda a vida. O que isto significa? Que nossa saúde mental vai depender do predomínio – pensando em termos psicodinâmicos – de vivências emocionais satisfatórias, obtidas através de vínculos afetivos amorosos e construtivos, internalizados desde as etapas iniciais do desenvolvimento, principalmente a partir da relação com a figura materna. Esta satisfação experimentada na infância e o amor pelo objeto vão enriquecendo nossa personalidade e determinando a capacidade de sublimação, de elaborar situações de conflito.

Se, ao contrário, há uma prevalência de conteúdos mentais negativos, adquiridos em vínculos precoces pouco amorosos e desfavoráveis ao desenvolvimento de uma auto-imagem positiva, as adversidades que se apresentarem na vida, e aí inclui-se o processo do envelhecimento, serão enfrentadas com intolerância e inconformismo, por reacenderem sentimentos muito precoces de hostilidade e de auto-depreciação.

No entanto, as frustrações são úteis e necessárias para o reconhecimento de que nossos desejos não podem ser sempre satisfeitos, o que desencadeia um processo de amadurecimento e capacidade de perceber integralmente o outro e a realidade além de nós mesmos. Um adolescente só se torna um adulto quando adquire a condição de enfrentar os desafios e limites da maturidade – quando passa a abrir mão das facilidades de uma etapa anterior da vida na qual não assumiu maiores compromissos e responsabilidades.

AS VICISSITUDES DA PSICOTERAPIA EM IDOSOS

A psicoterapia em idosos é uma área pouco estudada e controversa. A presença de mitos e estereótipos prejudica o trabalho psicoterápico. A noção de envelhecimento como um processo no decorrer da vida, e não algo específico de uma faixa etária, é pertinente a todas as idades, auxilia a afastar os obstáculos ao atendimento psicoterápico de pessoas com mais de 60 anos. As questões que surgem têm a ver com a forma de como cada um viveu, com as concepções de vida de cada um. E, também, é compreensível que na velhice o ajustamento do sujeito ao acúmulo de experiências de perdas diversas e à idéia da própria finitude dependerá da forma como lidou anteriormente com questões relativas.

O envelhecimento pode ser entendido como um momento de crise, narcísica, na qual o indivíduo assiste a seu próprio declínio, a partir de mudanças na imagem corporal, doenças e perdas. Um comportamento regressivo, auto-referente ou egocêntrico pode ser uma tentativa de compensar essas feridas narcísicas.

Há um equilíbrio durante todo o ciclo vital, nas diversas etapas da vida, entre ganhos e perdas. Mas, com o avançar da idade este equilíbrio torna-se menos positivo. O sujeito que envelhece está mais vulnerável a doenças, necessariamente se depara com inúmeras perdas: a aposentadoria, morte de entes queridos, distanciamento dos filhos, perdas cognitivas e a constatação da própria finitude, da proximidade da morte.

Podemos iniciar uma discussão afirmando ser a velhice mais uma etapa evolutiva em nossas vidas, entrando em jogo os mesmos fatores psicológicos de outras fases, da infância ao envelhecimento. Em todas, há a dependência, os sentimentos de menos valia, a necessidade de manter idealizações passadas ou de produzir des-idealizações que não se tornem patogênicas. É uma fase afetada pelo acúmulo de resoluções, eventos, acidentes que guiam o desenvolvimento humano.

O velho é o homem que sofreu uma série de transformações físicas, psicológicas e afetivas no tempo. É uma etapa evolutiva que guarda relação com a etapa anterior e com a seguinte. Essa dinâmica configura um processo vital integrador das etapas anteriores com a atual e, assim, gera novas aquisições. Cada período de transformação, cada fase, é um processo dialético. Podemos, então, compreender melhor a afirmativa de que envelhecemos como vivemos.

Em etapas anteriores das nossas vidas desafiamos a morte reconquistando o sentimento de onipotência – ligado à fantasia de invulnerabilidade, ao desejo de imortalidade. Freud nos fala, em seus *Pensamentos para os tempos de guerra e morte*, da tendência do homem em afastar a morte do pensamento, afetando sua vida. A não aceitação da transitoriedade do que é belo pode levar ao desespero, a um luto sem fim, enquanto que a sua aceitação pode levar à valorização da vida, no que ela tem de efêmero, e à possibilidade de substituição de objetos perdidos por outros também preciosos para nossas vidas.

Há, também, a valorização dos benefícios da idade avançada, que é importante ressaltar – a própria idade que significa um ganho, ganho em tempo de vida. Mesmo com incapacidades ou necessitando de ajuda, a bagagem de experiências não deve ser desprezada.

A realidade pode ser vivida de uma forma ameaçadora nessa etapa da vida e pode haver retraimento protetor para o passado. E a carga emocional do presente ser deslocada para o passado. Acompanhar essas lembranças, entendidas como reações à perda da auto-estima e uma tentativa de manter o sentimento de identidade, pode ser uma via para a resolução de uma depressão clínica e a possibilidade de iniciar um trabalho psicanalítico.

As reminiscências fazem parte do processo do luto normal – é um ato de pensar nas próprias experiências passadas ou relatá-las como uma ação adaptativa, protetora da ansiedade e depressão. A ação de rememorar as experiências anteriores da vida mantém a auto-estima frente à diminuição da capacidade física e intelectual, pois a memória é uma garantia de existência e presença no mundo. O idoso traz consigo experiências de toda uma vida e o ato de lembrar torna-se, então, uma reflexão, uma forma de compreender e elaborar o presente a partir do passado.

A passagem do tempo favorece uma compreensão mais ampla, mais realista, mais sincera da existência – o que pode trazer maior serenidade. A memória pode ser valorizada em importante função social de transmissão de experiências e de conhecimentos do passado, enriquecendo e humanizando a vivência das gerações mais jovens.

Com o avançar da idade, o indivíduo torna-se cada vez mais consciente de suas limitações e, quanto maior a rigidez da adaptação do caráter no decorrer da vida, mais severos são os sintomas de ansiedade e de insegurança, culminando na velhice.

Cada vez vive-se mais e, paradoxalmente, também temos mais certeza da proximidade da morte. Isso numa idade em que também não dá mais para enfrentar riscos como em outras etapas da vida, o que ajudava a manter a onipotência e o sentimento de invulnerabilidade, alimentando um narcisismo onipotente. A inevitabilidade da morte é a conscientização de não se poder mais alcançar as metas que antes nos propomos e, então, o tempo pode transformar-se num perseguidor.

O IDOSO E OS MECANISMOS DE DEFESA

Veremos que, na psicose, os modelos anteriormente descritos não são suficientes para solucionar as frustrações, não se põem a serviço do Ego, o que acaba produzindo um prejuízo da funcionalidade narcísica, o que motiva uma reação afetiva como a depressão. O retorno a modelos de funcionamento de fases primitivas do desenvolvimento, com pontos de fixação na fase oral (de grande valor na instalação da melancolia, onde o sujeito devora o objeto canibalisticamente), se reproduz no velho, se não ultrapassou-o satisfatoriamente em épocas primitivas do desenvolvimento ou mesmo na adolescência (época importante na estruturação da personalidade do sujeito).

Em qualquer época da vida o mecanismo seria o mesmo, pois a depressão imprime uma marca particular para a regressão: a ação regressiva no idoso provoca reações de intensa inibição motora, por vezes a total paralisação com os quadros de negativismo no velho. O adulto e o adolescente utilizariam recursos de racionalização: a ação nos adultos e um apragmatismo obsessivo ou agressivo comum no adolescente. Há uma dificuldade do paciente idoso e seus familiares em reconhecer o sofrimento psíquico. Há uma tendência a racionalizar, colocando a culpa em comer muito, fumar muito ou outra razão que determine um adoecimento físico e não psíquico.

Poderia-se, resumidamente, enumerar-se alguns mecanismos psíquicos de defesa acionados pela mente para reduzir ou suprimir a vivência de sofrimento. Estas operações psíquicas inconscientes são normais, pois permitem adaptação ao desconforto. E seu uso em excesso, ao invés de ajudar, acarreta a desadaptação, tornando-se patológico. Alguns mecanismos mais comuns são:

- Negação – afastar da consciência aspectos desagradáveis da realidade (desconsiderar um diagnóstico, por exemplo).
- Regressão – reativar condutas infantis diante de conflitos (queixas corporais para obter atenção ou evitar contatos emocionais).
- Projeção – colocar no mundo externo a percepção de um conteúdo interno indesejável (acusar agressividade, intolerância no cuidador, por exemplo).
- Formação reativa – comportar-se como se estivesse sentindo algo, ao contrário do que sente para evitar contato com sentimentos inaceitáveis (ser amável demais quando sente ódio ou revolta).
- Rigidez – resistir à mudança ou à reflexão para aliviar a insegurança (recusa orientações para mostrar controle sobre sua vida).
- Isolamento – evitar contato com pessoas para fugir da realidade: dormir demais.

O TRATAMENTO PSICOTERAPÊUTICO

A velhice constitui um dos desafios que enfrentamos no trabalho clínico, tanto pelo que é próprio do período vivido, como pelo impacto emocional sobre nossos sentidos. Este impacto se dá com a adolescência, com as psicoses, e também com os velhos, com os quais nos defrontamos com o dilema de atender empaticamente às necessidades e sofrimentos do paciente e tentar aliviá-lo de tudo que possamos, sem cair na sedução do drama em que o paciente pode envolver-nos. Manter-se numa atitude de escuta, com disposição à receptividade, nos conduzirá com frescor à atenção flutuante que teríamos com qualquer outro, analisando, evitando a fascinação estética de uma determinada idade ou de uma patologia determinada, tudo que nos afaste da possibilidade de aproximarmo-nos da realidade interna daquele paciente.

As expectativas relacionadas à idade devem ser superadas porque podem nos fazer assumir um papel de superprotetor. O medo da morte, da solidão e isolamento tendem a levar a uma maior aproximação do terapeuta com este papel de protetor, e este pode sentir-se seduzido muito mais a proteger do que tratar o paciente.

As considerações do ponto de vista técnico quanto à transferência (atualização de desejos, afetos e fantasias inconscientes nas relações do presente, em geral repetindo-se protótipos de experiências infantis) e contratransferência (reações emocionais inconscientes na pessoa que foi objeto da transferência, ou seja a repercussão interna dos afetos transferidos no outro) no tratamento, as emoções contratransferenciais que o terapeuta sentirá frente ao homem mais velho, são discutidas por Plotkin quando se refere aos sentimentos pertencentes ao terapeuta, intensos, que emergem, sentimentos não resolvidos relativos ao envelhecimento. A nossa relação com os pais, as perdas sofridas, a aproximação da morte, é vivenciada no tratamento com idosos de forma especialmente intensa.

Quando fala-se de perdas maiores nenhum terapeuta é imune. Todo analista é sensível a um velho que está numa posição precária em relação à mortalidade. Há uma certa dificuldade em manter a neutralidade com este tipo de paciente, que enfrenta perdas e limitações – o declínio físico abala o paciente e o terapeuta. Somos vulneráveis à injúria narcísica quando o paciente idoso evoca nossas preocupações em relação ao nosso próprio envelhecimento.

CONCLUSÃO

O trabalho com idosos, do início ao término, atravessa circunstâncias que são verdadeiros ativadores de conflitos, que servem para lembrar ao terapeuta da sua própria mortalidade e limitações.

www.aperjrio.org.br

MECANISMOS QUE NOS PROTEGEM

Colaborador: Ruy Barbosa Oliveira Neto
Biólogo e pós-graduando do curso Saúde e Medicina Geriátrica da Metrocamp

Funções dos sistemas de defesas do organismo – O sistema imunológico ou sistema imune é de grande eficiência no combate a microorganismos invasores. Mas não é só isso; ele também é responsável pela "limpeza" do organismo, ou seja, a retirada de células mortas, a renovação de determinadas estruturas, rejeição de enxertos, e memória imunológica. Também é ativo contra células alteradas, que diariamente surgem no nosso corpo, como resultado de mitoses anormais. Essas células, se não forem destruídas, podem dar origem a tumores.

Células do sistema imune são altamente organizadas como um exército. Cada tipo de célula age de acordo com sua função. Algumas são encarregadas de receber ou enviar mensagens de ataque, ou mensagens de supressão (inibição), outras apresentam o "inimigo" ao exército do sistema imune, outras só atacam para matar, outras constroem substâncias que neutralizam os "inimigos" ou neutralizam substâncias liberadas pelos "inimigos".

Formas de defesa

O nosso organismo possui mecanismos de defesa que podem ser diferenciados quanto a sua especificidade, ou seja, existem os inespecíficos que protegem o corpo de qualquer material ou microorganismo estranho, sem que este seja específico e os específicos contra o antígeno ("corpo estranho").

Resposta Inespecífica

Primeira defesa: Barreiras naturais – O organismo possui barreiras naturais que são obviamente inespecíficas, como a da pele (queratina, lipídios e ácidos graxos), a saliva, o ácido clorídrico do estômago, o pH da vagina, a cera do ouvido externo, muco presente nas mucosas e no trato respiratório, cílios do epitélio respiratório, peristaltismo, flora normal, entre outros.

Segunda defesa: Barreira vasoativa e termogênica – Se as barreiras físicas, químicas e biológicas do corpo forem vencidas, o combate ao agente infeccioso entra em outra fase. Nos tecidos, existem células que liberam substâncias vasoativas, os mastócitos, células do tecido conjuntivo, originadas a partir de células mesenquimatosas (células de grande potência de diferenciação que dão origem às células do tecido conjuntivo). Possuem citoplasma rico em grânulos basófilos (coram-se por corantes básicos). Sua principal função é armazenar potentes mediadores químicos da inflamação, como a histamina, heparina, ECF-A (fator quimiotáxico – de atração – dos eosinófilos) e fatores quimiotáxicos (de atração) dos neutrófilos. Elas participam de reações alérgicas (de hipersensibilidade), atraindo os leucócitos até o local e proporcionando uma vasodilatação. Isso causa vermelhidão, inchaço, aumento da temperatura e dor, conjunto de alterações conhecido como inflamação.

A vasodilatação aumenta a temperatura no local inflamado, dificultando a proliferação de microrganismos e estimulando a migração de células de defesa. Algumas das substâncias liberadas no local da inflamação alcançam o centro termorregulador localizado no hipotálamo, originando a febre (elevação da temperatura corporal). Apesar do mal-estar e desconforto, a febre é um importante fator no combate às infecções, pois além de ser desfavorável para a sobrevivência dos microorganismos invasores, também estimula muitos dos mecanismos de defesa de nosso corpo.

Além dos mastócitos, também fazem parte do sistema imune as células do sistema mononuclear fagocitário, (SMF) antigamente conhecido por sistema retículo-endotelial e mastócitos. As primeiras são especializadas em fagocitose e apresentação do antígeno ao exército do sistema imune. São elas: macrófagos alveolares (nos pulmões), micróglia (no tecido nervoso), células de Kuppfer (no fígado) e macrófagos em geral.

Terceira defesa: Fase quimiotáxica. Por diapedese, neutrófilos e monócitos são atraídos até o local da inflamação, passando a englobar e destruir (fagocitose) os agentes invasores.

A diapedese e a fagocitose fazem dos neutrófilos a linha de frente no combate às infecções.

Outras substâncias liberadas no local da infecção chegam pelos vasos sanguíneos até a medula óssea, estimulando a liberação de mais neutrófilos, que ficam aumentados durante a fase aguda da infecção. No plasma também existem proteínas de ação bactericida que ajudam os neutrófilos no combate à infecção. A inflamação determina o acúmulo de fibrina, que forma um envoltório ao redor do local, evitando a progressão da infecção.

Quarta defesa: Caso a resposta inflamatória não seja eficaz na contenção da infecção, o sistema imune passa a depender de mecanismos mais específicos e sofisticados, dos quais tomam parte vários tipos celulares, o que chamamos resposta imune específica.

Resposta Específica

A resposta imune é um dos mais importantes mecanismos adaptativos, pois permite a sobrevivência em ambientes potencialmente lesivos. A batalha contra a infecção se processa em duas frentes: a imunidade humoral, mediada por anticorpos, e a imunidade celular, mediada por células.

Em função da inflamação, aumenta a drenagem de líquido e de materiais pelos vasos linfáticos e a chegada desses materiais aos gânglios linfáticos da região, onde existem muitos macrófagos. Entre as células que normalmente são encontradas nos gânglios linfáticos destacam-se os linfócitos e as células apresentadoras de antígenos, que reconhecem substâncias estranhas ao corpo (macrófagos). Essas estimulam os linfócitos T4 ou auxiliadores a produzirem inúmeras substâncias capazes de estimular outros linfócitos T e outras importantes células de defesa. Essas substâncias são as interleucinas e os interferons.

Imunidade humoral

Algumas interleucinas estimulam os linfócitos B, que se transformam em plasmócitos, células produtoras de anticorpos (ou imunoglobulinas), proteínas presentes no plasma sanguíneo. A resposta dependente de anticorpos é chamada imunidade humoral. Os anticorpos apresentam diversos mecanismos de ação, dos quais podemos destacar como mais importantes: a) alguns anticorpos, quando se ligam à superfície de uma bactéria, têm capacidade própria de destruí-la. b) existem bactérias dotadas de cápsulas, que são capazes de escapar da fagocitose executada por neutrófilos e macrófagos. Entretanto, quando estão recobertas pelos anticorpos, passam a ser fagocitadas. c) os anticorpos que recobrem as mucosas, como as das vias aéreas e as do tubo digestório, podem impedir que os agentes infecciosos as atravessem.

A ligação entre o anticorpo e o antígeno tem elevada especificidade, ou seja, cada anticorpo se liga a um antígeno específico. A resposta humoral desencadeada contra um antígeno não é eficaz contra outro.

Em segunda exposição a um determinado antígeno, a produção de anticorpos é mais rápida e intensa, ao que chamamos resposta imune secundária.

Imunidade celular

Os anticorpos são bastante ativos contra patógenos extracelulares, como a maioria das bactérias. Parasitas intracelulares, como os vírus, oferecem maior dificuldade para serem destruídos e a ação dos anticorpos é menos eficaz. Nesses casos, as células de defesa (linfócitos T8 e linfócitos NK – Natural Killer, que possuem importante ação citotóxica) atacam e destroem as células que estão sendo parasitadas ou atacam os vírus no momento em que deixam as células parasitadas. Como o ataque às células infectadas é feito por outras células e não por anticorpos, chamamos imunidade celular. É desencadeada quando as interleucinas ativam os macrófagos, que aumentam sua capacidade fagocitária, além de gerar radicais livres com intensa ação destruidora sobre agentes infecciosos. Ao mesmo tempo em que aparecem células de memória da linhagem B, também algumas células da linhagem T adquirem "memória imunológica", podendo desencadear uma resposta celular do tipo citotóxica com mais rapidez e intensidade.

www.saudegeriatrica.com.br

> Uma árvore em flor fica despida no outono. A beleza transforma-se em feiúra, a juventude em velhice e o erro em virtude. Nada fica sempre igual e nada existe realmente. Portanto, as aparências e o vazio existem simultaneamente.
>
> ***Dalai Lama***

DISTÚRBIOS QUE AFETAM PRINCIPALMENTE AS PESSOAS IDOSAS

Moléstia ou Distúrbio	**Explicação**
Doença de Alzheimer e outras demências	Distúrbios cerebrais que acarretam a perda progressiva da memória e de outras funções intelectuais
Osteoartrite	Degeneração da cartilagem que reveste as articulações, causando dor
Úlceras de decúbito	Lesões da pele em decorrência da pressão prolongada
Osteoporose	Perda de cálcio dos ossos, que os tornam frágeis e pode acarretar fraturas
Hiperplasia benigna da próstata	Aumento da próstata (nos homens), que bloqueia o fluxo urinário
Doença de Parkinson	Doença cerebral degenerativa e lentamente progressiva que acarreta tremores, rigidez muscular, dificuldade nos movimentos e instabilidade postural
Catarata	Opacificação do cristalino, com comprometimento da visão
Câncer de próstata	Câncer da glândula prostática (nos homens)

Leucemia linfocítica crônica	Tipo de leucemia
Herpes zoster	Reativação do vírus da catapora latente, produzindo uma erupção cutânea e podendo acarretar dor prolongada
Diabetes tipo 2 (início na vida adulta)	Tipo de diabetes que pode não exigir o tratamento com insulina
Acidente Vascular Cerebral (AVC)	Obstrução ou sangramento de um vaso sangüíneo do cérebro, acarretando fraqueza, perda de sensibilidade, dificuldade para falar ou outros problemas neurológicos
Glaucoma	Aumento da pressão em uma das câmaras do olho, podendo reduzir a visão e causar cegueira
Incontinência urinária	Incapacidade de controlar a micção
Gamopatias monoclonais	Grupo de doenças diversas caracterizadas pela proliferação anormal de um mesmo tipo de célula que produz níveis elevados de uma imunoglobulina.

Fonte: http://fisioemcasa.chakalat.net/2008/10/implicaes-de-doenas-em-idosos.html

NOVAS DEMANDAS SOCIOECONÔMICAS A SER ENFRENTADAS PELO PAÍS NOS PRÓXIMOS 20 ANOS

Evidências demográficas que comprovam o rápido processo de envelhecimento da população brasileira têm servido de alerta para as novas demandas socioeconômicas a serem enfrentadas pelo País nos próximos 20 anos, quando os idosos serão 26% da população.

Em contrapartida, as mesmas estatísticas atestam que há um potencial significativo para a mudança de cultura em serviços e atendimento aos idosos. No contexto do consumo inclusivo, a Shopper Experience – empresa de pesquisa pioneira na avaliação do atendimento ao consumidor de diversos segmentos do varejo e de serviços financeiros por meio do "cliente secreto" – anuncia a criação do projeto "Peritos da terceira idade".

Com a iniciativa, a empresa está recrutando maiores de 60 anos de todo o Brasil, interessados em atuar como profissionais "clientes secretos", testando o atendimento prestado aos consumidores sêniores.

O projeto "Peritos da terceira idade" surgiu da análise de atendimento de "clientes secretos" com mais de 60 anos – profissionais liberais, aposentados e donas de casa que integram a equipe de pesquisadores sêniores. "A Shopper Experience tem uma base com mais de 20 mil pessoas que atuam como clientes secretos, sendo 3% da terceira idade".

Começamos a observar que nos relatos de atendimento desses pesquisadores palavras como invisível e descaso se repetiam, ou seja, o atendimento ao idoso está sendo negligente e desrespeitoso. A partir daí, decidimos investir em um projeto que possa dar origem a um levantamento criterioso e amplo; que possa mostrar aos empresários o dano financeiro e social causado por um atendimento equivocado", afirma Stella Kochen Susskind, presidente da Shopper Experience.

Na opinião da executiva, empresários e gestores de empresas ainda não despertaram para o real significado e o potencial de negócios representado pela terceira idade.

"Ao compararmos a taxa de atividade profissional das mulheres idosas brasileiras com a de países europeus, vemos que Brasil, México e Argentina se destacam com uma taxa em torno de 20%. No Estado de São Paulo, dados atestam que 63% dos idosos viajam, no mínimo, uma vez por ano. Com esse potencial de negócio impulsionado pelo aumento da população com mais de 60 anos não há explicação lógica para não investir no atendimento adequado e na criação de produtos dedicados a essa faixa etária", argumenta Stella.

Os "detetives-consumidores" podem se candidatar e obter informações no site da Shopper Experience www.shopperexperience.com.br.

www.idademaior.com.br

AS PESSOAS ESTÃO PREPARADAS PARA O AUMENTO DA POPULAÇÃO IDOSA?

Por Cristina Ribeiro, diretamente para o Portal

A modernidade traz muitos aspectos positivos, tais como o aumento e avanços tecnológicos, a facilidade para as pessoas se comunicarem, entre outros, mas também traz alguns aspectos negativos como a correria, pressa e a falta de tempo das pessoas, devido o excesso de atividades. E no meio de tudo isto, aumenta cada vez mais o número de pessoas idosas, população esta que necessita de adaptações e atenção especial, isto porque com o processo do envelhecimento ocorrem algumas alterações normais. Agora diante desta realidade, faço o seguinte questionamento: será que as pessoas estão preparadas para o aumento da população idosa?

Seguem alguns exemplos de alterações decorrentes do envelhecimento normal e algumas atitudes que precisamos estar atentos para que os idosos se sintam acolhidos na sociedade.

Algumas alterações próprias do envelhecimento:

• Diminuição da força muscular nas pernas, o que faz com que o idoso necessite de tempo maior para atravessar a rua, por exemplo. E se, a esta atividade, o idoso for submetido a situações de tensão e estresse, o desempenho ficará prejudicado e aumentará o risco dele cair, neste caso, se um motorista ao passar pela faixa de pedestre acionar a buzina.

Então ao observar algum idoso atravessar a rua, esteja você a pé ou de carro, vale a pena estar atento a ele. Outro aspecto que somado pode dificultar a acessibilidade do idoso, ligado a diminuição da força na musculatura das pernas, é a questão da altura do degrau para a entrada no ônibus, que geralmente é muito alta. E outro aspecto que podemos citar, ainda relacionado a diminuição da força, e que pode propiciar uma maior fraqueza, é o fato do idoso ficar em pé em uma fila, enquanto espera para ser atendido, por exemplo no banco. Neste caso o ideal é ter bancos para eles sentarem, mas muitas vezes isto não ocorre. Além destas alterações, vale chamar atenção para a melhora na acessibilidade por meio de rampas e barras.

- Outra alteração normal decorrente do envelhecimento é a questão dos idosos serem mais sensíveis a luz ofuscante e levarem mais tempo para recuperar-se quando expostos a uma fonte de luz ofuscante. Este fato ocorre, por exemplo na saída do cinema, quando a pessoa fica horas dentro da sala e ao sair, se existir algum obstáculo, será mais um fator de risco para o idoso, pois ele já vai demorar mais tempo para enxergar o novo ambiente e se ainda tiver algum degrau, isto poderá facilitar a ocorrência dele cair.

Estes foram alguns exemplos de alterações que ocorrem com o envelhecimento e que precisam ser consideradas pelas pessoas na sociedade, tanto as autoridades quanto os donos de estabelecimentos.

Além destes fatos, se faz necessária a qualificação dos profissionais que vão atender estes idosos, independente do local estes profissionais precisam ter paciência em ouvir o que os idosos precisam, explicar e verificar se eles realmente entenderam o que foi explicado e orientar no que for necessário. Uma das queixas muito frequentes é o fato dos idosos relatarem que não são bem orientados quando são atendidos nos serviços de saúde do governo. Por exemplo, às vezes, vão a um local e não é exatamente aquele, mas até chegar ao local ideal vão em vários outros, por falta de uma orientação correta.

Tudo isto faz com que eles se sintam, de alguma forma, desrespeitados e excluídos, mas como esta parcela da população está cada vez maior, estas atitudes por parte das pessoas precisam ser reformuladas, pois um dia elas também serão idosas e acredito que vão desejar ser bem tratadas.

ATIVIDADES DE LAZER PROTEGEM A MEMÓRIA DOS IDOSOS

Palavras cruzadas e jogos de tabuleiro são aliados do armazenamento cerebral

Um estudo publicado recentemente pelo periódico *Neurology*, jornal oficial da Academia Americana de Neurologia, revela que as atividades de lazer entre os idosos são capazes de proteger o cérebro da perda de memória. Quase 500 americanos com idades entre 75 e 85 anos sem problemas cognitivos foram estudados por uma média de cinco anos. Os pesquisadores avaliaram periodicamente o nível de participação dos idosos em seis diferentes atividades de lazer: leitura, escrita, palavras cruzadas, jogos de tabuleiro ou cartas, reuniões para discussão em grupo, e hábito de tocar um instrumento musical. Durante o estudo, cerca de um quinto dos voluntários desenvolveu um quadro de demência, e a velocidade da perda de memória foi menor entre os idosos que tinham mais atividade de lazer, independentemente do nível educacional.

Vivemos numa época em que esperamos viver muitos e muitos anos, graças aos grandes avanços da ciência. Sabemos que muito de nossa estrutura cerebral modifica-se com o envelhecimento, mas também já sabemos que essas alterações não provocam necessariamente perdas da função cerebral. É como se fosse um cabo-de-guerra: de um lado o envelhecimento cerebral e de outro uma série de estratégias já bem conhecidas que podem fazer com que as perdas sejam menores ao longo dos anos. Dentre essas estratégias, as atividades de lazer podem ser colocadas lado a lado com uma dieta saudável e atividade física e intelectual, todas elas voltadas para uma mesma direção: aumentar nossa RESERVA CEREBRAL. Quem tem muita RESERVA pode até perder um pouquinho que não sentirá tanta falta e o nível educacional é um dos fatores mais importantes dessa nossa RESERVA.

O presente estudo não é o primeiro a revelar que o lazer tem efeito protetor sobre o cérebro. Não podemos esquecer que o tipo de lazer pode fazer a diferença. Uma das pesquisas revelou que várias atividades de lazer foram positivas ao estado cognitivo dos idosos, mas já o tempo em que eles passavam em frente à TV teve impacto negativo.

Dr. Ricardo Teixeira é Doutor em Neurologia pela Unicamp. Atualmente, dirige o Instituto do Cérebro de Brasília (ICB) e dedica-se ao jornalismo científico em saúde. É também titular do Blog "ConsCiência no Dia-a-Dia"

www.conscienciano diaadia.com

AULAS DE ARTES MARCIAIS PARA IDOSOS GERAM POLÊMICA ENTRE ESPECIALISTAS

Projeto que obriga estado a oferecer cursos de defesa pessoal à terceira idade exporia alunos a riscos

Por Francisco Edson Alves

Rio – Aprovado em primeira discussão pela Alerj, projeto de lei que cria o programa de defesa pessoal para idosos, obrigando estado, com as prefeituras, a oferecer ensino de artes marciais a quem tem mais de 60 anos, já rende polêmica. Embora o autor da proposta, deputado Tucalo (PP), afirme que a intenção é reforçar a saúde e deixar a terceira idade mais alerta para riscos de violência, médicos, policiais e donos de academias veem com reservas a prática para essa faixa etária, devido a riscos de acidentes.

"Minha ideia é melhorar a autoestima e a qualidade de vida de idosos e contribuir com a segurança, desenvolvendo neles o bom senso para que só reajam se houver clara chance de defesa", diz Tucalo, lembrando que os idosos são alvos frequentes de bandidos. Só no 1º semestre de 2010, foram registrados 433 crimes contra idosos na Delegacia de Atendimento à Terceira Idade.

Pelo projeto, as aulas devem ser ministradas por professores de Educação Física especializados em artes marciais ou profissionais com cursos técnicos na área. O governo do estado só comentará o assunto quando o projeto for enviado ao Palácio Guanabara.

Idosos ouvidos por O DIA, se dividem. "Qualquer iniciativa que nos ajude a ficar mais atentos contra bandidos é válida", acredita o aposentado Heni Miguel, 77. Maria Edwirges Larria, 64, discorda: "Não temos mais força para nos defender. Os mais novos é que têm que fazer isso por nós".

O presidente da Sociedade Brasileira de Geriatria e Gerontologia do Rio, José Elias Soares Pinheiro, teme que idosos sejam submetidos a aulas sem o devido preparo físico e que os treinamentos sejam ministrados por pessoas sem experiência com a terceira idade. "Os idosos só devem praticar exercício após avaliação médica. A constituição óssea já está fragilizada e uma fratura pode resultar em óbito", adverte.

Chefe do setor de investigação da 12ª DP (Copacabana), Antônio Ferreira, faixa-preta em jiu-jítsu, dá aula de defesa pessoal para idosos, mas recomenda nunca reagir em situação de risco. O especialista em kung-fu Renan Tobias alerta para a necessidade de especialização do professor e de cuidados com o local das aulas: "O espaço deve ter piso antiderrapante e outros itens para a segurança", alerta.

www.odia.terra.com.br

AZEITE DE OLIVA – O ÓLEO E A DIETA

Azeite de oliva é parte importante de uma das dietas mais famosas do mundo, a Mediterrânea

Por João Calderón

Quando pensamos em dieta, pensamos sempre em algo que nos fará sofrer, que eternamente adiaremos o começo para a próxima segunda-feira. Mas, se você vai a algum médico (ou nutricionista) que lhe diz para utilizar o óleo de oliva e tomar uma taça de vinho todos os dias, com certeza não associará isso a uma dieta saudável.

"Quando uma alimentação benéfica para a saúde pode ser saborosa?". Justamente com a dieta que sempre sonhamos, a Mediterrânea. Nos anos 50, um cientista norte-americano, o professor Ancel Keys, começou a estudar mais de perto a dieta dos povos da região do Mediterrâneo e foi, aos poucos, percebendo que italianos e gregos – e particularmente os habitantes da ilha de Creta – possuíam um índice muito baixo de doenças cardiovasculares e expectativa de vida elevada.

O que foi muito curioso – uma vez que se acreditava que qualquer tipo de gordura era prejudicial à saúde –, foi descobrir que os cretenses ingeriam muita gordura (representando cerca de 40% do total das calorias ingeridas) e que ainda assim possuíam uma expectativa de vida muito alta.

Não pense, porém, que eles já nasceram sendo grandes conhecedores nutricionais. Eles adotaram a dieta simplesmente porque lhes era mais cômodo geograficamente e acabaram por descobrir um modelo de alimentação saudável, com produtos ainda que ricos em gordura (quase sempre gorduras insaturadas) e, em alguns casos, fazendo inclusive bem à saúde – como o óleo de oliva utilizado para tudo.

Keys passou cerca de 20 anos estudando a alimentação desses povos que vivem às margens do Mar Mediterrâneo e, nos anos 70, publicou o livro *How to Eat Well and Stay Well: the Mediterranean Way* ("Como alimentar- se bem e sentir-se bem: a maneira Mediterrânea"). A partir de então, foi ganhando alguns adeptos ainda que distantes geograficamente dali, como o próprio professor, que morreu com quase 101 anos.

A Dieta

O resumo da dieta – com suas principais características – é ilustrado por uma pirâmide indicando as proporções e quantidades a que cada tipo de alimento pode ser consumido de maneira mais equilibrada.

Os alimentos mais próximos à base são os que podem, e devem, ser consumidos em maior quantidade. Na base da pirâmide, encontram-se os alimentos que fornecem energia ao nosso organismo: os carboidratos, que devem constituir cerca de 60% das refeições.

São eles: pão, macarrão, arroz e cereais em geral. Depois da energia, vêm as vitaminas e sais minerais, encontrados principalmente nos vegetais, legumes, frutas, verduras e leguminosas. No quarto nível da pirâmide está a nossa fonte de cálcio, que são todos os laticínios de maneira geral.

Na quinta e última camada da pirâmide, que aconselha comer diariamente determinados alimentos, encontra-se o azeite de oliva – responsável por ser a principal fonte de gordura –, o vinho – rico em flavonóides e antioxidantes –, além de peixe.

A importância do óleo se dá por diversos fatores, entre eles: por ser rico em vitamina e ácidos gordos monoinsaturados, ele favorece a mineralização óssea, retarda o envelhecimento, contribui para o bom funcionamento do aparelho digestivo, ajuda a prevenir doenças cardiovasculares, diabetes, obesidade e suas propriedades antioxidantes diminuem o risco de alguns tipos de câncer.

O consumo de azeite aumenta os ácidos graxos monoinsaturados no organismo (o que ajuda na manutenção dos níveis de HDL – bom colesterol) sem elevar significativamente os ácidos graxos saturados e também assegura uma ingestão apropriada de ácidos graxos poli-insaturados essenciais.

A partir do sexto nível estão os produtos que não devemos ingerir todos os dias. Primeiramente, as carnes brancas e os ovos, fontes de proteína animal, que devem ser consumidos pelo menos uma ou duas vezes por semana.

Em segundo lugar, estão os doces. Importantes, pois fornecem energia para o nosso organismo rapidamente. Contudo, como também possuem muitas calorias, devem ser consumidos em pequenas porções. E, por último, no alto da pirâmide está a carne vermelha que, teoricamente, não deveria estar no cardápio mais de uma vez por mês, porque, apesar de rica em proteínas, possui alto índice de gorduras saturadas.

Esta é uma dieta que possui excelentes efeitos para a nossa saúde. Claro que nunca conseguiremos seguir toda ela, mas é uma dieta muito fácil de ser adotada, uma vez que é baseada em produtos encontrados em todo o mundo. Apesar de alguns sacrifícios, quem não gostaria de ouvir de seu médico que ingerir o óleo de oliva e o vinho todos os dias faria bem à saúde? Só nos resta aproveitar o que há de bom nisso tudo, mas, claro, com moderação.

www.revistaadega.uol.com.br

> O conhecimento torna a alma jovem e diminui a amargura da velhice.
> Colhe, pois, a sabedoria. Armazena suavidade para o amanhã.
>
> *Leonardo da Vinci*

Ergonomia, Dicas e Curiosidades

FATORES QUE FACILITAM OS ACIDENTES DOMÉSTICOS COM IDOSOS

1 - FATORES PESSOAIS OU DE SAÚDE

- Andar muito rápido e uso de calçados com solas lisas ou soltos.
- Andar com ambas as mãos ocupadas, sem apoios.
- Pisos molhados, presença de brinquedos, objetos ou animais.
- Subir em bancos ou cadeiras para alcançar objetos ou trocar lâmpadas.
- Sedentarismo: falta de exercícios e ginásticas corretivas.
- Dificuldades de caminhar, visão ou de audição sem correções.
- Erros ou confusão nas doses e horários dos medicamentos.
- Auto medicação e uso de chás ou medicações caseiras.
- Uso imoderado de álcool ou falta de nutrição adequada.
- Período após internação hospitalar prolongada (+ de 5 dias).
- Uso de próteses: bengalas ou andadores sem pontas de borracha.
- Presença de tonturas ou vertigens frequentes.
- Idosos que vivem sozinhos têm mais acidentes em suas casas.

2 - FATORES DO AMBIENTE (CASA)

- Pisos escorregadios, ladrilhos soltos, buracos ou saliências.
- Falta de corrimão de apoio nas escadas, corredores e banheiros.
- Falta de luzes, principalmente à noite e em locais mal iluminados.
- Interruptores distantes do leito, das portas ou dos aparelhos no banheiro.

- Tapetes soltos, dobrados ou em mau estado de conservação.
- Fios, extensões e tomadas soltos ou em mau estado.
- Armários e prateleiras muito altos, fora do alcance, só com escadas.
- Vaso sanitário em altura inadequada e sem apoios para se levantar.
- Maçanetas, quadros salientes e objetos ponte agudos nas paredes.
- Rampas lisas, com defeitos ou escorregadias.
- Botijão de gás no interior da residência. Pequenos fogareiros a álcool.
- Locais mais perigosos: cozinha (queimaduras e cortes), banheiro e escadas.

CONCLUSÃO:

A maioria dos acidentes com idosos acontecem nas suas casas. Portanto, cuidado. É muito melhor prevenir do que arcar com as graves consequências.

3 - QUEDAS E DOENÇAS RELACIONADAS

Um levantamento recente, feito pelo Ministério da Saúde apurou que o SUS gastou quase 50 milhões de reais, em 2006, só com internações de idosos com fratura de fêmur, e outros 20 milhões com medicamentos para osteoporose, incluindo internação e ambulatório. Das 30 mil internações, 20 mil foram de mulheres. Por concentrarem mais idosos e oferecem mais acesso aos serviços de saúde, Rio de Janeiro e São Paulo são as cidades em que mais houve internações: 1.178 e 2.388, respectivamente.

"Os custos para internar o idoso são maiores, já que ele precisa de mais tempo para se recuperar. Enquanto um jovem leva de 2 a 3 dias, o mais velho leva de 7 a 9 dias. Além disso, as cirurgias de fêmur são mais caras porque envolvem a colocação de próteses e órteses", explicou José Luiz Telles, coordenador da área do idoso do Ministério da Saúde. Ele garante que até 80% das fraturas de quadril são ocasionadas por queda e que o principal local das ocorrências são as residências. "Por falta de tempo, o médico acaba não preenchendo todas as informações no prontuário de atendimento. É preciso preencher tudo para melhorar as estatísticas", admitiu o coordenador, que enfatizou que as autoridades em saúde, nacionais e internacionais, já consideram os casos como epidêmicos.

As tonturas ao se levantar, que levam às quedas, podem estar relacionadas a diversos problemas de saúde, principalmente os que surgem em decorrência da idade avançada.

Entre eles estão má audição ou visão, diabetes, hipertensão, osteoartrose (processo degenerativo das articulações), osteoporose (processo degenerativos dos ossos) e até demência e depressão que geram estados de confusão e desorientação. "Não existem políticas públicas que previnam esses problemas. Um estudo que acompanhei na zona sul da capital constatou que metade dos idosos estava com a vista ruim ou muito ruim, e grande parte por causa de catarata. A cirurgia para corrigir é fácil, porém, cara. Com o orçamento atual, é impossível fazer em todos", contou o medico Francisco Carlos de Brito.

O médico cita também que a hipertensão acomete cerca de 60% dos idosos. Sendo que a metade deles não controla a doença porque não toma a medicação necessária ou porque nem vai ao médico com a regularidade indicada. Por outro lado, o excesso de medicamentos de uso continuo, como calmantes, pode provocar quedas. Outra questão importante é o medo gerado pela queda. Alguns idosos preferem não comentar que caíram, com receio de serem proibidos de sair de casa ou de serem taxados como "incapazes" pela sociedade ou por seus familiares. Ou até por si próprios. Especialistas da Sbot fazem coro com Francisco Carlos de Brito: a falta de prevenção e de esclarecimentos leva à fragilização do idoso. É preciso difundir os métodos de prevenção das quedas, pois os custo s com tratamento são altos. Segundo a Sbot, 30% dos pacientes em media que fraturaram um fêmur, acabam fraturando o outro, por não tratarem adequadamente a osteoporose.

4 - SEDENTARISMO

Outra medida importante para prevenir acidentes é a realização de atividades físicas. "Melhora a resistência óssea, muscular e a aptidão cardiovascular, dando mais força ao individuo", explicou a professora Marisete Peralta Safons, do Grupo de Estudos e Pesquisas da Atividade para os Idosos (Gepafi), da Universidade de Brasília. Entre as atividades que podem ser realizadas por idosos, inclusive com osteoporose, está a musculação, mais indicada pela professora. Caminhadas, dança de salão, tai chi chuan e até ioga fazem parte do cardápio esportivo indicado. Mas é preciso estar atento à orientação adequada para os exercícios.

Fonte: *Revista do IDEC* – Instituto Brasileiro de Defesa do Consumidor – Nº 122 – Junho de 2008.

CUIDANDO DA NOSSA CASA

A vida é uma eterna mudança, como já afirmava Heráclito de Éfeso: "A única coisa permanente na vida é a mudança". Você não pode passar no mesmo rio duas vezes. Nem você é o mesmo, nem o rio. A vida é um eterno movimento e você não pode ficar parado, estático. É um grande erro, uma ilusão, querer ser eternamente jovem, fazendo tudo que um jovem faz, ignorando as mudanças que vão acontecendo em você e no mundo.

A casa onde vivemos também precisa sofrer adaptações que nos permitam viver melhor evitando quedas e acidentes. Passando nela a maior parte do nosso tempo, devemos procurar transformá-la num ambiente agradável e acolhedor. Os principais pontos a considerar são os seguintes:

1• O ideal seria uma casa térrea em rua de pouco trânsito, arborizada e com calçadas que permitam caminhadas. Nem sempre esta situação é viável e precisamos nos adaptarmos e adaptarmos as estruturas onde vivemos.

2 • Portas devem ter largura suficiente para permitir a passagem de uma cadeira de rodas – 90 centímetros (inclusive as portas do banheiro) e ser equipada com fechaduras que não sejam redondas, pois são difíceis de abrir para quem sofre de artrite.

3 • Pisos não devem ser escorregadios e não devem ter tapetes, objetos diversos no chão, animais deitados ou qualquer outro obstáculo que possa criar tropeços ou escorregões.

4 • Escadas e corredores – Iluminação adequada (ideal a natural) e corrimões laterais para servirem de apoio. Devem ter pequenas lâmpadas nas tomadas próximas ao solo para iluminação noturna.

5 • Banheiros – São um dos locais que causam mais quedas e fraturas, devido a pisos lisos e molhados. Barras de apoio devem ser colocadas nas laterais do box, do vaso sanitário e do lavatório (a altura maior do vaso cria maior facilidade para o idoso), espelho reclinável para que o idoso cadeirante possa se visualizar com mais facilidade, interruptores mais baixos que a altura padrão para facilitar o alcance. O melhor é não ter porta no box, com porta abrindo para fora, ou melhor, usando uma cortina que facilita o auxilio de outra pessoa e a visualização do interior. Cadeira retrátil para banho e telefone para casos de emergência, permitindo que o socorro venha logo e tapetes finos de borracha (antiderrapantes) são úteis para evitar escorregões e quedas.

6 • No dormitório é preciso ter acesso fácil ao telefone (ao lado da cabeceira da cama), a comutadores de luz e a uma campainha elétrica para emergências. Telefone ao alcance da cama para casos de emergência. Os interruptores e tomadas devem ficar em alturas acessíveis para evitar que o idoso prefira andar no escuro ou tenha dificuldade para ligar qualquer aparelho elétrico.

7 • Cozinha – É outro local onde acontecem muitos acidentes. Junto à pia é indicada a colocação no chão de um tapete fino de borracha, para evitar escorregões. Deve-se evitar ângulos agudos ou quinas salientes na pia e nos armários. Estes devem permitir o acesso fácil, tanto aos armários superiores – 85 centimetros superior e 73 no mínimo (sem necessidade de uso de bancos ou escadinhas) – como nos inferiores (sem necessidade de se inclinar muito e sobrecarregar a coluna e as costas). É recomendada a retirada do gabinete debaixo da pia, pois a pessoa assim pode trabalhar sentada. Os utensílios e alimentos de uso diário devem estar no próprio local do seu uso, evitando perda de tempo.

A altura da pia, das mesinhas, interruptores, forno, lava louças ou outros equipamentos, deve levar em conta a estatura da pessoa que vai trabalhar no local. Por exemplo, para uma estatura de l.54 cm (estatura baixa), a altura de todos os equipamentos deverá ser de 0,85 centímetros. Para pessoas mais altas, as medidas deverão ser ajustadas.

Quanto à iluminação, esta deve ser o mais natural possível, permitindo que a área de trabalho não necessite de iluminação artificial. Os azulejos e armários devem ser em cores bem claras, para aumentar a iluminação natural e permitir fácil asseio. Evitar o uso do álcool e colocar os botijões de gás na área externa, para maior segurança.

Caso a pessoa idosa tenha alguma dificuldade em segurar objetos, como pratos, copos e xícaras é aconselhável o uso de utensílios de plástico para evitar cortes e ferimentos. A despensa deve ser vizinha à cozinha, encurtando a necessidade de perder tempo e energia na busca dos elementos necessários para a execução das tarefas na cozinha.

Em casas com pequena área construída, pode ser interessante a colocação de uma pequena mesa que pode ser retrátil e presa à parede (para economizar espaço) destinada ao café da manhã ou pequenas refeições, para uma ou duas pessoas. Um outro pormenor que precisa ser mencionado é de não se ausentar da cozinha com forno ou fogão ligados, com uso de panelas de pressão que podem provocar acidentes e até queimaduras graves.

8 • Móveis – A cama deve ter uma altura suficiente para facilitar a entrada e saída, sem

necessidade de grandes esforços ou auxilio de outra pessoa. As cadeiras e poltronas devem dar apoio firme às costas e permitir que os 2 pés fiquem firmes no chão.

9 • Ninguém pensou em ter uma casa para quando ficasse idoso, daí a necessidade de algumas mudanças que ajudem a melhorar a qualidade de vida dos seus habitantes. O assunto não está esgotado. Muitos pormenores só vão se evidenciar no dia a dia, podendo exigir outras adaptações e ajustes diversos dos que aqui foram mencionados. É interessante consultar um profissional especializado neste tipo de adaptação, a fim de evitar perda de tempo e gastos desnecessários.

10 • Em alguns países, além de adaptação da casa, o idoso que vive só recebe um pequeno sensor que é colocado em seu pulso ou pendurado no pescoço, com um botão que ele pode apertar, em caso de alguma emergência, alertando através de monitoramento, um serviço chamado tele-assistência que providencia atendimento domiciliar em caso de acidentes ou outras emergências.

QUANDO O LAR VIRA ARMADILHA

Piso encerado, tapetes à beira das camas, mesinha de centro na sala, escadas, janelas sem proteção. Aparentemente não há nada de errado com este cenário, a não ser quando um idoso mora na residência.

Segundo pesquisas feitas pelo Ministério da Saúde, cerca de 1/3 dos atendimentos na rede pública de saúde é de idosos que se machucaram dentro de casa. Eles são vítimas de tombos, escorregões e perda de equilíbrio, problema muito comum na terceira idade.

Para diminuir os riscos de lesão dentro de casa, o ambiente deve sofrer pequenas modificações. São medidas bem simples que podem evitar complicações no futuro. Veja a seguir:

- Instale barras de apoio dentro do box e próximo ao vaso sanitário, para que o idoso possa se segurar caso sinta algum mal-estar.
- Troque as portas da casa por outras mais largas para facilitar a entrada e saída da pessoa.
- Tire tapetes e passadeiras dos quartos e corredores.

- Instale grades de proteção nas janelas.
- Evite encerrar o piso.
- Compre sapatos com sola antiderrapante.
- Troque a iluminação da casa. Opte por lâmpadas mais potentes.
- Os interruptores de luz devem estar próximos às portas.
- Se possível, mude a altura dos armários. Eles devem ficar mais ou menos na altura da cintura. Esta medida é importante para evitar que idosos subam em escadas, cadeiras ou bancos para pegar qualquer objeto nas prateleiras.
- Se a casa tiver escada, verifique se o corrimão está firme e se abrange toda a extensão dos degraus.
- Prefira rampas a escadas.
- As camas devem ser largas, para que durante a noite o idoso não corra o risco de cair ao se virar.

Fonte: http://www.saudebrasilnet.com.br/- Portal do Envelhecimento – PUC/SP

ADAPTANDO A CASA PARA IDOSOS

A casa em que moramos pode se tornar um ambiente hostil com o passar dos anos, ou com as mudanças na vida da família. "Cerca de 80% dos idosos tem morte por queda dentro de casa", informa Celso Afonso Cabana Prado, sócio-diretor da Candossim & Cabana, que criou uma linha de produtos para o "banheiro inteligente".

A chegada do bebê levanta também uma série de questionamentos dos futuros pais em torno da segurança do ambiente. "Quem não tem limitações não pensa, mas as barreiras interferem no cotidiano de todo mundo", diz Renata Cereda Cordeiro, fisioterapeuta e coordenadora de setor de Reabilitação Gerontológica do Lar Escola São Francisco, ligado ao Departamento de Medicina Preventiva da Unifesp.

Para prevenir acidentes e melhorar o acesso para todo tipo de pessoa às edificações, médicos e arquitetos definiram os parâmetros do que seria o desenho universal das edificações. São sete pressupostos, que devem ser obedecidos no projeto. "Basta segui-los e teremos um ambiente seguro para toda a vida, como deve ser nossa casa", diz a arquiteta Lilian Avivia Lubochinski, pioneira na especialização em arquitetura para terceira idade no Brasil.

Adaptações

Lilian ensina a fazer adaptações simples, que garantem a autonomia do idoso. "Independência é essencial para manter a saúde depois dos 60", diz Renata. A primeira medida envolve o banheiro e a cozinha, áreas de alto risco. "O piso deve ser antiderrapante, o box espaçoso, com barras de apoio e porta que abre para fora", ensina Lilian. "O melhor é não ter porta. Facilita o auxílio de outra pessoa. Use cortina."

Outra dica de Lilian é escolher revestimentos contrastantes para parede e piso. Luana Radesco, arquiteta do Hiléa, centro de vivência para idosos, recomenda ainda que se faça uma faixa diferente a 1,2 metro nas paredes. Renata explica por que. "O ângulo de visão reduz depois de certa idade, e a pupila leva mais tempo para se adaptar à variação de luz. Locais sem contraste confundem o idoso."

Essa indicação vale para toda a casa e para a iluminação, que deve ser intensa, mas não direta. Nos demais ambientes, evite pisos frios e se quiser usar tapetes, escolha os emborrachados e com antiderrapante. As maçanetas devem ter uma atenção especial. "Aquelas redondas são impossíveis de abrir para quem já sente a artrite. Prefira as de alça", diz Lilian. A largura da porta deve ser maior, de 90 centímetros, assim como corredores e áreas de circulação.

Adriana de Almeida Prado, arquiteta e gerontóloga da Fundação Prefeito Faria Lima ressalta a organização dos armários da cozinha. "Todas as coisas têm que ficar mais baixas. Os armários com os mantimentos e utensílios mais usados e, se possível, a pia também." No geral, se recomenda altura máxima de 85 cm superior e 73 cm no mínimo.

"É bom tirar o gabinete debaixo da pia, mesmo que o morador não seja cadeirante. A pessoa pode querer trabalhar sentada." Interruptores devem ficar acessíveis. "Se for difícil, o idoso fica com preguiça, caminha no escuro e cai".

Fonte: Caderno Construção – Jornal *O Estado de S. Paulo*, 02/05/2008, p. Cc4 e Cc5. http://ultimosegundo.ig.com.br/economia/2008/05/02/aprenda_a_daptar_a_casa_para_os_idosos_1295413.html – Agência Estado

PROJETO HABITACIONAL PODE MELHORAR VIDA DE IDOSOS E REINSERÍ-LOS À SOCIEDADE

Um conceito de Núcleo-Base propõe modelo de habitação para idosos que vivem em áreas centrais de grandes cidades. Desenvolvido por pesquisa da Faculdade de Arquitetura e Urbanismo (FAU) da USP, o conceito sugere construções habitacionais que supram a necessidade dessa faixa etária da população e melhorem suas condições de moradia. Ao mesmo tempo, busca-se reinserir o idoso na sociedade por meio de sua integração ao grupo social ao seu redor.

Segundo o estudo, duas características se destacam, atualmente, entre os idosos. A primeira se refere a uma tendência de morarem sozinhos, principalmente os de baixa renda, que muitas vezes acabam morando em favelas ou cortiços sem condições próprias às suas necessidades. A segunda diz respeito à opção dessa faixa da população por morar no centro da cidade. "No centro os aluguéis costumam não ser tão caros. A concentração de serviços, como hospitais e locais mais baratos para comer, também facilita", explica a arquiteta Camila Mie Ujikawa, autora da tese "Vila dos Anciãos: intervenção urbana em área degradada destinada à habitação e convívio de idosos".

O conceito de Núcleo-Base foi desenvolvido em função dessas duas características e consiste na construção de um núcleo com 12 unidades de habitação adaptadas às necessidades dos idosos e com capacidade para dois moradores. A partir desse núcleo inicial, outros Núcleos-Bases podem se agregar até que comunidades maiores sejam formadas. "A ideia é que junto aos núcleos haja serviços de cultura e lazer ao idoso, bem como serviços de apoio para as necessidades do cotidiano, como auxílio para cozinhar, limpar a casa, lavar roupas, tomar remédios", aponta Camila.

A pesquisa propõe a construção dos núcleos em áreas centrais de cidades. Segundo Camila, essas áreas possuem muitos locais abandonados e em geral predominam o comércio e serviços. "Isso acarreta uma movimentação social menor, porque não existem muitas residências". Assim, o Núcleo-Base é uma opção de revitalizar áreas degradadas do centro e ao mesmo tempo promover melhores condições de habitação na região.

Camila ressalta que é comum, em projetos de arquitetura cujo objetivo é a revitalização de áreas centrais, haver uma expulsão da população de baixa renda. "As intervenções urbanas tendem a enobrecer a região e pela falta de condições financeiras de permanecer ali, as pessoas acabam deixando o local", declara a arquiteta, que completa: "Por meio do urbanismo, a expulsão não precisa ocorrer, pois pode haver integração."

Melhores condições

Uma residência onde moram pessoas de idade deve ter algumas adaptações para facilitar a rotina de seus moradores. O conceito desenvolvido pelo estudo da FAU sugere a construção de unidades habitacionais com corredores mais largos, banheiro maior e cozinha aberta, ou seja, integrada à sala. "A ideia é a de o idoso necessitar da menor ajuda possível. Por isso, a cadeira de rodas foi muito considerada para que uma pessoa com mobilidade reduzida possa se locomover com mais facilidade."

O Núcleo-Base também visa melhorar as condições sociais desta população, não só porque os idosos passariam a conviver mais uns com os outros dentro de seu núcleo, mas porque o projeto leva em conta gostos, hábitos e necessidades. "Foram analisados estes itens para que, a partir de um Núcleo-Base, possam ser gerados diversos espaços e grupos sociais, de acordo com a população e a área em que será inserido", observa Camila.

A tese foi orientada por Gian Carlo Gasperini, professor aposentado do Departamento de Projeto da FAU.

Juliana Cruz • Agência USP

SEGURANÇA CONTRA INCÊNDIOS E OS IDOSOS

Segurança contra incêndios e os idosos vão de mãos dadas, porque de todos os grupos etários, esta faixa etária tem o maior risco de morrer em um incêndio. Porque é que isto acontece? Isto acontece porque os idosos não estão em condições de tomar rapidamente medidas necessárias durante um incêndio, é muito possível que os idosos tomem medicação e isso dificulta o seu julgamento e, finalmente, porque muitos idosos preferem viver sozinhos e se houver um incêndio, são incapazes de gritar por ajuda ou assistência.

Por que segurança contra incêndios e os idosos sempre andam juntos? Esta é uma questão muitos idosos estão constantemente perguntando. Eles sentem que a sociedade não confiam neles. No entanto, este não é o caso. A investigação demonstrou que a maioria dos idosos americanos morrem devido a acidentes ao cozinhar em casa ou em incêndios causados por madeira, fogões e aquecedores eléctricos; lares onde os idosos mais velhos continuam vivendo normalmente têm falhas na fiação, o que acaba causando incêndios elétricos.

Segurança contra incêndios e ao Idoso:

Por apenas seguir algumas dicas e usando pouca cautela, muitos idosos e idosas podem proteger-se contra os perigos da casa para incêndios.

Idosos devem tomar cuidado para nunca deixar o fogão quando estão cozinhando. Normalmente muitos anciãos ficam distraídos e esquecem de ter deixado uma panela no fogão.

Se você estiver usando um espaço com aquecedores, deve comprar apenas aqueles que são aprovados pelo Underwriter's Laboratory. Você pode ver a marca ou a etiqueta sobre o aquecedor (válido apenas nos Estados Unidos). Além disso, estes aquecedores elétricos não devem ser utilizados em qualquer área da casa que tem a tendência de se molhar.

Fumar é extremamente perigoso. Mais ainda para as pessoas idosas que, muitas vezes, adormecem sem apagar o cigarro. É importante assegurar que antes de se deitar, você esvazie o seu cinzeiro em um recipiente metálico, que não irá causar um incêndio enquanto você estiver dormindo.

www.babyboomercaretaker.com

> Os velhos acreditam em tudo, as pessoas de meia idade suspeitam de tudo, os jovens sabem tudo.
>
> *Oscar Wilde*

COMO SE MORRE DE VELHICE

Costumamos dizer que a arte tem o poder de versar sobre qualquer assunto, de forma profunda e contundente, apenas com poucas palavras, como no caso desta poesia de nossa eterna Cecília Meireles. "Como Se Morre de Velhice" está no livro *Poemas*, de 1957.

Como se morre de velhice
ou de acidente ou de doença,
morro, Senhor, de indiferença.
Da indiferença deste mundo
onde o que se sente e se pensa
não tem eco, na ausência imensa.
Na ausência, areia movediça
onde se escreve igual sentença
para o que é vencido e o que vença.
Salva-me, Senhor, do horizonte
sem estímulo ou recompensa
onde o amor equivale à ofensa.
De boca amarga e de alma triste
sinto a minha própria presença
num céu de loucura suspensa.
(Já não se morre de velhice
nem de acidente nem de doença,
mas, Senhor, só de indiferença.)

Cecília Meireles

www.cuidardeidosos.com.br

CINCO DICAS PARA PREPARAR-SE PARA A TERCEIRA IDADE

Dr. Eduardo Gomes (geriatra)

Criado em Sex, 17/10/2008 19h55

No início do século 20, a expectativa de vida do brasileiro era de 33 anos. Hoje, essa média subiu para 71,7 anos, segundo dados de 2004 do Instituto Brasileiro de Geografia e Estatística (IBGE). Vive-se mais e de forma diferente. Antigamente, os idosos, quando se aposentavam, ficavam apenas descansando ou cuidando dos netos. Hoje, é comum ver pessoas com 70, 80 ou 90 anos de idade com uma vida social agitada. E isso faz toda diferença na qualidade de vida. Hoje, entendemos que o envelhecimento ativo conduz ao envelhecimento saudável. O envelhecimento ativo prioriza não só a parte física, a do movimento, mas também as atividades sociais, profissionais e afetivas. O idoso precisa compreender que só pertencerá à comunidade se interagir como ela. Caso contrário, será excluído naturalmente.

O envelhecimento global é fato e, antes que muita gente notasse um familiar prestes a completar um século de vida, o fenômeno já havia chamado a atenção dos cientistas. Os mistérios que envolvem o nascimento, o amadurecimento e a morte do ser humano sempre foram alvos de estudos e pesquisas. A diferença é que o objetivo não é mais descobrir formas de garantir a sobrevivência da espécie. Com o saneamento básico, a tecnologia de produção de alimentos, a vacinação, dentre muitas outras evoluções e descobertas médicas, já é possível para as crianças nascidas na era da Internet viverem bem mais do que seus avós. O objetivo, agora, é descobrir como viver melhor os anos extras que conquistamos.

É exatamente sobre qualidade de vida e longevidade que o médico fornece algumas dicas a seguir:

Cuide da sua alimentação

Diante de tantas pesquisas e avanços, já sabemos que comer pouco parece benéfico, mas quanto a comer muito, já não temos dúvida, é maléfico. O sobrepeso e a obesidade são problemas sérios e estão associados às alterações na insulina, nas gorduras do sangue, no aparecimento da artereosclerose e do câncer. As evidências de que a obesidade está relacionada com a aceleração do envelhecimento e com a redução da expectativa de vida das pessoas já são certezas científicas. Com os recentes avanços da ciência, já sabemos que algumas características genéticas dependem não só dos genes, mas também de um ambiente favorável para manifestar-se. Ou seja, a doença se manifesta não apenas devido à propensão gênica apresentada pelo paciente. O aval para o seu aparecimento depende muito do ambiente em que o indivíduo vive, abrangendo seus hábitos de vida, sua alimentação. Acreditamos que a dieta do tipo sanguíneo pode colaborar para o alcance da longevidade. Esse plano dietético de emagrecimento foi publicado no livro Eat Right 4 Your Type, escrito pelo médico americano Peter D'Adamo e considera que cada pessoa, dependendo do grupo sanguíneo ao qual pertence, deve evitar certos alimentos e priorizar o consumo de outros.

Pratique atividades físicas: com a prática regular de exercícios físicos, o indivíduo emagrece, aumenta a sua força muscular, melhora a sua capacidade respiratória e, consequentemente, previne ou controla diversas doenças. Sozinha, a atividade física não garante a longevidade, mas certamente fortalece o organismo e colabora para elevar a expectativa média de vida de uma população. A prática de atividades físicas com comprometimento é essencial para a longevidade e para melhorar a qualidade de vida. Antes de iniciar a prática dos exercícios é recomendável buscar o acompanhamento de profissionais da área para obter orientação adequada. É bom lembrar que quem não pode frequentar uma academia pode caminhar no parque, nas ruas, andar de bicicleta e buscar outras opções gratuitas para praticar uma atividade física. Além dos benefícios físicos mais evidentes, os exercícios promovem também estímulos que se traduzem em otimismo, disposição e bom humor, gerando uma sensação de mais alegria e vitalidade.

Faça um teste preditivo genético

Segundo os resultados de diversos estudos realizados com grupos de pessoas centenárias, 25% da longevidade depende da qualidade e do bom funcionamento dos genes. Boa parte da responsabilidade, ou seja, os outros 75%, recaem sobre o estilo de vida e, portanto, estão nas mãos de cada um. O Genovations, teste preditivo genético, que disponibilizamos no Brasil, é uma referência no campo da medicina preventiva. O exame identifica através da análise do material genético os riscos do paciente desenvolver uma determinada doença e aponta ações para proporcionar-lhe uma vida melhor. A prevenção é baseada na efetividade individual, ou seja, num tratamento personalizado para cada paciente. A prevenção do adoecimento inclui mudanças no estilo de vida do paciente, novas orientações dietéticas e a suplementação vitamínica. Essa é a maneira do Genovations atuar e prevenir doenças genéticas.

Conviva bem com a sua própria imagem

Quem vive tenso produz mais radicais livres, substâncias tóxicas responsáveis pela maioria dos sinais de envelhecimento, incluindo catarata, cabelo grisalho, pele seca, rugas e alguns tipos de câncer. O estresse também pode afetar os telômeros. Aquele que aceita com bom humor as mudanças do tempo e cuida da aparência, sente-se mais confiante, conquista a admiração das pessoas ao redor, melhora sua qualidade de vida e vive mais. A natureza é poderosa e mesmo que os especialistas descubram a melhor técnica de cirurgia plástica do mundo, ela ainda será insuficiente para barrar todas as modificações que acompanham o processo de envelhecimento natural. Portanto, no lugar de brigar com as rugas, os cabelos brancos, as manchas nas mãos e no rosto, a flacidez na pele, dentre outras mudanças, o melhor mesmo é aceitá-las sem neuroses. Mas aceitar a velhice não significa deixar de se cuidar, reforça o médico. A vaidade sob medida vale a pena. Segundo especialistas, quem vive de bem com o espelho, seja homem ou mulher, é saudável, desenvolve menos doenças, depende menos de remédios, vive mais e melhor.

Crie um ambiente favorável à sua volta

O escritor francês Honoré de Balzac já dizia que "o homem começa a morrer na idade em que perde o entusiasmo". Pesquisa recente realizada pela Universidade do Texas (EUA), com as 1.558 pessoas mais velhas da comunidade, demonstrou haver uma forte ligação entre emoções positivas e o estado de saúde. Após sete anos de avaliações, constatou-se que os idosos mais otimistas tinham uma probabilidade menor de desenvolver problemas físicos, como exaustão e falta de força ou velocidade para caminhar. A auto-estima e a vaidade estão diretamente ligadas às relações sociais. Quem só fica em casa, não tem motivação para se cuidar. Por isso, os passeios são aconselháveis. Visitar alguém, ir ao cabeleireiro, ao supermercado. É preciso arrumar uma desculpa para se arrumar. Para conquistar a longevidade, a ligação afetiva com o outro também é fundamental, destaca o médico, seja com um companheiro ou mesmo com um grupo de amigos. Uma pessoa sozinha, que não tem uma família em casa esperando por ela, tem quatro vezes mais chances de desenvolver problemas cardiovasculares, por exemplo. O ser humano é sociável, precisa interagir com outros indivíduos. Por isto, fazer exercícios regularmente é uma ótima oportunidade também para fazer amizades e estar com outras pessoas.

http://vilamulher.terra.com.br/day52053/5-dicas-para-prepararse-para-a-terceira-idade-por-dreduardo-gomes--geriatra-9-1431884-564-pf.php

SETE ERROS COM OS MEDICAMENTOS E QUE PODEM SER FATAIS

Todos os anos, milhões de pessoas ficam gravemente doentes devido a um erro cometido com medicamentos e, em alguns casos, o erro revela-se fatal. Quando se cuida de alguém, é sempre complicado gerir os seus medicamentos, porque são muitos, todos diferentes e com tomas distintas. Se está a cuidar de alguém e tem a responsabilidade de lidar com os seus medicamentos, saiba que todo o cuidado é pouco.

• Dosagem errada. Os médicos são conhecidos pela sua caligrafia muitas vezes ilegível, o que pode revelar-se um problema no que toca às indicações da dosagem de determinado medicamento – por exemplo, a falta de um ponto decimal pode transformar 2.5 mg em 25 mg. Confirme sempre com o farmacêutico se a dosagem prescrita confere com o medicamento em questão e a pessoa que o vai tomar. Em caso de dúvida, peça ao farmacêutico para ligar diretamente ao médico.

• Informação incorreta relativamente à toma. Uma distração do médico ou a ilegibilidade da sua escrita pode transformar 2 comprimidos por dia em 6 e provocar uma sobredosagem. Confira com o farmacêutico se a toma diária está dentro do que é normal para esse tipo de medicamento. Precisamente para evitar lapsos como esse, hoje é comum os médicos passarem, para além da receita, uma guia da toma dos medicamentos para o próprio doente ter em casa. Se o médico da pessoa de quem está a cuidar não o fizer, peça que o faça. Mais vale prevenir...

• Confundir medicamentos com o mesmo nome. Por norma, as farmácias armazenam os seus medicamentos por ordem alfabética para facilitar a procura, no entanto, a proximidade de vários medicamentos cujos nomes começam com a mesma letra pode levar a que o farmacêutico pegue no medicamento errado. Por outro lado, também é comum confundirem-se medicamentos cujos nomes são parecidos foneticamente. Quando comprar medicamentos para um idoso ou familiar doente, faça questão de comparar aquilo que o médico prescreveu com aquilo que está a comprar na farmácia – peça ao farmacêutico para confirmar à sua frente.

- Tomar dois ou mais medicamentos com as mesmas substâncias ativas. A sobredosagem devido à toma de dois ou mais medicamentos com as mesmas substâncias ativas (ou muito similares) acontece mais do que imaginamos. Por exemplo, a toma de um comprimido para a dor, outro para a ansiedade e um terceiro para dormir tem uma coisa em comum: os três medicamentos são considerados sedativos e o efeito conjunto pode ser tóxico. Leia sempre o folheto informativo sobre as possíveis interações medicamentosas que um determinado comprimido possa ter. Quando em dúvida, esclareça com o médico ou o farmacêutico.
- Medicamentos que não são adequados à idade. À medida que envelhecemos, o nosso organismo processa e tolera de forma diferente todo o tipo de medicamento. Para além disso, as pessoas idosas estão mais suscetíveis a sofrerem de tonturas, quedas, aumento da tensão arterial e demência – o que significa que os medicamentos que contenham estes sintomas na sua lista de possíveis efeitos secundários devem ser evitados. Através da observação e da conversa com a pessoa de quem cuida, verifique se os medicamentos que toma têm mais efeitos negativos do que positivos e comunique isso de imediato ao médico.
- Misturar medicamentos com produtos naturais. Só porque um produto é considerado natural, não significa que não possa ter efeitos secundários... principalmente se é tomado em conjunto com fármacos. Se a pessoa em questão toma ou pretende tomar algum tipo de medicamento natural, suplemento ou vitamina, avise sempre o médico de tal, verificando se existe alguma contraindicação relativamente aos medicamentos que ele prescreveu.
- Álcool e alimentação. É certo e sabido que os medicamentos e o álcool são uma mistura explosiva e perigosa – mesmo assim, nunca é demais relembrar que quem toma medicamentos não deve ingerir álcool. Certos alimentos também podem interferir com a absorção de determinado medicamento, daí a importância das indicações relativas à toma

que constam no folheto informativo: alguns medicamentos têm de ser tomados em jejum, outros não podem ser ingeridos com determinados líquidos ou alimentos – para além de poderem existir interações perigosas entre um fármaco e um alimento, a não absorção do medicamento é como se não o estivesse a tomar. Informe-se, a bem da saúde de quem cuida.

www.cuidamos.com

DEZ DICAS PARA LIDAR COM UM IDOSO COM PERDA DE MEMÓRIA

A idade avançada e doenças como o Alzheimer podem levar à perda de memória por parte de muitos idosos – algo que pode acontecer de um dia para o outro e que pode deixar quem cuida ou lida com esses idosos, sem saber o que fazer.

• O passado no presente. A maior parte dos doentes com Alzheimer passa a viver no passado, ou seja, a sua memória de longa duração substitui a memória de curto prazo. Isto significa que, embora possam lembrar-se nitidamente do que aconteceu há 30 anos atrás, não se conseguem recordar daquilo que almoçaram há 2 horas atrás. Como contornar esta situação? Não contornando, ou seja, deve-se aproveitar para conversar com o idoso sempre que ele quiser, sobre aquilo que ele quiser.

• Curto e simples. Quando comunicar com um idoso que sofre de perda de memória, faça-o com frases curtas e simples, ou seja, de muito fácil compreensão. Utilize um vocabulário direto, evitando expressões e eufemismos que podem apenas confundir o idoso. Para além disso, faça apenas uma pergunta ou solicitação de cada vez.

• Tempo de resposta. Mesmo com uma comunicação simples, direta e curta, quem vive com a perda de memória necessita de tempo para responder àquilo que lhe foi perguntado ou pedido. Dê ao idoso todo o tempo que precisar para pensar no que lhe foi dito e formular a sua resposta, sem o apressar ou interromper o seu raciocínio. Se vir que pode ser útil, repita o pedido ou a questão.

• Repetições, repetições, repetições. A comunicação com um idoso com perda de memória vai certamente estar recheada de frases e perguntas repetidas. Embora possa ser frustrante para quem está a ouvir, em vez de dizer "ainda agora acabei de te dizer", tenha paciência e volte a repetir a resposta ou a pergunta, de preferência igual ou muito parecido com a resposta anterior, para evitar confundir o idoso.

• Outras formas de comunicação. Infelizmente, a perda de memória pode afetar a comunicação verbal de um idoso, que pode ter dificuldade em expressar os seus pensamentos ou formular frases completas e coerentes – algumas pessoas até deixam de falar. Se a fala representa um obstáculo na comunicação com um idoso com perda de memória, muna-se de outras formas de comunicar: esteja atento à linguagem corporal e às expressões faciais, tanto do idoso como as suas – evite movimentos bruscos e revirar os olhos, por exemplo. Por vezes, apontar para algum objeto pode facilitar a comunicação, por isso, peça ao idoso para fazer o mesmo quando estiver com dificuldades em transmitir alguma ideia.

• Erros e desentendimentos. Quem sofre de perda de memória nem sempre encontra as palavras certas para comunicar o que pretende, podendo substitui-las por outras que nada têm a ver com o assunto em questão. Esteja sempre muito atento ao desenrolar de qualquer conversa, procurando entender, mesmo por meias palavras, aquilo que o idoso está a tentar comunicar. Recorra a outras formas de comunicação – caso da gestual – se for necessário, mas evite chamar a atenção do idoso ou rir-se dele porque utilizou a palavra errada ou trocou o sentido a uma frase. Fazer isso pode levar a sentimentos de frustração, raiva, tristeza, falta de confiança e dignidade. O que importa é o significado daquilo que está a ser dito e não a forma como é dito: focalize-se nisso.

• Mimos e carinhos. A perda de memória não significa a perda de emoção, por isso, mime o idoso com carinhos especiais. O esquecimento e a dificuldade em comunicar pode frustrar o idoso, levando-o à depressão e ao isolamento, o que significa que precisa, mais do que nunca, do sentimento de pertença e de segurança. Faça-lhe companhia numa das suas atividades preferidas, segure-lhe na mão, faça-lhe uma carícia no rosto ou dê-lhe um abraço forte – são gestos tão ou mais poderosos do que as palavras.

• Vigilância atenta. Cerca de 60% dos doentes com Alzheimer acabam por se perder, vagueando sem sentido e sem conseguir voltar ao seu ponto de partida, devido à perda de memória. Para evitar situações como esta, assegure que não deixa as portas e/ou janelas da casa abertas; se tem receio que o idoso possa vaguear, não lhe peça para ir buscar o correio ou levar o lixo sozinho; não deixe o idoso conduzir ou andar de transportes públicos sozinho.

• Personalidade própria. Apesar da perda de memória, o idoso continua, no fundo, a ser a mesma pessoa, com os mesmos gostos. Só porque a sua memória já não é o que era, não significa que não possa desfrutar de atividades e momentos de lazer que sempre apreciou. Você, melhor do que ninguém, conhece essa pessoa, por isso, faça por honrar a sua personalidade: se o idoso gosta de passear, acompanhe-o; se gosta particularmente de determinado programa televisivo, faça questão de ligar a TV na hora da sua emissão.

• Paciência e disponibilidade. Se cuidar de um idoso já é exigente, lidar de perto com um idoso que sofre de perda de memória pode ser um desafio ainda maior. Depois de uma vida longa e preenchida, a terceira idade, com todos os seus obstáculos, pode ser fonte de depressão e desânimo para muitos idosos, os quais contam com os seus familiares e amigos diretos para os acompanhar nos últimos anos de vida. Esse acompanhamento requer, acima de tudo, disponibilidade e paciência, duas preciosidades para quem luta contra a velhice e as suas vicissitudes. Nunca é demais lembrar que, para conseguir isso com sucesso e saúde, quem cuida de alguém também tem de cuidar de si.

www.cuidamos.com

AOS 90 ANOS, MORRE NO QUÊNIA O "ESTUDANTE MAIS VELHO DO MUNDO"

da Reuters, em Nairóbi

Um camponês celebrado no Quênia como o aluno mais velho do mundo faleceu aos 90 anos, informou a mídia local nesta sexta-feira.

Kimani Maruge, um bisavô analfabeto, ganhou manchetes no mundo quando aproveitou uma tardia oportunidade de estudar depois que o governo do presidente Mwai Kibaki introduziu no país a escolaridade primária gratuita, em 2003.

A emissora NTV, do Quênia, informou que, no início do mês, Maruge recebeu o diagnóstico de câncer e havia sido submetido a uma cirurgia, mas depois disso sua saúde se deteriorou.

Veterano da revolta Mau Mau contra o domínio colonial britânico, nos anos 50, Maruge, que não teve a oportunidade de ir à escola quando criança, se tornou uma celebridade nacional e símbolo dos ativistas que fazem campanha pela educação gratuita em todo o mundo.

Em 2005, ele viajou para a sede da ONU, em Nova York, para fazer um apelo aos líderes mundiais por educação aos pobres.

Ele levou adiante seus estudos mesmo depois que sua casa no vale do Rift foi incendiada durante a crise pós-eleitoral do ano passado e ele teve de mudar-se, primeiro, para um campo para famílias deslocadas, e depois para um abrigo de pessoas idosas na capital, Nairóbi.

A mídia local informou que faltavam dois anos para ele completar o ensino primário. Em uma entrevista em 2006, Maruge disse à Reuters que queria ir à escola para poder ler a Bíblia sozinho e só pararia de estudar se ficasse cego ou morresse. "Ser livre é aprender, sabe", disse ele na época.

14/08/2009 – 20h50

www.folha.com

CLIMA AFETA IDOSOS E CRIANÇAS DE FORMAS DIFERENTES

Rafaela Carvalho – Agência USP

O organismo das crianças menores de cinco anos e dos idosos com idade superior a 60 anos reagem de forma diferente quando se expõem à poluição atmosférica.

Segundo uma pesquisa da Faculdade de Saúde Pública (FSP) da USP, realizada na cidade de São Paulo, as doenças respiratórias podem aparecer nas duas fases da vida, mas os idosos sofrem também com problemas no aparelho circulatório.

Para a realização de sua pesquisa, Edelci Nunes da Silva fez uma associação estatística entre os dados de internação e variáveis climáticas como temperatura, umidade relativa do ar, amplitude térmica e índice de conforto.

Assim, foi possível separar os distritos por perfis socioambientais, que mostraram que a poluição atmosférica não era sempre o principal fator de aumento do risco de internações em cada local. "A temperatura e a amplitude térmica também são fortes fatores de influência", conta a pesquisadora.

FRIO E VARIAÇÃO DE TEMPERATURA

Edelci analisou 12.269 casos de internação por doenças respiratórias em crianças. Nos idosos, observou 24.318 internações por doenças do sistema circulatório e 8.894 do aparelho respiratório.

Foi constatado, de forma geral, que tanto as doenças circulatórias nos idosos quanto as doenças respiratórias em ambas as idades apresentam maior risco de provocar internações quando as pessoas se sentem desconfortáveis com baixas temperaturas e com alta amplitude térmica – e não necessariamente com a poluição do ar.

Para classificar a magnitude dos efeitos climáticos nos 14 distritos, a geógrafa classificou os perfis socioambientais de cada um deles em três categorias: melhor, intermediário e pior. A partir daí, foi possível distinguir o que mais incomoda crianças e velhos e quais regiões se mostram mais perigosas para os organismos de cada um, dependendo da idade.

AMPLITUDE TÉRMICA

A geógrafa conta que as pessoas com mais de 60 anos correm maior risco de internações por problemas circulatórios em distritos que apresentam amplitude térmica alta. Porém, a poluição não foi significativa nessa parte do estudo. "Não houve associação expressiva entre as duas coisas", explica. As áreas de maior risco entre os 14 distritos, segundo a pesquisadora, são Jabaquara, Cidade Ademar e Pedreira.

Analisando mais a fundo a situação do clima no Jabaquara, notou-se que esse bairro também foi o que apresentou maior amplitude térmica e, ao mesmo tempo, temperaturas mais baixas, causando desconforto também no aparelho respiratório dos idosos, tornando o distrito ainda mais agressivo às pessoas dessa faixa etária.

Por fim, analisando as consequências do clima de cada distrito no aparelho respiratório das crianças, Santo Amaro se mostrou como o bairro mais inadequado: o desconforto causado nas crianças por conta do frio e do aumento da amplitude térmica aumenta o risco de internações por doenças respiratórias. A poluição do distrito também afeta mais as crianças.

Contudo, Edelci diz que não é só o clima que torna grande e iminente o risco de internações. "As más condições de urbanização da cidade agravam as condições de desconforto térmico e aguçam os efeitos das temperaturas e amplitude térmica."

PLANEJAMENTO URBANO E EDUCAÇÃO

Sobre as medidas que devem ser tomadas, a pesquisadora diz que é necessário intervir no espaço, para que as condições de vida sejam melhoradas e as pessoas possam ficar mais protegidas contra as situações climáticas extremas.

"A intervenção pode ser tomada em dois níveis: o primeiro seria um planejamento urbano com a implementação de fatores controladores do clima como arborização, praças, arruamentos, políticas para diminuição das emissões de poluente; e o segundo seria em casa, na melhoria nas condições construtivas para proteção dos moradores," diz Edelci.

A pesquisadora também enfatiza a importância da intervenção na educação: "Devem ser feitas campanhas de esclarecimento e conscientização dos efeitos adversos do clima e deve haver orientação de atitudes que podem proteger do frio, do calor ou da poluição", conclui ela.

www.diariodasaude.com.br

DIA DO IDOSO NO JAPÃO

No Japão, a velhice é sinônimo de sabedoria e respeito. O fenômeno envelhecer é natural e inerente a toda espécie e tem sido preocupação da chamada civilização contemporânea.

Os idosos são tratados com respeito e atenção pela vasta experiência acumulada em seus anos de vida. A família é o porto seguro do idoso.

Os familiares mais jovens declaram com orgulho os sacrifícios realizados pelos seus idosos em benefício da família, como a iniciação ao trabalho muito cedo com pouca instrução para o sustento e estudo dos filhos, demonstrando sempre alegria, festa e plenitude pela presença do idoso.

A cultura dessas sociedades tem como tradição cuidar bem, glorificar e reverenciar seus idosos, resultado de uma educação milenar de dignidade e respeito.Os japoneses consultam seus anciãos antes de qualquer grande decisão, por considerarem seus conselhos sábios e experientes.

Em outros grupos das sociedades antigas, o ancião sempre ocupava uma posição digna e era sinônimo de forte aspiração perante todos.

Os idosos têm intensa atuação nas decisões importantes de seus grupos sociais, especialmente nos destinos políticos. Na tradição japonesa é festejado de forma solene o aniversário do idoso.

No Japão, o Dia do Respeito ao Idoso (*Keiro no hi*) é comemorado desde 1947, na terceira segunda-feira de setembro, mas foi decretado como feriado nacional apenas em 1966.

Trata-se de um feriado dedicado aos idosos, quando os japoneses oram pela longevidade dos mais velhos e os agradecem pelas contribuições feitas à sociedade ao longo de suas vidas.

Não se pergunta a idade a uma mulher jovem, mas sim às mais idosas, que respondem com muito orgulho terem 70 ou 80 anos, ao contrário do que se passa na sociedade brasileira, em que a partir de certa idade não se deve perguntar a idade a uma senhora para não causar constrangimentos, como terem-se muitos anos de vida fosse um motivo de vergonha ou ter-se algo a esconder.

Na tradição japonesa, ao completar 60 anos, é permitido ao homem o uso de blazer vermelho, pois somente com seis décadas de vida há a liberdade de usar a cor dos deuses.

Idosos fazem exercícios em rua em Tóquio, no Japão, nesta segunda-feira, dia do Respeito ao Idoso no país. O Japão tem uma das populações mais velhas do mundo: entre as mulheres, uma em cada quatro tem mais de 65 anos.

http://aris2will.blogspot.com/2010/09/dia-do-idoso.html

DIA DO IDOSO NO BRASIL

O Dia Nacional do Idoso foi estabelecido em 1999 pela Comissão de Educação do Senado Federal e serve para refletir a respeito da situação do idoso no País, seus direitos e dificuldades.

A população no mundo está ficando cada vez mais velha e, segundo a Organização Mundial de Saúde (OMS), por volta de 2025, pela primeira vez na história, haverá mais idosos do que crianças no planeta.

O Brasil, que já foi celebrado como o país dos jovens, tem hoje cerca de 13,5 milhões de idosos, que representam 8% de sua população. Em 20 anos, o País será o sexto no mundo com o maior número de pessoas idosas. O dado serve de alerta para que o governo e a sociedade se preparem para essa nova realidade não tão distante.

O avanço da medicina e a melhora na qualidade de vida são as principais razões dessa elevação da expectativa de vida em todo o mundo. Apesar disso, ainda há muita desinformação sobre as particularidades do envelhecimento e o que é pior: muito preconceito e desrespeito em relação às pessoas da terceira idade, principalmente nos países pobres ou em desenvolvimento. No Brasil, são muitos os problemas enfrentados pelos idosos em seu dia-a-dia: a perda de contato com a força de trabalho, a desvalorização de aposentadorias e pensões, a depressão, o abandono da família, a falta de projetos e de atividades de lazer, além do difícil acesso a planos de saúde são os principais.

Segundo pesquisa do IBGE, em 1999, apenas 26,9% do total de idosos no País possui algum plano de saúde, sendo que em algumas regiões como o Nordeste essa taxa ainda cai para 13%. As mulheres são ainda mais afetadas, porque vivem mais tempo e, em geral, com menos recursos e menos escolaridade.

Diante desse quadro, o governo brasileiro precisa elaborar, o mais rápido possível, políticas sociais que preparem a sociedade para essa mudança da pirâmide populacional.

Em Portugal, o dia do idoso é comemorado no primeiro dia do mês de Outubro.

O Dia do Idoso é comemorado no Brasil no dia 1º de Outubro e tem como objetivo a valorização do idoso.

Até o ano de 2006, esta data era celebrada no dia 27 de Setembro, porém, em razão da criação do estatuto do idoso em 1º de Outubro, o dia do idoso foi transferido para esta data de acordo com a lei número 11.433 de 28 de Dezembro de 2006.

(Fonte: Jornal A Voz da Serra, de Nova Friburgo-RJ).

http://www.portaldafamilia.org/datas/avos/origdiaidoso.shtml

OS "GÊMEOS MAIS IDOSOS" DO BRASIL

Com 96 anos de idade. Primo Camargo e Segundo Camargo, nasceram no município de Mimoso do Sul – ES, no ano de 1913, e receberam esses nomes para homenagear a ordem de nascimento.

Os gêmeos Primo e Segundo são gêmeos idênticos, com uma única pinta no nariz que os diferem, essa pinta foi utilizada até por suas esposas para distinguir os irmãos. Os dois são muito calmos e trabalhadores, sendo que o Sr. Segundo é um pouco mais reservado e calado.

Desde a infância os irmãos apresentam muitas afinidades, o que os tornou inseparáveis ao longo desses anos todos, até hoje os dois apresentam proteção e cuidados mútuos. Nunca existiu ciúmes entre eles, e sempre que necessário um tomava a dor do outro para se protegerem.

O Sr. Primo e o Sr. Segundo foram casados, o que contribuiu para que a família aumentasse, o Sr. Primo está viúvo a um ano, tem cinco filhos, sendo dois gêmeos, oito netos e três bisnetos, e o Sr. Segundo tem oito filhos, 19 netos, sendo dois gêmeos, e seis bisnetos.

Os "Gêmeos Mais Idosos" do Brasil apresentam ótimo estado de saúde, mas com algumas limitações físicas decorrentes da idade. A conquista do título no RankBrasil representa emoção e felicidade na vida dos dois irmãos, que fazem juntos essa longa caminhada da vida.

Redação: Raquel Susin Homologado: Quarta-feira, 2 de setembro de 2009

www.rankbrasil.com.br

PEQUENA E PODEROSA - A GOJI BERRY

A goji berry, fruto do Himalaia que está virando hit no Ocidente, é a novidade entre os "superalimentos" com benefícios à saúde

O poder da goji berry:

- protege o corpo de envelhecimento prematuro (tem ação antioxidante).
- aumenta a energia e a força, auxiliando as funções hepáticas e renais.

- estimula o organismo a secretar HGH (hormônio do crescimento humano), o que dá a sensação de "rejuvenescimento".
- reduz os riscos de desenvolver câncer.
- reduz o mau colesterol (LDL).
- promove melhoria nos níveis de açúcar no sangue no início do diabetes tipo 2 (em adultos).
- fortalece o sistema imunológico e aumenta a resistência às doenças.

Fonte: jornal MTV na rua / 23/06/2010.

DINHEIRO E APOSENTADORIA – DICAS PARA O ORÇAMENTO

Faça sempre uma pesquisa de preços de serviços ou produtos que você precise comprar ou contratar. Aproveite os descontos oferecidos para a terceira idade. Algumas farmácias, por exemplo, dão abatimento a aposentados na compra de remédios.

Vá ao posto de saúde próximo à sua casa e se informe sobre os remédios distribuídos gratuitamente para pessoas com mais de 65 anos. Entre os medicamentos estão os para diabetes e hipertensão.

Aproveite os serviços gratuitos, como o transporte público, por exemplo, e as opções de lazer oferecidos pela prefeitura de sua cidade ou pelo governo do Estado.

Anote todos os gastos para controlar o orçamento.

Tome cuidado no lazer. Muitos idosos se distraem nas casas de bingo e acabam gastando além da conta.

Analise se há realmente a necessidade de comprar tal produto ou contratar tal serviço.

Se você tiver dívida no cheque especial, renegocie com o banco. Os juros são bem menores do que os cobrados no cheque.

Se você mora com parentes e participa da renda familiar, imponha limites de gastos.

Para valores pequenos, prefira pagamentos em dinheiro ou cartões de débito aos cheques. Os bancos cobram taxas por folha emitida.

Para economizar, tente sempre fazer as refeições em casa.

www.serasaexperian.com.br/guiaidoso

UVAS, VINHOS E LONGEVIDADE

Para viver mais, é preciso comer menos. Comecei com essa frase uma conferência sobre o papel da restrição calórica na longevidade dos seres vivos, fenômeno demonstrado em ratos de laboratório pela primeira vez na década de 1930. De fato, nessas pesquisas iniciais ficou demonstrado que ratos submetidos a dietas de baixo conteúdo calórico viviam até 40% mais do que ratos alimentados *ad libitum* (liberados para comer quanto desejassem)

Essa relação inversa entre a quantidade de calorias ingeridas e o número de dias vividos foi mais tarde confirmada em fungos, moscas, mosquitos, vermes, aranhas, sapos e peixes. Experimentos mais recentes sugerem a validade dessa associação até em macacos, que são primatas, como nós. Partindo do princípio de que a natureza não demonstra interesse em favorecer a sobrevivência de qualquer espécie e de que a evolução não criou nenhum mecanismo exclusivo para beneficiar ou prejudicar a espécie humana, na palestra acrescentei ser altamente provável que uma dieta pobre em calorias também retardasse o envelhecimento e prolongasse a vida humana.

Nesse momento, numa das cadeiras da frente, um rapaz de rosto redondo e corpo avantajado reclamou: – Se for para viver sofrendo, prefiro morrer mais cedo! Para consolo dos que concordam com a filosofia acima, as bases moleculares que explicam o mecanismo pelo qual a restrição calórica retarda o envelhecimento têm sido esmiuçadas nos últimos anos e conduzido a conclusões surpreendentes, segundo revisão publicada na revista *Science* por Stephen Hall, autor do livro *Mercadores da Imortalidade.*

Nessa linha de trabalho, pesquisadores de Harvard demonstraram que algumas pequenas moléculas presentes nos vegetais conseguem mimetizar os efeitos da restrição calórica prolongando o tempo de vida de certos fungos em até 70% e protegendo células humanas dos efeitos letais das radiações ionizantes. Tais moléculas pertencem à família dos polifenóis, substâncias encontradas em uvas, vinho tinto, óleo de oliva e outros alimentos.

Pesquisas realizadas no MIT, em Boston, permitiram demonstrar que, nos fungos, essas moléculas agem por meio da ativação de um gene chamado SIR2. A ativação desse gene resulta em aumento da longevidade do fungo. E mais: se retirarmos o gene SIR2 do fungo e o submetermos à restrição calórica, não acontece o esperado aumento de longevidade, demonstrando ser ele essencial ao controle de duração da vida. Mecanismo semelhante parece ocorrer também em vermes e nas mosquinhas que voam sobre bananas maduras, as drosófilas. Em células humanas também, graças à ação dos polifenóis sobre um gene análogo àquele existente nos fungos, batizado como SIRT1.

Procurando novas moléculas com propriedades semelhantes às dos polifenóis, o grupo do MIT identificou mais 15 compostos. O mais potente deles é o resveratrol, encontrado na uva e no vinho tinto, substância capaz de potencializar a atividade do gene SIRT1 humano. Essa capacidade do resveratrol em ativar o gene SIRT1, ligado à longevidade, tem sido invocada para explicar o paradoxo francês: a constatação de que, apesar da dieta rica em gordura, os franceses apresentam 40% menos ataques cardíacos do que os americanos, diferença classicamente atribuída pelos epidemiologistas ao consumo generalizado de vinho tinto na França.

Qual seria a lógica para a natureza conservar na evolução de espécies tão diversas quanto fungos e homens genes cuja ativação prolonga a longevidade das células? Por que razão compostos como o resveratol produzidos em plantas ativariam esses genes em animais? A resposta foi dada por T. Dobzhansky, um dos mais influentes geneticistas do século, décadas antes dessas experiências terem sido realizadas: "Nada na Biologia faz sentido, exceto à luz da evolução".

Genes capazes de interromper o processo de envelhecimento e, consequentemente, de aumentar a longevidade entrariam em ação nos momentos de estresse, como aquele representado pela falta de alimentos, por exemplo. Na seleção natural, indivíduos portadores desses genes provavelmente levaram vantagem reprodutiva sobre os que envelheciam mais rapidamente quando as condições do meio se tornavam desfavoráveis. Da mesma forma, as plantas capazes de sintetizar compostos dotados da propriedade de ativar esses mesmos genes, nas fases de estresse ocasionado pela falta de água ou nutrientes no solo, também levaram vantagem seletiva. Como todos os seres vivos descendem de ancestrais comuns, não é de estranhar que os animais se beneficiem da ação desses compostos ao ingeri-los sob a forma de cacho de uvas, azeite de oliva ou copo de vinho. Sorte nossa!

www.drauziovarella.com.br

O QUE PODE PREJUDICAR O SONO

Problemas físicos

- Dores nas costas, na cabeça, no pescoço, nas articulações, musculares e câimbras
- Artrite
- Osteoporose
- Azia
- Refluxo gastroesofágico
- Angina
- Bronquite
- Enfisema
- Varizes
- Problemas de próstata
- Incontinência urinária

Problemas pessoais

- Luto
- Inatividade
- Perda de status e renda
- Depressão
- Deterioração física

Medicamentos

- Corticóides

Antiinflamatório potente, usado em casos de asma, reumatismo, doenças neurológicas

- Diuréticos: utilizado em casos de pressão alta e em pacientes com inchaço.
- Broncodilatadores: também usado nos casos de asma, relaxa a musculatura dos brônquios, facilitando a respiração.
- Betabloqueadores: têm finalidade semelhante aos broncodilatadores, sendo utilizados no tratamento de cardiopatias.
- Hipnóticos: remédios que provocam o sono.
- Tranquilizantes: deixam a pessoa sonolenta, mas nem sempre fazem o indivíduo dormir.

Dicas úteis

Procure deixar o quarto escuro e silencioso, e nem muito frio nem muito quente. As condições ambientais do quarto são essenciais para uma boa noite de sono. Evite comer alimentos pesados ao jantar e algumas horas antes de dormir. Caso você sinta fome antes de se deitar, prefira um leite quente a outros alimentos.

Não beba chá nem café antes de ir para a cama.

Só tome comprimidos para dormir com indicação médica.

Evite fazer exercícios físicos antes de dormir. Reserve o período da manhã ou da tarde para as atividades físicas.

Tome um banho quente antes de se deitar para estimular o sono.

Se tiver insônia, não fique na cama. Procure alguma atividade, como ler, ouvir música, ou rezar.

Use roupas leves e confortáveis.

Escolha o colchão certo para o seu corpo. As lojas têm tabelas que mostram qual o colchão adequado para determinado peso, o qual não pode ser nem muito duro e nem muito mole.

Evite o consumo excessivo de líquidos depois das 18 horas, a fim de reduzir a probabilidade de você acordar no meio da noite para ir ao banheiro.

Evite ver televisão antes de ir dormir. Até uma hora depois de a TV ser desligada os sentidos de percepção continuam ativos, o que pode prejudicar a noite de quem tem maior dificuldade em adormecer.

Evite as bebidas alcoólicas e o cigarro. Mesmo uma quantidade pequena de álcool pode prejudicar o sono. No caso do cigarro, a nicotina é um estimulante.

Estabeleça uma rotina na hora de se deitar. Faça sempre as mesmas coisas à noite para o corpo saber que é hora de se tranquilizar.

Use o quarto apenas para dormir. Depois de apagar a luz, leva-se cerca de 15 minutos para adormecer. Após esse período, se você continuar acordado, saia da cama e só volte quando o sono aparecer.

Se tiver dor, não tome remédio para dormir. Consulte um médico para que ele lhe indique o tratamento mais adequado.

www.serasaexperian.com.br/guiaidoso

NEUROBIÓTICA, GINÁSTICA PARA O CÉREBRO ESCAPAR DO ALZHEIMER

Trocar de mão para escovar os dentes é bom para o cérebro. O simples gesto de trocar de mão para escovar os dentes, contrariando a rotina e obrigando à estimulação do cérebro, é uma nova técnica para melhorar a concentração, treinando a criatividade e inteligência e, assim, realizando um exercício de NEURÓBICA. Uma descoberta dentro da Neurociência, vem revelar que o cérebro mantém a capacidade extraordinária de crescer e mudar o padrão de suas conexões. Os autores desta descoberta, Lawrence Katz e Manning Rubin (2000), revelam que a NEURÓBICA, a "aeróbica dos neurônios", é uma nova forma de exercício cerebral projetada para manter o cérebro ágil e saudável, criando novos e diferentes padrões de atividades dos neurônios em seu cérebro. Cerca de 80% do nosso dia-a-dia é ocupado por rotinas que, apesar de terem a vantagem de reduzir o esforço intelectual, escondem um efeito perverso: limitam o cérebro.

Para contrariar essa tendência, é necessário praticar exercícios "cerebrais" que fazem as pessoas pensarem somente no que estão fazendo, concentrando-se na tarefa. O desafio da NEURÓBICA é fazer tudo aquilo que contraria as rotinas, obrigando o cérebro a um trabalho adicional. Tente fazer um teste:

- use o relógio de pulso no braço direito.
- escove os dentes com a mão contrária da de costume.
- ande pela casa de trás para frente.
- vista-se de olhos fechados.
- estimule o paladar, coma coisas diferentes.
- veja fotos de cabeça para baixo.
- faça palavras-cruzadas.
- veja as horas num espelho.
- faça um novo caminho para ir ao trabalho.
- converse com o vizinho que nunca dá bom dia.
- decore uma palavra nova por dia, da sua língua ou de uma outra.

A proposta é mudar o comportamento rotineiro.

Tente, invente, faça alguma coisa diferente e estimule o seu cérebro.

Vale a pena tentar! E não custa nada...

Que tal começar a praticar agora, trocando o mouse de lado?

Sábado, 2 de Dezembro de 2006

www.cristinafogaca.com

DICAS PARA AMENIZAR AS QUEDAS COMUNS NA TERCEIRA IDADE

Segundo estimativa do IBGE, a população com mais de 70 anos no País em 2020 deve chegar a 30 milhões de pessoas (13% do total). Portanto, para obter ou manter a qualidade de vida destes indivíduos, profissionais especializados e familiares devem estar atentos aos cuidados e prevenção de doenças e acidentes.

"Com o envelhecimento, ocorre a diminuição das acuidades visual e auditiva, além de fraqueza muscular, associações que levam às quedas", alerta o ortopedista do Hospital Bandeirantes, Dr. Joel La Banca Junior.

Os acidentes, tanto pelas ruas das cidades quanto nas residências, representam mais de 80% do total de lesões violentas no idoso. Um dos mais comuns são as fraturas do fêmur, que podem levar a um índice de mortalidade próximo a 25% no primeiro ano pós-trauma, caso não ocorram cuidados médicos adequados.

"Fica evidente, então, a importância das medidas preventivas. As lesões na terceira idade têm um processo de cicatrização mais lento que em outras faixas etárias", ressalta Dr. La Banca.

Fatores inerentes à idade tornam o idoso vítima frequente dos mais variados traumas, mas como evitar as quedas sem privá-los de uma rotina normal e independente?

Segundo o ortopedista, na medida do possível, o idoso deve permanecer junto aos familiares, participando das atividades e decisões do grupo, o que facilita a tarefa de prevenção na qual todos estarão engajados.

Os controles da saúde física e mental são necessários, desde o tratamento de doenças frequentes, como diabetes, hipertensão, osteoporose, artrose, Mal de Alzheimer, cardiopatias e pneumopatias. Tudo com o auxilio de uma série de profissionais de saúde, além da própria família.

A seguir, enumeraremos algumas medidas para tornar mais seguro o ambiente doméstico, ressaltando que cada um pode aumentar a lista após observar cuidadosamente os parentes idosos.

1• Iluminação clara dos ambientes com interruptores ao alcance das mãos e persistência de luz leve durante a noite para evitar manobras ou deslocamentos às cegas.

2• Instalação de barras de apoio nos banheiros, ao lado do vaso sanitário e chuveiro. Avaliar a necessidade de cadeiras sanitárias: estes equipamentos estão disponíveis no comércio, com custos acessíveis e sem necessidade de projetos especiais.

3• Disponibilização de cadeiras com assentos mais altos e apoio dos braços e da cabeça.

4• Utilização de pisos antiderrapantes, na medida do possível, em todos os cômodos da casa.

5• Retirada de tapetes soltos pelos ambientes de circulação do idoso: assim evita-se o uso de carpetes que predispõem às quedas e são de difícil limpeza.

6• Manter ambientes ventilados, frescos e livres de umidade.

7• Sinalizar os degraus e outros obstáculos ou evitá-los.

8• Remover móveis com arestas agudas (pontas) nas áreas de circulação.

9• Colocação de armários sempre à altura das mãos: evita-se o uso de escadas ou bancos, que são as maiores causas de quedas.

10• Colchões com densidades entre 26 e 30 (espuma).

11• Maçanetas ergonômicas de alavanca.

12• Preferir sapatos com sola de borracha. Evitar chinelos ou pantufas de tecido, bem como saltos.

14• Cuidados especiais ao se lavar pisos e banheiros: manter o idoso afastado até a secagem completa.

15• Instalar corrimões adequados em todos os acessos da residência e escadas.

16• Auxílio e/ou supervisão (se necessário) nos momentos de higiene pessoal e de utilização de instrumentos cortantes ou perigosos.

17• Manutenção de calçadas e guias das ruas.

18• Acesso fácil ao telefone.

19• Verificar sempre a eficácia de lentes corretivas e trocá-las quando necessário.

20• Uso de aparelhos auditivos, em caso de recomendação médica.

21• Utilização de bengala ou similar com ponteiras novas.

22• Estimulação e acompanhamento de atividades físicas regulares, como caminhadas e exercícios musculares em academia ou ao ar livre, com o objetivo de fortalecer os ossos.

DESEJAR VIDA LONGA E PRÓSPERA A ALGUÉM É UMA DAS SAUDAÇÕES MAIS BONITAS QUE VOCÊ PODE FAZER

Em teoria, quanto mais vivemos, maiores serão nossas chances de sucesso e felicidade.

A longevidade também é uma maneira indireta de medir a qualidade de vida de um povo: apesar de todas as suas riquezas e monumentos, no Egito de 1.000 a.C. poucos ultrapassavam os 30 anos de idade.

Por volta da época de Cristo, a expectativa de vida havia melhorado pouca coisa: os homens viviam 45 anos em média e as mulheres, 36. Uma lástima.

Mas avançamos muito. Às portas do século XXI, o cidadão comum passou a viver uma média de 75 anos – o equivalente a 2 antigos egípcios e meio! Um tremendo salto de qualidade.

Mais que isto: nos últimos 40 anos, o número de pessoas com 100 anos de idade ou mais aumentou 1.000%.

Calcula-se que uma de cada 50 mulheres e um de cada 200 homens vivos hoje chegarão ao centenário.

E os cientistas dizem que é apenas o começo, pois temos potencial Biológico para viver ainda mais, até os 130-150 anos de idade.

Então qual será o segredo? Como fazer parte desta estatística e comemorar um supercentenário sendo capaz de amarrar os próprios cadarços (se é que irão existir cadarços até lá)?

Inúmeros centros de pesquisa em todo o Mundo vêm se debruçando sobre o assunto, com algumas conclusões em comum.

Dentre várias, selecionei cinco medidas essenciais para você envelhecer com saúde:

1° - RESPEITE SEU ESTÔMAGO

O ditado "o peixe morre pela boca" também pode ser aplicado aos mamíferos. O alimento é o combustível do corpo. Cuide bem do seu motor, e ele lhe garantirá uma viagem longa e tranquila. Por exemplo: 70% do colesterol presente no seu organismo são produzidos por você mesmo, principalmente pelo seu fígado. Seguir uma dieta capaz de reduzir os níveis de colesterol é tão importante quanto levar um a dieta pobre em gorduras.

Quer outro exemplo? A qualidade da dieta influencia o risco de desenvolver vários tipos de câncer – e os tumores malignos são uma das principais causas de óbito na Terceira Idade. Leve isto em conta quando estiver escolhendo um Plano de Previdência Privada.

2° - RESPEITE SUA HIDRATAÇÃO

Um ser humano é pouco mais que um saco plástico contendo cerca de 40 litros de líquido viscoso e 20 quilos de miúdos secos. A água corresponde a 60% do seu peso. Assim como o radiador do seu carro, você precisa manter o nível de água dentro do ideal, sob o risco de ferver e ter de interromper a viagem antes do previsto. Mas atenção: não inclua bebidas alcoólicas na lista de líquidos preferenciais para hidratação. Ao invés disso, abuse da água potável e dos sucos de frutas naturais.

3° - RESPEITE SEU CÉREBRO

Considere o cérebro como o se fosse o "músculo" mais eficiente do seu corpo. Não o deixe atrofiar por falta de exercícios!

Procure estar à volta com atividades que estimulem o raciocínio, desde jogos de memória até equações de física quântica. À noite, premie o esforço dos neurônios com sono de boa qualidade.

4º - RESPEITE SEUS OSSOS

Para cada 1 hora de exercícios regulares, você adiciona 3 horas à sua vida. É uma boa troca, não? Mas nada de exageros: para subir uma escada aos 80 ou levantar-se da cadeira aos 90, você precisará de ossos flexíveis. Na Terceira Idade, um esqueleto estável é mais importante que braços definidos ou um abdome tanquinho. Respeite seus ossos fazendo alongamentos pelo menos duas vezes por semana e obedecendo aos limites de velocidade no trânsito.

5º - PROCURE UM SENTIDO

Envelhecer significa livrar-se de alguns pesos. Filhos, contas, emprego, responsabilidades... muita coisa sai de cima dos seus ombros. Mas uma carga menor também pode significar um sentido menor para a vida. Essa é uma armadilha comum. A resposta é procurar sempre um novo lugar, uma nova perspectiva existencial. Como disse John Barrymore, "só envelhecemos de verdade quando começamos a trocar nossos sonhos por arrependimentos". Portanto: Aposentou-se? Assuma riscos diferentes, reinvente desafios, volte a estudar, compre um animal de estimação, participe de grupos de leitura, desempenhe trabalhos voluntários (que tal lecionar para crianças carentes?). Separou ou enviuvou? Viaje, faça aulas de dança, conheça pessoas e comece a namorar novamente. Certamente existem aventuras neste mundo que você gostaria de fazer e ainda não fez. Se não forem contra a Lei, faça-as imediatamente!

Então, abraços e "STO LAT"

Fonte: Dr. Alessandro Loiola

www.ficarjovemlevatempo.com.br

QUEIME CALORIAS DE FORMA SAUDÁVEL SEM FAZER EXERCÍCIOS

Jocelem Salgado

Vida longa e qualidade de vida são tópicos que devem ser analisados juntos, porque não faz muito sentido viver durante longos anos carregando doença e dor. Longevidade e qualidade de vida devem caminhar juntas.

Existe uma história na qual conta-se que um homem apresentava uma doença incurável do coração. Ele ficou tão desesperado, que resolveu acabar logo com a vida, praticando longas e extenuantes caminhadas. Andou tanto que o seu coração ficou completamente curado.

Até mesmo jogar cartas queima calorias (89 cal/h)

Não quero dizer que o exercício faz aumentar o tempo de vida, isso é determinado geneticamente, provavelmente quando nascemos. Mas tenho certeza que se não praticarmos exercícios morreremos mais cedo por causa dos problemas que o sedentarismo proporciona. Mas o coração não é o único beneficiado com o exercício físico. A força muscular aumenta, as articulações são mais resistentes e o desgaste ósseo é menor. Em vista disso, a osteoporose e as fraturas ficam menos frequentes na terceira idade.

Pesquisas mostram que os exercícios melhoram também o estado emocional e reduzem a gordura corporal, baixam o peso e melhoram a tolerância à glicose, contribuindo para que a incidência de doenças como hipertensão e diabetes sejam reduzidas.

Mas antes de escolher uma atividade física, principalmente na terceira idade, é preciso consultar um médico e fazer uma avaliação da saúde, para saber quais são os exercícios recomendados e a frequência que devem ser praticados. De acordo com a Academia de Medicina Esportiva dos Estados Unidos, essas decisões devem ser baseadas também no tipo de vida que cada pessoa levava antes. Se o indivíduo era sedentário, não pode querer ter a mesma programação de quem sempre fez ginástica.

Vida saudável

Vida saudável e longa não ocorre por acaso e tem um preço que não é dinheiro, mas sim esforço físico. Se você ainda não tem esse hábito comece a colocá-lo em prática imediatamente.

Deixe 15 minutos do seu tempo de cada dia e comece uma caminhada. Você vai gostar dos resultados e seu corpo vai acostumar tanto aos exercícios físicos que eles naturalmente começarão a fazer parte de sua vida. Lembre-se que em todas as idades pode-se e deve-se realizar atividade física e obter grandes benefícios para a saúde. Um estilo de vida ativo deve ser o lema para toda vida. Mas sempre é bom repetir que além de se exercitar, alguns cuidados básicos devem ser observados, tais como:

- Evitar o cigarro. Quem fuma tem 15 vezes mais chances de ter câncer de pulmão.

• Consumir bebidas alcoólicas com moderação. Dois drinques por dia para homens e um por dia para mulheres será a dose máxima.

• Consumir diariamente dietas balanceadas, ricas em vegetais, frutas e cereais integrais.

Veja formas saudáveis de queimar calorias

Tabela do consumo de calorias: tarefas do dia-a-dia

Colocar papel de parede: 171 cal/h
Cortar grama com cortador normal: 400 cal/h
Costurar à mão: 115 cal/h
Cozinhar: 125 cal/h
Digitar: 97 cal/h
Empurrar carrinho de bebê: 200 cal/h
Fazer compras em supermercado: 207 cal/h
Fazer jardinagem: 300 cal/h
Fazer tricô: 79 cal/h
Jogar cartas: 89 cal/h
Juntar folhas secas em jardim com rastelo: 200 cal/h
Lavar e esfregar chão: 400 cal/h
Lavar louça: 158 cal/h
Lavar o carro: 250 cal/h
Lavar roupa: 240 cal/h
Levar o cão para passear: 286 cal/h
Limpar janelas: 214 cal/h
Passar aspirador de pó: 231 cal/h
Passar roupa: 118 cal/h
Plantar mudas ou sementes: 250 cal/h
Subir escadas: 600 cal/h
Varrer ou limpar tapetes: 162 cal/h

Valores médios para uma mulher com 60 kg.
Os números podem variar de acordo com a intensidade do exercício.

Fonte: www.obsidiana.com.br

ERVA MATE PARA O MAL DE PARKINSON

Por Anderson Moço

Esse efeito acaba de ser constatado por cientistas da Universidade do Extremo Sul de Santa Catarina. Depois de testar o extrato da planta em ratos induzidos à doença, eles observaram que algumas de suas substâncias mostraram-se capazes de protegê-los. Em outra investigação os animais receberam o fitoterápico com a medicação tradicional e os resultados foram ainda mais significativos. Parte das cobaias chegou a recuperar completamente os movimentos. O estudo ainda é preliminar, mas já provou que a erva-mate pode ser utilizada na prevenção desse mal degenerativo e também como coadjuvante no tratamento, conta a farmacêutica Luciane Costa Campos, chefe da pesquisa.

Ficha da planta

Nome científico: Ilex paraguariensis St. Hilaire.

Nomes populares: erva-mate, mate, erva-chimarrão, chá-do-brasil.

Formas de consumo: na região Sul a bebida, bem concentrada, leva o nome de chimarrão; no Sudeste serve-se o chá quente e gelado; no Centro-Oeste seu nome é tereré, versão tropical do chimarrão, com gelo e limão.

Origem: América do Sul.

Características: seu caule, de cor acinzentada, tem em média 30 centímetros de diâmetro. O porte é variável e, dependendo da idade, pode atingir 12 metros de altura. Quando podada não passa dos 7 metros.

Parte usada: folhas

www.saude.abril.com.br

> Devemos aprender durante toda a vida, sem imaginar que a sabedoria vem com a velhice.
>
> *Platão*

TERCEIRA IDADE: ALIMENTAÇÃO, EXERCÍCIOS E LAZER

A preocupação com a qualidade de vida dos idosos vem aumentando, nos países desenvolvidos, à medida em que melhores condições de higiene e avanços da medicina propiciam maior longevidade. A expectativa de vida, que, no início do século, era de 47 anos, hoje, alcança, em média, 70, com pequenas variações entre homens e mulheres.

Naturalmente, há influência de fatores ambientais e genéticos, mas, em geral, a vida urbana, que se intensificou nas últimas décadas, permitindo acesso mais fácil à assistência médica e melhores condições de moradia, trouxe a possibilidade de as pessoas alcançarem idade avançada. O envelhecimento da população, no Brasil, já tem sido tema de simpósios de Geriatria, planejamentos de saúde pública a longo prazo etc.

Mas, o mais importante é que cada família que tem um idoso em casa esteja atenta aos cuidados que devem ser tomados para que ele tenha vida saudável, como alimentação equilibrada, controle de peso, prática de alguns exercícios físicos, além de segurança no ambiente doméstico.

Alimentação adequada

A alimentação do idoso deve conter:

- Frutas, verduras, legumes frescos.
- Pães, cereais, grãos, arroz, massa e feijões.
- Leite e derivados.
- Carnes brancas.

Convém evitar enlatados e embutidos, como linguiça, salame e salsicha, bem como frituras e grelhados. Alimentos cozidos ou assados, com pouco sal, beneficiam o coração, evitando acúmulo de gordura nas artérias, que pode causar doenças cardiovasculares. Quanto aos horários das refeições, é recomendável distribuí-las em pequenas porções mais vezes ao dia, evitando sobrecarregar a digestão com almoço e jantar abundantes.

Frutas, sucos, chás, torradas e biscoitos, gelatinas e iogurtes, sopas leves são excelentes nutrientes. Para idosos em recuperação de doenças, cirurgias, ou enfraquecidos, o médico recomendará complementos alimentares em pó, concentrados e acrescidos de vitaminas, que já existem no mercado. O importante é lembrar-se de que, nesta era de *fast-food* e alimentos congelados ou semi-prontos, a família deve providenciar "comidinha caseira" para o velho, cujas necessidades e cujo paladar são diferentes dos jovens.

Exercícios físicos

A medicina preventiva hoje sabe que o organismo é uma máquina cuja durabilidade é tanto maior quanto maiores forem os cuidados com sua manutenção. Os médicos têm conscientizado pacientes de todas as idades de que alimentação e atividades físicas planejadas podem prevenir muitas doenças, entre elas: obesidade, pressão alta, infarto, derrame, diabetes, osteoporose, depressão.

Exercícios adequados (caminhar, nadar, andar de bicicleta) e regulares:

- ajudam a manter o peso ideal,
- regulam as funções cardiorrespiratórias,
- fortalecem a musculatura e dão mais equilíbrio ao corpo,
- fazem o sangue fluir melhor e levar mais oxigênio para todas as partes do corpo,
- reduzem o nível de LDL, o colesterol ruim que obstrui a artérias,
- elevam o nível de colesterol bom, que ajuda a proteger contra as doenças cardíacas.

Fumo e álcool podem acarretar sérios problemas de saúde. O abuso do cigarro tem sido responsável por enfisema e câncer de pulmão, e o consumo de bebidas alcoólicas traz danos aos rins, hipertensão, além de doenças do fígado e problemas cardíacos.

Possibilidade de acidentes

Um entre quatro idosos cai dentro de casa, pelo menos uma vez por ano e, em 34% dos casos, ocorre algum tipo de fratura. Esses dados da Sociedade Brasileira de Ortopedia e Traumatologia comprovam que o risco de queda aumenta na terceira idade.

Os fatores que concorrem para isso estão ligados à perda de firmeza nas pernas, que causam dificuldade de locomoção, justamente quando os ossos estão mais frágeis; ao deslocamento do eixo de sustentação do corpo, na medida em que a coluna vertebral se curva e o equilíbrio é afetado; à queda de pressão arterial, ao levantar-se da cama; à dificuldade de visão; ao uso de certos remédios que podem provocar tonturas; artrose; desidratação; isquemia cerebral.

O perigo do tombo para o idoso está na fase de recuperação, que, nessa fase da vida, é difícil. Permanecer imóvel por muitos dias, em geral, leva a um estado de enfraquecimento do paciente, que pode ser agravado, se precisar ficar deitado, pois há o risco de uma pneumonia.

Conforme a fratura, a do fêmur, por exemplo, há necessidade de cirurgia e internação hospitalar, que para o velho, sempre, é mais longa. O ideal é, pois, evitar, de todas as maneiras possíveis, o risco de acidentes.

Alterações, dentro de casa, a fim de evitar quedas do idoso:

- Quarto – Cama mais alta do que as comuns. A altura recomendada é de 55 a 65 centímetros. Armários com luzes internas para facilitar a visualização das roupas. Criado-mudo da mesma altura da cama, com abajur e telefone. Poltrona para vestir meias e calçar sapatos.
- Banheiro – Piso anti-derrapante. Corrimãos dentro do boxe e ao lado do vaso. Banco de plástico resistente para lavar os pés ou, se preferir, tomar banho sentado. Ducha móvel.
- Cozinha – Bancada da pia a uma altura de 80 a 90 centímetros do chão. Piso anti-derrapante. Luz adequada sobre a pia e o fogão.
- Sala – Sofás e poltronas com altura de 55 a 65 centímetros, para maior facilidade de sentar-se e levantar-se. Disposição adequada de móveis, de modo a evitar mesinhas de centro e tapetes soltos.
- Escadas e corredores – Bem iluminados e com pisos anti-derrapantes, se possível, emborrachados.

Formas de lazer

É importante para a saúde física e mental do paciente, que ele mantenha contato prazeroso com sua família, receba visitas regulares de parentes e amigos, e se mantenha ocupado. Além de um pequeno passeio diário, para tomar o sol da manhã, é recomendável que se dedique a um *hobby*.

À família cabe estar atenta a esses detalhes, lembrando-se de que o idoso precisa não somente de cuidados médicos, mas de carinho, compreensão e muita paciência por parte das pessoas que ele ama.

Fonte: Associação Paulista de Medicina

www.sitemedico.com.br

CASA SEGURA

Dr. Marcos Musafir e Dr. José Sergio Franco,
Ortopedistas e Traumatologistas

É responsabilidade de cada um de nós manter viva a cidadania em todos os momentos e ambientes de nossa vida. A segurança domiciliar, respeitando os hábitos e costumes dos moradores e das diferentes faixas etárias, deve ter como meta a prevenção de situações frequentes, quer simples, como contusões e queimaduras de 1º grau, quer complexas como fraturas do fêmur proximal, rádio distal, coluna lombar e outras.

Surgiu como alerta à população no Ano Internacional do Idoso, a Casa Segura, focalizando as consequências da osteoporose e alguns de seus fatores causadores estatisticamente comprovados de acidentes como as quedas na melhor idade. O projeto da SBOT – Sociedade brasileira de Ortopedia e Traumatologia, em parceria com a Sociedade Brasileira de Geriatria, Sociedade Brasileira de Reumatologia, e outras instituições, alcançou seus objetivos.

Um dos méritos foi conseguirmos que dinamismo, competência, estudo, interesse, conhecimento e espírito realizador fossem reunidos em uma só pessoa, a arquiteta Cybele Monteiro de Barros que em tempo recorde de 48 horas construiu com sua equipe de cenógrafos, a CASA SEGURA durante o 15º ORTRA INTERNACIONAL, na área de estacionamento do Hotel Intercontinental Rio em São Conrado, Rio de Janeiro, em julho de 1999.

A casa foi visitada durante o congresso por mais de 3.000 interessados, que opinaram, sugeriram, criticaram e aprenderam orientações básicas e simples, como as descritas nesta obra, um verdadeiro guia de conhecimento e prevenção de lesões na residência.

A arquiteta Cybele, deu vida ao tema, pois coloca amor em seu trabalho, fato que já repercutiu em todo o Brasil e no exterior, sob a forma de artigos, palestras, cursos, debates, eventos e publicações.

Com este livro, o leitor terá a oportunidade de tornar reais inúmeras sugestões práticas, se desejar uma casa mais segura.

Boa leitura e lembre-se: "prevenir é melhor do que remediar".

O livro *Casa Segura*, da arquiteta Cybele Ferreira Monteiro de Barros, pode ser adquirido em duas versões: digital e impressa.

www.portaldoenvelhecimento.net

A PUBLICIDADE SE RENDE À TERCEIRA IDADE

O charme dos idosos está tomando conta de comerciais de TV, anúncios de revistas e outdoors, *abrindo espaço para esse público se iniciar em uma nova profissão*

Christiane Brito

Nunca é tarde para começar. Todo mundo, alguma vez, já ouviu isso. No entanto, muitas vezes falta coragem para a pessoa mais velha se atirar em algo novo, conhecer um ambiente diferente, com pessoas e situações com os quais não se está acostumado. Ainda mais quando se trata de um universo como o da moda e já não se tem mais aquele corpinho e a pele como os de alguns anos antes.

Por todos esses motivos, tornar-se modelo pode parecer uma profissão muito distante para quem chegou à terceira idade ou um trabalho muito diferente, mas já se tornou uma rotina pessoas mais velhas aparecerem em anúncios na TV, revistas e *outdoors*, por exemplo. O mercado publicitário está aberto para esses profissionais, que estão conquistando e mantendo seu espaço. Prova de que a beleza não é uma questão de idade. "Eu acho bastante gratificante, pois massageia o ego você saber que está 'inteiro' e podendo se expor mesmo na condição de idoso", diz Rubens Elias, que aos 60 anos é modelo e já fez diversos trabalhos na área. "Para mim, que tenho outras profissões, é uma terapia na qual não gasto dinheiro. Pelo contrário, ainda recebo. Essa área é um outro mundo", completa Elias.

Elias tem outras profissões, é formado em economia, técnico em contabilidade e contador, e entrou nesse mercado por acaso. "Minha filha atua na área de propaganda e marketing, produção de filmes. Um dia um produtor amigo dela viu minhas fotos expostas em nossa casa e falou para ela me incentivar a entrar na área de modelo, pois com os cabelos grisalhos teria muito mercado", conta o modelo. "Já estou na área há uns quatro anos".

Nesse tempo, Elias já tem algumas histórias para contar, já foi até Machado de Assis na propaganda de uma faculdade. Ele se orgulha quando lembra um comercial que fez para a Fuji Films e que gravou junto com o ator global Reynaldo Giannechini. "Foi bastante interessante ter filmado uma propaganda com o Giannechini, pois ficamos conversando durante as cinco horas de filmagem. E diga-se de passagem, é uma excelente pessoa, humilde, trata todos bem, merece ter a fama que tem", conta ele.

Trabalho árduo

Não é um trabalho fácil. Pelo contrário, muitas vezes é cansativo. O processo de escolha dos modelos para cada campanha é demorado, as sessões de fotos ou de filmagem também exigem muita paciência. As agências chamam os modelos que o cliente escolheu por meio do composit, que são as fotos da pessoa que ficam com a agência, depois marcam um teste que, normalmente, reúnem pessoas de perfis variados, pois serão selecionados crianças, adolescentes e idosos no mesmo dia, o que acaba fazendo com que o processo de escolha demore muito. "Na maioria das vezes, você vai e encontra uma fila imensa para o teste. É muito ruim, principalmente quando a produção mistura perfis. Eu mesmo já fui embora de vários testes devido a esse problema, você fica horas aguardando", conta Elias.

Para entrar para o mundo da propaganda o candidato deve levar seu material fotográfico pessoalmente a uma agência de modelos para ver se tem o perfil da profissão. O mercado não exige nenhum tipo específico. E, ao contrário do que muita gente pensa, a pessoa não tem que ser bonita. "O que é preciso realmente é que ela seja bem desembaraçada e tenha uma boa fotogenia", diz Eládio Adauto, coordenador de promoções e eventos da Agência Justin Models.

Quem sabe esta não é a oportunidade para iniciar uma nova carreira e ficar até famoso?

Serviços

Justin Models, Rubens Elias

Agências de Modelos

Totem Modelos & Atores – Tel.: (11) 3672-8686

Companhia 2 – Tel.: (11) 3862-5525

Princípio do Talento – Tel.: (11) 5096-6026

www.revistamaioridade.com.br

A SOCIEDADE E A TERCEIRA IDADE

Dr. João Roberto D. Azevedo

As sociedades ricas, de primeiro mundo, encaram a Terceira Idade de maneira bastante prática e objetiva. O idoso recebe nestas sociedades todos os seus direitos, e têm bem nítidos os seus limites, sendo que em determinados países há clara tendência em aproveitá-lo inclusive profissionalmente.

Infelizmente sociedades pobres como a nossa, tendem a isolar o idoso, não sendo rara a idéia de considerá-lo inútil, um verdadeiro peso morto. A exagerada valorização da juventude, tão própria da sociedade moderna, contribui muito para piorar o conceito de Terceira Idade em nosso meio. A Saúde Pública e a Previdência Social não estão estruturadas para cuidar de maneira eficiente da Terceira Idade.

A pobreza e a miséria colocam grande parte de nossa sociedade muito afastada de qualquer benefício trazido pelo mundo moderno. Tudo isso coloca uma carga muito negativa sobre a Terceira Idade em nosso meio, dificultando muito a sua situação.

A sociedade brasileira ainda não teve tempo de se adaptar às grandes mudanças ocorridas, e o idoso ainda está longe de se sentir integrado a tais mudanças.

A nossa auto-apreciação recebe então influências das características psicológicas individuais e, evidentemente, das pressões sociais: como se sentir diante de si mesmo, ou diante da apreciação dos outros? Qual a repercussão sobre uma pessoa saudável e ativa, com 75 anos de idade, que se vê absolutamente rejeitada? Se esta situação ocorre em indivíduo já com tendência a ser triste, deprimido que possui poucos conhecimentos sobre suas características psicológicas a resposta a esta pergunta é negativa, com provável piora de seu sofrimento.

Esta mesma situação diante de pessoa que possua espírito alegre gera sem duvida menores repercussões negativas. Se ocorrer uma doença em uma pessoa com tendência à tristeza, esta, sem duvida, irá sofrer muito mais.

www.boasaude.uol.com.br

O ENVELHECER, DIFERENÇA ENTRE SENESCÊNCIA E SENILIDADE

Dr. Fernando Andréa

Bacharel em Educação Física EEFEUSP e Mestre em Ciências Médicas da Faculdade de Medicina da Universidade de São Paulo - USP, São Paulo (SP), Brasil.

De acordo com o IBGE, a porcentagem de brasileiros com mais de 60 anos na década de 40 era de aproximadamente 4% e a estimativa para 2020 é alcançar 12% da população. Além do envelhecimento da população total, a proporção de pessoas com idade acima de 80 anos está aumentando substancialmente. No ano de 2007 a porcentagem deste grupo etário atingiu 1,4% da população brasileira, algo em torno de 1,6 milhões de pessoas.

A existência humana é marcada, nos seus extremos, por dois fenômenos opostos, a vida e a morte. O ser humano então, passa pela infância, atravessa a mocidade, atinge a maturidade e, finalmente, chega à velhice. Aparecem, então, os primeiros sinais evidentes da usura de todo o organismo (Rosa, 1983).

A velhice é um período de declínio caracterizado por dois aspectos: a senescência e a senilidade.

A senescência é o período em que o declínio físico e mental são lentos e graduais, ocorrendo em alguns indivíduos na casa dos 50 e em outros, depois dos 60 anos. A senilidade se refere à fase do envelhecer em que o declínio físico é mais acentuado e é acompanhado da desorganização mental. Aqui, também, encontramos as diferenças entre as pessoas; algumas se tornam senis relativamente jovens, outras antes dos 70 anos, outras, porém, nunca ficam senis, pois são capazes de se dedicarem a atividades criativas que lhes conservam a lucidez até a morte (Rosa, 1983).

Senescência é uma fase normal da vida de um indivíduo sadio; geralmente inicia-se depois dos 65 anos e não é manifestação doentia; na senescência não ocorrem distúrbios de condutas, amnésias, perda do controle de si mesmo; em outras palavras, é o velho sadio. Senilidade é doença, também conhecida como demência, onde o idoso (às vezes acomete adultos jovens) perde a capacidade de memorizar, prestar atenção, não consegue mais se orientar, fala sem nexo, vai limitando sua vida ao leito, e chega a perder o controle de urinar e defecar. Só 5% dos velhos padecem de senilidade.

Pode-se dizer que o envelhecimento humano ocorre em três níveis diferentes: biológico, psicológico e social.

O envelhecimento biológico envolve mudanças fisiológicas, anatômicas, bioquímicas e hormonais, acompanhadas de gradual declínio das capacidades do organismo.

O envelhecimento psicológico é traduzido pelos comportamentos (abertos e encobertos) das pessoas em relação a si próprias ou aos outros, ligados a mudanças de atitude e limitações das capacidades em geral. Esses comportamentos trazem como consequência a ocorrência de inadaptações, readaptações e reajustamentos dos repertórios comportamentais, face às exigências da vida.

O envelhecimento social está relacionado às normas ou eventos sociais que controlam, por um critério de idade, o desempenho de determinadas atividades ou tarefas do grupo etário, e que dão sentido à vida de cada um. Como exemplo, podemos citar: o casamento é um evento que ocorre geralmente nos anos da juventude ou no início da vida adulta. O nascimento de filhos é mais comum no período entre dezoito e trinta anos.

A aposentadoria ocorre, compulsoriamente aos setenta anos, ou com 30 ou 35 anos de trabalho comprovado. Essas normas ou eventos sociais contribuem para o estabelecimento de muitos preconceitos. Assim por exemplo, citando Neugarten e Datan (1974), para reforçar este ponto, a aposentadoria está supostamente relacionada como o início da vida incapacitante e desintegradora, ou seja, a Velhice.

A atividade física é um dos meios mais barato e mais saudáveis na qual pode melhorar a nossa saúde. Para o idoso, a atividade física é de fundamental importância, pois, o processo de envelhecimento beneficia as perdas, principalmente, nos aspectos cognitivos e físicos, assim a atividade física torna-se um fator o qual pode ajudar a amenizar estas perdas (Rabacow et al., 2006).

Aceitar as transformações que ocorrem tanto nos aspectos fisiológicos, psicológicos e sociais na terceira idade é uma das formas de encarar os problemas decorrentes desta fase da vida, de forma a minimizá-los por meio da atividade física, participação na comunidade, passeios e entre outros (Zimerman, 2000).

A juventude é a época de se estudar a sabedoria; a velhice é a época de a praticar.

Jean Jacques Rousseau

PARTE III

Serviços

SITES DA PESQUISA:

www.serasaexperian.com.br/guiaidoso

www.saudegeriatrica.com.br

www.manaus.am.gov.br/noticias/terceira-idade-28

www.bolsademulher.com

www.clubevidamoderna.com.br

www.diariodepernambuco.com.br

www.bolsademulher.com

www.clubevidamoderna.com.br

www.copacabanarunners.net/velhice

www.paginaaberta.net

www.brasilidosos.wordpress.com

www.idosossolidarios.com.br

www.vivatranquilo.com.br

www.queroviverbem.com.br

www.sindifarmajp.com.br

www.minhavida.com.br

www.projetovidaativa.hpg.com.br

www2.uol.com.br/vyaestelar

www.sitemedico.com.br

www.corposaudavel.com.br

www.portalcomunitario.jor.br

www.dgabc.com.br

www.idmed.com

www.musculacaoecia.com

www.revistamaioridade.com.br

www.velhosamigos.com.br

Alerta de Emergência para idosos no exterior:

www.babyboomercaretaker.com

Períodos extensos de tristeza requerem atenção e cuidados:

http://www.moginews.com.br/materias/?ided=962&idedito=37&idmat=72511

Como mudar o comportamento frente ao idoso:

http://www.boasaude.com/lib/ShowDoc.cfm?LibDocID=3053

A APTF - Associação Paulista de Terapia Familiar:

Desenvolve um trabalho junto à comunidade, o RAV – rede de atendimento voluntário – feito por profissionais afiliados e presta serviço a preços especiais à população carente.

APTF – Al. Campinas, 1.111 – Jd. Paulista. São Paulo, SP, 01404-001

Tel.: (11) 3057-2041/ 3884 0124 – aptf@aptf.org.br

Juventude e maturidade:

http://blogdaroselysayao.blog.uol.com.br/arch2010-05-01_2010-05-15.html#2010_05-13_11_09_52-10489623-25.

Blog do Ministério do Idoso:

http://ministeriodoidoso.blogspot.com/

Cuidar de idosos:

http://www.cuidardeidosos.com.br/sete-dicas-essenciais-para-viver-mais-e-melhor/?utm_source=feedburner&utm_medium=email&utm_campaign=Feed%3A+CuidarDeIdosos+%28Cuidar+de+Idosos%29

http://oglobo.globo.com/rio/rioelegal/mat/2010/05/29/caes-aves-sao-usados-no-tratamento-de-idosos-com-alzheimer-criancas-portadoras-de-necessidades-especiais-916733013.asp

Exercícios respiratórios:

Mais informações: email ludric@ig.com.br, com Ludmila Tais Yazbek Gomieiro

Davittè Cosméticos Serviço de Atendimento ao Consumidor:

(12) 3911-6672 www.davitte.net

Centro de Atendimento ao Idoso da UnB: (61) 3448 5269

Atenção ao idoso:

http://gratisvideoaulas.blogspot.com/2010/09/direito-do-consumidor-atencao-ao-idoso.html

Cão&Terapia (mais fotos):

http://fotolog.terra.com.br/caoterapia

Vanessa Breia: (21) 2718-8730 / (21) 8859-3626

Centro de Equoterapia Conquistar:

http://equoterapiaconquistar.com.br

Associação Nacional de Equoterapia (ANDE):

www.equoterapia.org.br

Equovida:

www.equovida.com.br

www.bolsademulher.com

Brasil é o terceiro pior lugar para morrer

http://www1.folha.uol.com.br/equilibrioesaude/767243-brasil-e-o-terceiro-pior-lugar-para--morrer.shtml

Homens também envelhecem:

http://revistaepoca.globo.com/Revista/Epoca/0,,EMI146334-15230,00-HOMENS+TAMBEM+ENVELHECEM.html

Cyberpsicologia - Internet:

Poder de acesso resgata papel do idoso:

http://www2.uol.com.br/vyaestelar/internet_idoso01.htm

Briga entre idosos ameaça língua em extinção no México:

http://www.bbc.co.uk/portuguese/reporterbbc/story/2007/11/071116_linguamexico_np.shtml

Idosos na internet:

http://www.redebomdia.com.br/Noticias/Dia-a-dia/30535/Idosos+voltam+ao+futuro+pelas+ondas+da+internet

"Um olhar sobre a vida de imigrantes russos idosos" na íntegra:

www.portaldoenvelhecimento.net – produção acadêmica

O que é o Envelhecimento? texto e vídeo:

http://escoladafamilia-walternegrelli.blogspot.com/2010/09/terceira-idade-o-que-e-o-envelhecimento.html

Associação Voluntários da Esperança

Tel.: 6121-7846 (com Fernanda Lopes) • Endereço de correspondências: Cx. Postal 13527 Cep: 03331-970 • CNPJ. 06.982.843/0001-17 • www.voluntariosdaesperanca.com.br voluntarios@voluntariosdaesperanca.com.br

Lar para Terceira Idade

Boa Infra-Estrutura e Atendimento c/ Acompanhamento de Profissionais
www.larsantana.com.br

assistência ao idoso em Curitiba:

http://www.parana-online.com.br/noticias/indexphp?op=ver&id=258834&caderno=17
http://www.educnaterceiraidade.blogspot.com/
http://sendofeliznaterceiraidade.blogspot.com/#ixzz0ztEWtNwf

Familiares de portadores da Doença de Alzheimer (DA) ;

todas as faixas etárias da população; cuidadores e profissionais da área de saúde interessados em se especializar no atendimento aos portadores de DA: www.apaz.org.br

http://www.cies.org.br

Centro Internacional para o Envelhecimento Saudável
Site do Cies abriga informações sobre cursos, saúde dos idosos e serviços em geral.

Portal da Sexualidade

http://www.portaldasexualidade.com.br
Textos sobre sexualidade em geral, inclusive na terceira idade, mantido pelo programa Prosex, do Hospital das Clínicas de São Paulo

Idade Ativa

http://http://www.techway.com.br/techway/revista_idoso/index.htm

revista eletrônica da terceira idade

Revista produzida por alunos de pós-graduação da Unicamp

Ministério da Saúde

http://www.saude.gov.br

Informações sobre saúde e cartilha voltada para a terceira idade

SeniorNet

http://www.senioridade.com.br

Site voltado para profissionais maduros que estão no mercado de trabalho

RG Nutri

http://www.rgnutri.com.br

Dicas de nutrição e alimentação para idosos

Casa Segura

http://www.casasegura.arp.br

Site elaborado pela Sociedade Brasileira de Ortopedia e Traumatologia e pela arquiteta Cybele Ferreira Monteiro de Barros, mostra como deve ser a casa ideal do idoso para evitar acidentes domésticos

Instituto de Ciências Biológicas

http://www.crono.icb.usp.br

Site sobre o relógio biológico do corpo humano, com textos que abordam o sono do idoso

Ipea

http://www.ipea.gov.br

Possui textos de análise da situação econômica e demográfica dos idosos no País, no link "Textos para Discussão"

Conselho Nacional do Idoso

http://www.mj.gov.br/cndi

Site oficial do conselho

Cartilha do Idoso do Ministério Público do Distrito Federal

http://www.mpdft.gov.br/cartilha_idoso

Elaborada pelo Ministério Público do Distrito Federal, tem informações sobre os direitos dos idosos

Caixa Econômica Federal

http://www.caixa.gov.br

Informações sobre regras de saque do FGTS e PIS

National Institute of Aging

http://www.niapublications.org

(Instituto Nacional do Envelhecimento dos EUA)

Site do Instituto Nacional do Envelhecimento dos EUA, traz textos em inglês e espanhol sobre saúde e qualidade de vida na terceira idade

IBGE

http://www.ibge.gov.br

Dados estatísticos sobre a população idosa do País

Portal da Família

http://www.portaldafamilia.org.br

Informações voltadas para os idosos que são avós

Direitos do idoso

http://www.prodam.sp.gov.br/idososp/direito.htm

Voltado para os moradores de São Paulo, relaciona os direitos dos idosos garantidos por leis municipais, além dos previstos na legislação federal

Previdência Social

http://www.mpas.gov.br

Informações sobre aposentadorias por idade e invalidez e auxílio-doença

Idade Maior

http://www.idademaior.com.br

Revista eletrônica voltada para a terceira idade com informações sobre lazer, saúde e direitos dos idosos

Sociedade Brasileira de Ortopedia e Traumatologia

http://www.sbot.org.br

Secretaria de Segurança Pública do Estado de São Paulo

http://www.ssp.sp.gov.br

Instituto do Sono

http://www.sono.org.br

Sociedade Brasileira de Geriatria e Gerontologia

http://www.sbgg.org.br

Instituto Brasileiro de Ciências Criminais

http://www.ibccrim.org.br

Companhia de Engenharia de Tráfego de São Paulo

http://www.cetsp.com.br

Associação Brasileira de Medicina de Tráfego

http://www.abramet.org.br

Sociedade Brasileira de Vigilância de Medicamentos

http://www.sobravime.org.br

Funasa

http://www.funasa.gov.br

Núcleo de Prática Jurídica

DAYANNE MIKEVIS da Folha de S.Paulo

"Escritório Modelo Dom Paulo Evaristo Arns", da Faculdade de Direito da PUC de São Paulo.

55Net

Artigos de interesse para a meia e a terceira idade:

www.55net.com

Acessa São Paulo Infocentro Nova Progresso

No campo de pesquisa, escreva Centro de Referência do Idoso:

www.acessasaopaulo.sp.gov.br

Actividade Física na Terceira Idade

Um guia de exercícios:

www.hudc.es/inef/acfa/inicio.htm

Age-Net

Entretenimento, artes e estilo de vida na Grã-Bretanha:

www.age-net.co.uk

Age Village

Envelhecimento e cuidados em casa:

www.agevillage.com

Alô Help

Página do aparelho que, a um toque, chama familiares do idoso, em caso de queda:

www.alohelp.com.br

A Melhor Idade

Dicas para viver melhor:

www.amelhoridade.kit.net

Anziani è vita insieme

dicas e receitas culinárias:

www.anziani.it

Assisted Living On-line

Permite identificar contatos de casas para idosos nos EUA:

www.assistedlivingonline.com

Casa da Melhor Idade

Para a terceira idade no Ceará:

www.aquiraz.ce.gov.br/casamelhoridade.asp

Clik Família

De grupo cristão evangélico, com artigos para lidar com idosos:

www.clickfamilia.org.br/terceiraidade/index.asp

Club 3

Uma versão de revista feminina adaptada a mulheres maduras:

www.club3.com

Club d'Activités Physiques Apador

Veja como a instituição usa um centro poliesportivo para agitar idosos:

www.cam.org/~apador/apador.htm

Clube da Terceira Idade

Links sobre saúde, sexo e mensagens:

www.3idade.com.br

Conseil des Aînés

Fomento à pesquisa ligada ao envelhecimento:

www.conseil-des-aines.qc.ca/choix.html

Créa Vie

Mostra confecção de roupas adaptadas para quem perdeu a autonomia ao se vestir:

www.creavie.qc.ca

De Idade

Entrevistas e dicas de grupos de dança e canto em Santa Catarina:

www.deidade.com.br

De Los Grandes

Acesse o informativo "Envejecimiento y Vulnerabilidad":

www.delosgrandes.com.ar

Elder Hostel

Programas nos EUA para maiores de 55 anos:

www.elderhostel.org

En Plenitud

Beleza, astrologia, família, estilo, sexo e turismo:

www.enplenitud.com

Feliz Idade

Revista especializada:

www.riototal.com.br/feliz-idade

Ficar Jovem Leva Tempo

Aborda beleza, disfunção erétil e distúrbios da memória:

www.ficarjovemlevatempo.com.br

Idade Ativa

Site de revista homônima:

www.techway.com.br/techway/revista_idoso

Idade Maior

Reportagens de comportamento e saúde:

www.idademaior.com.br

Idoso Amado

Guia de cuidados:

www.idosoamado.com

Informanziani.it

Links e dicas da Secretaria Social italiana:

www.segretariatosociale.it

Internautes Poivres et Sel

Estimula a correspondência entre pessoas acima dos 55 anos:

www.poivresel.collegebdeb.qc.ca

Intrage

Duer reunir diversas faixas etárias:

www.intrage.it

Jornal Compuctador

Produção dos alunos da Universidade Aberta à Maturidade da PUC-SP:

cogeae.pucsp.br/compuctador

Jornal da Melhor Idade

Jornal experimental, porém desatualizado:

melhor.idade.vilabol.uol.com.br

La Retraite

Dicas para o tempo livre:

www.codesi.net/laretraite/

Mais de 50

Questões familiares, saúde, alimentação e sexualidade:

www.maisde50.com.br

Mi Tercera Edad

Explica a aposentadoria na Argentina:

www.miterceraedad.com

Montréal Pour Les Aînês

Confira a infra-estrutura para idosos da cidade:

www.ville.montreal.qc.ca/aines/index.htm

Mujer en Plenitud

Jornal da província de Valência, com conteúdo especial:

www.plenitud.es

Paraná Melhor Idade

Página com programas de atividades físicas para idosos:

www.pr.gov.br/paranaesporte/proj_melhoridade.shtml

Portal Tercera

Artigos sobre saúde:

www.portaltercera.com.ar

Prefeitura de São Paulo • Sala da Terceira Idade

Telefones de subprefeituras:

portal.prefeitura.sp.gov.br

Projetto Anziani Musicoterapia

Projeto de musicoterapia:

www.pamonline.it

Residencias de Ancianos

Moradias:

www.residencias-ancianos.com

Senda Senior

Artigos de interesse geral:

www.sendasenior.com

Senior Search

Portal especializado:

www.seniorssearch.com

Senior Web

Artigos especiais:

www.seniorweb.ch

Social Info

Presta serviços para idosos:

www.socialinfo.it

Tercera Edad

moradia, viagens e saúde:

www.tercera-edad.org

Terza Età

Revista de temas gerais:

www.terzaeta.com

Third Age

Reportagens de comportamento que lê em inglês:

www.thirdage.com

Turismo Melhor Idade

Roteiros turísticos em Itu:

www.itu.com.br/iturismo/t_melhoridade.htm

Uniges - Hacia una Nueva Juventud

Variedades e curso de internet on-line:

www.uniges.com

Velhos Amigos

Artigos sobre sexualidade:

www.velhosamigos.com.br/index_nova.html

Vida Transparente

Página de Arneyde Marcheschi, 54:

www.vidatransparente.com.br

Village Virtuel des 50 Ans et Plus

Ponto de encontro para maiores de 50:

www.boniweb.com/copains

Saúde e envelhecimento

+ Boa Saúde – libido, pele e agitação na terceira idade:

www.boasaude.uol.com.br/lib/showcat.cfm?LibCatID=1770

ABC do Corpo Salutar

Sobre saúde e envelhecimento:

www.abcdocorposalutar.com.br/secoes php?paiSec=5

Administration in Aging

Informações em português:

www.aoa.gov

Aging Well

Focado no envelhecimento saudável:

www.aging.it

Alzheimer's Association

Apóia pesquisas sobre a doença:

www.alz.org

Associação Brasileira para o Estudo da Obesidade

Receitas e reeducação alimentar:

www.abeso.org.br

Associação de Parentes e Amigos de Pessoas com Alzheimer

Reúne interessados:

www.apaz.org.br

Associação Médica Brasileira

Documento sobre quedas e idosos:

www.amb.org.br/projeto_diretrizes/100_diretrizes/QUEDASEM.PDF

CNR Progetto Finalizzato Invecchiamento

Site do projeto Envelhecendo 2000:

www.aging.cnr.it

Dietetica e Nutrizioni sobre alimentação:

www.benessere.com/dietetica/arg00/alim_anziani.htm

Division of Aging and Seniors

Ala do serviço de saúde:

www.hc-sc.gc.ca/seniors-aines

Dor de cabeça on line

Define os tipos de dor:

www.dordecabeca.com.br

Elder Web

Estatísticas, aposentadoria:

www.elderweb.com

Grupo Operativo de Pesquisa Interdicisplinar de Gerontologia

Pesquisas sobre idosos dependentes:

www.comune.cento.fe.it/grigio100/index.htm

Instituto de Geriatria e Gerontologia da PUCRS

Um pouco do trabalho do grupo:

www.pucrs.br/igg

Instituto Nacional de Servicios Sociales para Jubilados y Pensionados

Organismo argentino:

www.pami.org.ar/

National Family Caregivers Association

Associação dos que cuidam de parentes:

www.nfcacares.org

National Institute on Aging

statísticas, cuidados e aposentadoria:

www.nia.nih.gov

Núcleo de Estudos Interdisciplinares sobre o Envelhecimento

Informações sobre as pesquisas:

www.ufrgs.br/3idade

Organização Panamericana de Saúde

Documentos, estudos e livros:

www.paho.org

Projeto Lar dos Idosos

Iniciativa da Faculdade de Medicina da UFMG:

www.ufrgs.br/3idade

Salus Medicina in Rete

Lista doenças comuns:

www.salus.it/terza_eta

Saúde em Movimento

Informa os principais males que afetam a terceira idade:

www.saudeemmovimento.com.br

Saúde Brasil

Baseado em documentários:

www.saudebrasilnet.com.br/idoso/idoso.asp

Secretaria da Saúde do Paraná

Projetos: www.saude.pr.gov.br/Projetos_estrategicos/Saude_idoso/saude_idoso.htm

Sociedade Argentina de Geriatria e Gerontologia

Informações sobre eventos:

www.sagg.org.ar

Sociedade Brasileira de Diabetes

Números e fórum de discussão com diabéticos:

www.diabetes.org.br

Sociedade Brasileira de Geriatria e Gerontologia

Osteoporose, vacinas, diabetes e um guia sobre o perigo das quedas para os idosos:

www.sbgg.org.br/publico/index.htm

Sociedade Brasileira de Urologia

Teste sobre disfunção erétil, incontinência urinária e próstata:

www.sbu.org.br/leigos

The Gerontological Society of America

Entre diversos temas, fala sobre trabalho: www.geron.org

Viva Tranquilo

Saúde e aparência:

www.vivatranquilo.com.br/terceira_idade/

Vivre 100 ans le site du bien vieillir

Longevidade:

www.vivre100ans.fr/vivrecentans.html

A Última Arca de Noé

Resumo de direitos:

www.aultimaarcadenoe.com/idosos.htm

Age European Older People's Platform

Discriminação:

www.age-platform.org

Age Positive

Prega a diversidade no ambiente de trabalho:

www.agepositive.gov.uk

Are you over 50?

Serviços para idosos:

www.over50.gov.uk

Câmara dos Deputados

Na opção Projetos de Lei e outras proposições, pode-se encontrar o Estatuto do Idoso:

www.camara.gov.br/pesquisa/default.asp

Campaign Against Age Discrimination in Employment

Contra o preconceito no local de trabalho:

www.caade.net

Departamento de Justiça da Califórnia

Sobre abusos e violência:

www.caag.state.ca.us/bmfea/pdfs/ citizens_guide.pdf

Direito do Idoso

Legislação:

www.direitodoidoso.com.br

Elder Respect

Integridade e dignidade:

www.elderrespect.org

Family Caregiver Alliance

Auxílio para famílias:

www.caregiver.org/caregiver/jsp/home.jsp

Help the Aged

Denuncia, clama por direitos e combate o preconceito:

www.helptheaged.org.uk

Ministério da Previdência Social

Requerimentos diversos:

www.mpas.gov.br/01.asp

National Center on Elder Abuse

Informações sobre abusos:

www.elderabusecenter.org/

Prefeitura de Belo Horizonte

Leis: www.pbh.gov.br/leisdeidosos/

Prodam

Resumo dos direitos do idoso:

www.prodam.sp.gov.br/idososp/direito.htm

Promotoria de Justiça e Defesa do Idoso e do Portador de Deficiência

Defende direitos dos idosos:

www.mpdft.gov.br/Orgaos/PromoJ/prodide/prodide.htm

Réseau Internet Francophone Vieillir en Liberté

Classifica vítimas e abusos:

www.fep.umontreal.ca/violence

Senior Law

Legislação e idosos nos EUA:

www.seniorlaw.com

SeniorNet

Para profissionais maduros: www.senioridade.com.br

Stop Discrimination

Submetido à Comissão Européia: www.stop-discrimination.info/

The Employers Forum on Age

Estimula a diversidade de idade: www.efa.org.uk

Third Age Challenge

Para uma vida ativa: www.thirdagers.net

Third Age Employment Network

Para combater o preconceito: www.taen.org.uk

Ageing

Programa da ONU sobre envelhecimento da população mundial, em várias línguas: www.un.org/esa/socdev/ageing

Agelab

Laboratório do MIT que pesquisa tecnologia para melhorar a vida dos idosos: web.mit.edu/agelab

Association Internationale des Universités du Troisième Age

Reúne universidades da terceira idade de vários países: www.aiuta.asso.fr

Associazione Nazionale della Terza Età

Órgão italiano de combate à exclusão; no site, há diversos artigos sobre a universidade moderna: www.unitre.net

Campanha Melhor Idade

Curso para maiores de 60 anos, em Brasília: www.tba.com.br/melhoridade

Centro de Convivência do Idoso

Um projeto da Unifesp; possui curso on-line: www.saudedefamilia.unifesp.br/atividades2.htm

Course Work

Banco de ensaios: www.coursework.info/i/4567.html

Cursos para a Melhor Idade

Diversos: www.colsantamaria.com.br/prisma/terceira_idade.htm

Deustcher Bildungsserver: Range of courses and studies for senier citizens

Relação de cursos na Alemanha:

www.bildungsserver.de/zeigen_e.html?seite=1249

International Federation on Ageing

Oferece informação, documentos e cursos sobre envelhecimento: www.ifa-fiv.org

Senior Net

Projeto leva aulas de informática a maiores de 50 anos:

www.seniornet.org/php

Site 1

Escola privada para maiores de 50 anos, na cidade de São Paulo: www.site1.com.br

TIO Terceira Idade On Line

Discorre sobre aprendizado de idosos: www.projectotio.net

UATI Universidade Aberta à Terceira Idade

Vinculada à Unifesp: virtual.epm.br/uati/uati.htm

> Os que se amam profundamente, jamais envelhecem; podem morrer de velhice, mas morrem jovens.
>
> *Martinho Lutero*

RELAÇÃO DE ALGUNS FILMES QUE POSSIBILITAM A DISCUSSÃO SOBRE O ENVELHECIMENTO

A Janela - Espanha 2008

A Balada de Narayama - Japão, 1983

A dança da vida - Brasil, 2007

A Dona da História - Brasil, 2004

A eternidade e um dia - Grécia/França/Itália, 1998

A Família Savage - EUA, 2007

A Partida - Japão, 2008

A Pequena Miss Sunshine - EUA 2006

Antes de Partir - EUA, 2007

Ao Entardecer - EUA e ALE 2007

Arte de Viver - China, 1992

As Coisas Simples da Vida - JAP-TAW, 2000

As confissões de Schmidt - EUA, 2002

As pontes de Madison - EUA, 1995

Baleias de agosto - EUA, 1987

Banhos - China, 1999

Benjamin Button - EUA, 2008

Buena Vista Social Club - ALE-EUA-FRA-CUB, 1999

O Escafandro e a Borboleta - FRA-EUA,2007

Chega de Saudade - Brasil, 2008

Chuvas de verão - Brasil, 1977

Cocoon - EUA, 1985

Coisas do Amor - EUA, 2001

Colcha de retalhos - EUA, 1995

Conduzindo Miss Daisy - EUA, 1989

Conversando com mamãe - Brasil, 2001

Corra Lola, Corra - EUA, 2000

Cowboys do espaço - EUA, 2000

Depois da Vida - Japão, 1998

Dersu Uzalá - Japão, União Soviética, 1975

Diário de uma Paixão - EUA, 2004

Doces Momentos do Passado - FRA-ESP, 1982

Dois velhos mais rabugentos - EUA, 1995

Duas Vidas - EUA, 2000

Encontrando Forrester - EUA, 2000

Encontro Marcado - EUA, 2008

Estamos todos bem - EUA, 1989

Filhos da Natureza, Islândia, 1970

Garotas do Calendário - 2003

Ginger e Fred - Itália, 1985

Gran Torino - EUA, 2008

Hanami - Cerejeiras em Flor - ALE-FRA, 2008

Harold and Maude - EUA, 1971

Horas de Verão - FRA, 2009

Invasões Bárbaras - Canada, 2003

Irina Palm - EUA-BEL-ALE-LUX-UCA-FRA,2007

Íris - EUA , 2001,

Juventude - Brasil, 2008.

Laços de ternura - EUA, 1983

Longe dela - CA, 2007

Madadayo - Japão, 1993

Matadores de Velhinha - EUA, 2004

Meu pai, uma lição de vida - EUA, 1989

O Lutador - EUA, 2008

Morangos Silvestres- Suécia, 1957

Morte em Veneza - FR-IT, 1971

Ninho Vazio - FRA-ITA-ESP-EUA, 2008

Num lago dourado - EUA, 1981

O barato de Grace - EUA, 2000

O Caminho para Casa - China, 1999

O filho da noiva - ARG, 2001

O Leitor - ALE,EUA, 2008

O tempero da vida - Grécia, 2003

O anjo azul - Alemanha, 1930

Os Excêntricos Tenenbaums - EUA, 2001

Páginas da Revolução - Itália, 2001

Pão e Tulipas - Itália/ Suíça, 2000

Peixe Grande - EUA, 2003

Ran - França, Japão, 1995

Réquiem para um sonho - EUA - 2000

Retratos da vida - Brasil, 1988

Se tivéssemos tempo - Brasil, s.d., José Eduardo de Oliveira

Sete Pecados Capitais - EUA, 2009

Tempo redescoberto - França/Itália, 1999

Tomates verdes fritos - EUA, Inglaterra, 1991

Última gargalhada - Alemanha, 1924

Uma História Real - EUA - 1999

Up Altas Aventuras - EUA, 2009

Vênus - Inglaterra, 2006

Visitante, O - EUA, 2008

Whisky - Uruguai, 2003

www.portaldoenvelhecimento.net

PROMOTORIA DO IDOSO

Saiba onde denunciar abusos contra os idosos

De acordo com o Estatuto do Idoso, aprovado em 2003, nenhum idoso poderá ser objeto de negligência, discriminação, violência, crueldade ou opressão. Portanto, faça valer seus direitos. Em caso de agressão ou maus tratos, procure a Promotoria do Idoso de sua região. Confira os endereços:

Região Sudeste

Rio de Janeiro

- Promotorias de Justiça de Proteção ao Idoso e à Pessoa Portadora de Deficiência

Av. Marechal Câmara, 186, 4° andar – Centro

Tel: (21) 2550-9050 Ligue-idoso: (21) 2299-5700

Site: http://www.mp.rj.gov.br

Email: cao3@mp.rj.gov.br

São Paulo

- Núcleo de Atenção ao Idoso

Centro de Apoio Operacional das Promotorias de Justiça Cíveis e de Tutela Coletiva

Rua Riachuelo, 115, 7° andar, sala 720, Centro

CEP 01007-904 – São Paulo-SP Tel: 11 3119-9844 | 3119-9525 | 3119-9590 (fax)

Site: http://www.mp.sp.gov.br

Email: caocivel@mp.sp.gov.br

- Promotoria de Justiça da Pessoa com Deficiência de Presidente Prudente

Av. Cel. José Marcondes, 2.201 – Vila São Jorge Presidente Prudente – SP – Tel/Fax: (018) 3221-3144 ramal: 207

Site: www.pjpp.sp.gov.br

E-mail: luiz.ferreira@mp.sp.gov.br

Vitória - Espírito Santo

- Centro de Apoio Operacional Cível e de Defesa da Cidadania

Rua Humberto Martins Paula, 350 – Edifício Promotor Edson Machado – Enseada do Suá

Tel: (27) 3224-4517

Site: http://www.mp.es.gov.br

Belo Horizonte - Minas Gerais

• Centro de Apoio Operacional – Pessoas com Deficiência e Idosos – CAO-PPDI

Av. Raja Gabaglia, 615 – Térreo – Cidade Jardim

CEP 30180-090

Tel: (31) 3295-2838 / 3295-1727 (fax)

Site: http: www.mp.mg.gov.br

Email: caoppdi@mp.mg.gov.br

• Promotoria de Justiça de Defesa dos Direitos das Pessoas com Deficiência e Idosos de Belo Horizonte

Rua dos Timbiras, 2928 – 7° andar – Barro Preto

CEP: 30140-062

Tel: (31) 3295-2045 / 3295-3935 (fax)

Email: pj.idoso@mp.mg.gov.br pj.deficiente@mp.mg.gov.br

Região Nordeste

Fortaleza - Ceará

• Promotoria do Idoso e do Deficiente

Rua Assunção, 1100 – José Bonifácio

Tel: (85) 3452-3756

Disque-denúncia: 0800-850022

Site: http://www.mp.ce.gov.br

João Pessoa - Paraíba

• Procuradoria de Defesa dos Direitos do Cidadão

Rua 13 de maio, 677 – Centro

Tel: (83) 2107-6112

Recife - Pernambuco

Av. Visconde Suassuna, 99 – Santo Amaro

Tel: (81) 318-27417

Disque-idoso: 0800 2812280

Site: http://www.mp.pe.gov.br

Salvador - Bahia

• Promotoria de Justiça da Cidadania

Av. Joana Angélica, 1312 – Nazaré

Tel: (71) 3324-6406 | 3324-6408

Site: http://www.mp.ba.gov.br

Email: caoci@mp.ba.gov.gr

Email: cidadania@mp.ba.gov.br

São Luís - Maranhão

• 11a. e 18a. Promotoria Especializada dos Direitos da Pessoa com Deficiência

Av. Daniel de La Touche, 2800, Elevado da Cohama (Garden Shopping), salas 78 e 79 • CEP: 65061-022

Tel: (98) 3219-1904 | 3219-1836 e 3219-1816 | 3219-1314 Fax: (98) 3219-1880 Disque-denúncia: 0800-981600

Site: http://www.mp.ma.gov.br/pid/index.htm

Email: pid@pgj.ma.gov.br

Teresina - Piauí

• Promotoria do Idoso

Rua Álvares Mendes, 2294 – Centro

CEP: 64.000-060

Tel: (86) 3216-4550

• Centro de Apoio Operacional de Defesa dos Direitos das Pessoas Portadoras de Deficiência – CADD

Tel: (86) 3216-4550

Site: http://www.mp.pi.gov.br

Email: cadd@mp.pi.gov.br

Região Norte

Belém - Pará

Promotoria de Justiça de Defesa do Idoso e da Pessoa com Deficiência

Rua Ângelo Custódio, 36 – Anexo do Ministério Público – Cidade Velha • Tel: (91) 4008-0410

Site: http://www.mp.pa.gov.br

Email: deficiente@mp.pa.gov.br

Boa Vista - Roraima

• Promotoria de Defesa do Consumidor e da Cidadania Ministério Público do Estado de Roraima

Av. Santos Dumont, 710 – São Pedro

Tel: (95) 3621-2900 | 2917

Site: http://www.mp.rr.gov.br/promotorias

Macapá - Amapá

• Promotoria da Cidadania de Macapá

Rua Paraná, 336 – Santa Rita

CEP: 68.900-000

Tel: (96) 3212-1850

Site: http://www.mp.ap.gov.br

Email: mp@mp.ap.gov.br

Manaus - Amazonas

• Promotorias Especializadas na Proteção e Defesa dos Direitos Constitucionais do Cidadão – PRODEDIC

Av. Coronel Teixeira, 7955 – Nova Esperança • Tel: (092) 3655-0500

Disque-denúncia: 0800-920500

Site: http://www.mp.am.gov.br

Palmas - Tocantins

• Promotoria do Idoso

Praça dos Girassóis, s/nº

Tel: (63) 3218-3586

Site: http://www.mp.to.gov.br

Porto Velho - Rondônia

Centro de Apoio Operacional Cível

Rua Jamari, 1555, bairro Olaria

CEP 78903-037 – Porto Velho – RO • Tel 69 3216-3850 | 3216-3762 | 3216-3989 (fax)

Site: http://www.mp.ro.gov.br/web/caocivel

Rio Branco - Acre

Promotoria Especilizada de Defesa da Cidadania e da Saúde

Av. Getúlio Vargas, 2061 – Bosque

Tel: (89) 3212-2088

Site: http://www.mp.ac.gov.br/

Região Centro-Oeste

Goiânia - Goiás

- Promotoria do Idoso e do Deficiente

Rua 23, esquina com a Av. B, Quadra A-6, Lote 15/24 – Jardim Goiás

Tel: (62) 3243-8070

Email: esmp@mp.go.gov.br

Site: http://www.mp.go.gov.br

- 65ª Promotoria de Justiça de Defesa do Cidadão

Tel: (62) 3243-8130 65

Email: promotoria@mp.go.gov.br

Cuiabá – Mato Grosso

- Promotoria de Justiça em Defesa da Cidadania

Rua 08, s/nº – Edifício das Promotorias de Justiça – Térreo Centro Político Administrativo, Cuiabá-MT

CEP 78050-070

Tel: (65) 3613-5280 | 3613-5267 | Fax: 3613-5219

Disque- cidadania: 0800-6471700

Site: http://www.mp.mt.gov.br/

Campo Grande - Mato Grosso do Sul

- Promotoria de Justiça de Defesa da Cidadania

Rua Padre João Crippa, 753 – Centro • Tel: (67) 3321-3250

Site: http://www.nppd.ms.gov.br

Brasília - Distrito Federal

• Promotoria de Defesa do Idoso e do Portador de Deficiência – PRODIDE Edifício do Ministério Público do Distrito Federal Eixo Monumental 1º andar, Salas 125 e 127

Tel: (61) 3343-9414 | 9960 Disque-idoso: 0800-6441401

Site: http://www.mpdft.gov.br

• Ministério Público do Trabalho Procuradoria Geral do Trabalho

SAS Quadra 4, Bloco L, Sala 803 • CEP: 70070-900

Tel: (61) 3314-8533

Região Sul

Curitiba - Paraná

• Promotoria dos Direitos do Idoso

Av. Marechal Floriano Peixoto, 1251

Tel: (41) 3219-5254

Site: http://www.mp.pr.gov.br

Florianópolis - Santa Catarina

• 30ª Promotoria de Justiça de Florianópolis

Av. Othon Gama d'Eça, 611, 3º andar, Edifício Palas – Centro

Tel: (48) 3229-7507 | 3229-7508

Site: http://www.mp.sc.gov.br

Porto Alegre - Rio Grande do Sul

• Promotoria de Justiça de Defesa dos Direitos Humanos

Rua Santana, 440, 7º andar – Santana

CEP: – 90040371

Tel: (51) 3288-8916 | 3288- 8912

Site: http://www.mp.rs.gov.br/promotorias

Email: dhumanos@mp.rs.gov.br

Este livro foi impresso
no outono de 2012.